国家社会科学基金项目“全面贯彻落实民族区域自治法研究”的阶段性成果

中央民族大学法学文库

我国药品不良反应损害救济制度的构建

王瑛 著

法律出版社
LAW PRESS·CHINA

目录

引　言

习近平总书记代表十八届中央委员会向大会作了题为《决胜全面建成小康社会　夺取新时代中国特色社会主义伟大胜利》的报告，提出要改善人民生活，人民健康和医疗卫生水平要大幅提高。在2016年全国卫生与健康大会上，总书记强调“没有全面健康，就没有全面小康”，将“健康中国建设”上升为国家战略。药品为保障人类健康发挥着重要作用，作为一种特殊商品，其效益与风险并存，在治疗疾病的同时也会导致不良反应损害的发生。尽管世界各国为了保障药品的安全，有效地建立了一系列严格的药品准入制度，但仍受制于医药科技发展和人们认知水平的限制，药品不良反应损害依然难以避免。

根据世界卫生组织的统计，各国住院病人发生药品不良反应的比率在10%～20%，其中5%的患者因严重的药品不良反应而死亡，见表0－1为世界卫生组织统计的全球重大药品不良反应事件，美国曾统计了1966～1996年30年积累的电子数据库，在入选的39份前瞻性研究的汇总分析中，住院病人发生严重药物不良反应占6.7%，致死的药品不良反应占0.32%，药物致死占社会人口死亡的第4位（均值）或第6位（下限），占社会人口的1/2200。我国药品不良反应监测中心公布的《国家药品不良反应监测年度报告（2016年）》，共收到国家基本药物的不良反应/事件报告57.5万例（占2016年总体报告的41.1%),较2015年增长1.9%,其中,严重报告3.7万例,占6.4%,较2015年增加0.8%。根据最高人民法院公布,2016年全国法院受理医疗损害赔偿案件26,962件,其中药物纠纷占37%。

表0-1 全球重大药品不良反应事件[1]

年份	地区	药物	用途	不良反应表现	受害人数
1922~1934	欧美	氨基比林	解热镇痛	粒细胞缺乏	2000余人死亡
1937	美国	磺胺酏剂	抗菌消炎	肝肾损害	358人中毒、107人死亡
1956	美国	三苯乙醇	高血脂	白内障、脱发	1000余人白内障
1956~1961	欧洲、南美等数十国	反应停	妊娠反应	海豹畸胎	1万余畸形儿
1972~1993	美国	已烯雌酚	保胎	阴道癌	300余人患阴道癌
1963~1972	日本	氯碘喹啉	肠炎	脊髓病变、失眠	7856人中毒、5%死亡率
1998~2004	全球	万络	镇痛和关节炎	心血管疾病	约6万人死亡

医疗行为的实施本是一种冒险,客观存在的医疗意外导致的不良反应更是难以避免。据全国医学会的统计,全国平均医疗事故构成率50%,剩余50%不构成医疗事故。医患之间本是唇齿相依,疾病才是共同的敌人,国家对无过错医疗损害缺乏相应的救济途径,当患者的损害得不到救济时,医疗纠纷必将医生与患者推向互斥的对立面,互不信任,导致医患矛盾激化。自2012年开始,相关部委纷纷颁布实施维持医院秩序的各项措施,2015年在《刑法修正案(九)》明确了"医闹入刑",从法律层面为维持医院秩序提供了法律支撑,然而,单纯的刑事打击并没有从根源上解决医患矛盾。

---

〔1〕 参见徐静姝:《"治病"药品如何"保险"——浅析我国药品不良反应保险救济制度》,载《经济》2012年第5期。

药品不良反应损害作为医疗意外事故,属于医疗保障体系范畴,境外的一些国家和地区已经建立了药品不良反应损害救济机制。比如,德国实行严格的产品责任制度,通过制定《药品法》,明确规定药品生产企业应对药品不良反应造成的损害进行赔偿,并强制要求企业投保产品责任保险或提供金融担保,以便发生药品不良反应损害时,不但患者能得到及时、充分的救济,而且企业也不会因此导致破产。美国对药品也实行严格的产品责任原则,当无法确定导致损害的药品生产企业时,则其赔偿金由生产同品种的药品企业按照市场份额分担。日本和我国台湾地区都建立了药品不良反应损害救济制度,通过设立专门的救济基金,分散药品生产企业的责任风险,对患者给予救济。

一、建立药品不良反应损害救济制度的必要性

正因法律不完善、鉴定困难、救济难以及时获得,药品不良反应损害救济的问题才日益突出,如不能有效解决,会使一些矛盾激化,不利于和谐社会的构建。因此,迫切需要研究建立药品不良反应损害救济制度,使患者的合法权益得到保障。

(1)建立药品不良反应损害救济制度是保护消费者权益的需要。患者期待身体康复,面对发生的严重药品不良反应,要承担用药的风险,身体、精神和财产都再次承受巨大的伤害和损失,无论是就社会道义而言,还是就保护消费者权益而言,药品不良反应的受害者都应该得到及时、有效的救济。

(2)建立药品不良反应损害救济制度是政府完善管理职能的需要。政府作为公共管理部门,在实现经济、社会的协调发展中起着重要作用,政府通过制度设计,一方面,可以使药品生产企业承担对生命和健康的社会责任,逐步建立关注药品安全、不断提高药品质量的行为规范;另一方面,建立药品不良反应损害救济制度可以切实地让患者的风险降到最低,同时达到分散风险的目的。比如,建立药品不良反应损害救济基金,或强制投保产品责任保险,将针对单个企业的风险分散到整个行业,乃至整个社会,从而避免单个企业遭受过重的打击,也可以避免患者因企业陷入困境而得不到实际救济的情况。因此,就政府而言,建立药品不良反应损害救济制度,是完善政府管理职能的重要举措,对构建和谐社会具有重要意义。

(3)建立药品不良反应损害救济制度可以促进医药产业的健康发展。

医药产业是关系国计民生的产业,其健康发展与保障人民健康,提升民族素质息息相关,建立药品不良反应损害救济制度将促进药品生产和经营企业增强社会责任感,重视和关心药品安全问题,促进企业加强上市后药品在广泛人群中使用的风险和效益评估,尽早发现危险因素,采取相应的措施,在保护消费者利益的同时,有利于医药产业的健康发展。

二、建立药品不良反应损害救济制度的可行性

(1)医药产业的发展为药品不良反应损害救济制度奠定了经济基础。我国医药产业发展迅猛,出现良好的发展趋势,产品增加,产量扩大,质量稳定提高,不但可满足国内人民防病、治病、康复保健的需求,而且产品也越来越多地出口到世界各地。近年来,我国医药行业整体竞争力迅速提高,医药企业生产集中度与经济效益集中度都明显提高,为我国建立药品不良反应损害救济制度奠定了经济基础。

(2)药品不良反应监测为药品不良反应损害救济制度提供了技术支撑。自《药品管理法》颁布实施以来,全国各级药品不良反应监测专业机构逐步建立。国家药品不良反应监测中心收到的药品不良反应报告数量逐年增多,也说明了我国药品不良反应监测体系正在不断完善,及时发现、预警、控制药品不良反应能力不断提高。自 2001 年以来,国家已经发布了 76 期《药品不良反应信息通报》,各级药品不良反应监测专业机构对上市药品安全性的分析和评价,为政府监督管理部门决策提供了科学依据。

(3)域外救济实践为我国救济制度的建立提供了借鉴模式。本书研究的典型国家和地区已经建立了药品不良反应损害救济制度,尽管模式各不相同,但都可以为我国建立药品不良反应损害救济制度提供借鉴。比如,德国实行严格的产品责任制度,通过制定《药品法》,明确规定药品生产企业应对药品不良反应造成的损害进行赔偿,并强制要求企业投保产品责任保险或提供金融担保,以便发生药品不良反应损害时,不但患者能得到及时充分的救济,而且企业也不会因此导致破产。日本和我国台湾地区都建立了药品不良反应损害救济制度,通过设立专门的救济基金,分散药品生产企业的责任风险,对患者给予救济。

第一章　药品不良反应损害的界定

一、药品与药害

（一）药品的定义及特性

国际上并没有对药品做一个统一界定，各国对药品的界定以监管为基础规定在药品管理法规中。世界卫生组织（World Health Organization，WHO）[1]对药品的定义，药品是任何用于改变服用者的生理系统或治疗、诊断疾病的物质或产物。[2]

德国《药品法》第1章“本法的目的和术语的定义”，其中第2条对“药品”的定义从四个角度进行了非常详细地规定。第2条第1款，从功能的角度对药品加以定义，将药品界定为物质制造而成的物质和制剂，通过作用于人或动物身体，以期达到如下目的：(1)对疾病、痛苦、身体损害或疾病症状予以治疗、减轻、预防或者诊疗；(2)诊断身体或精神健康状况的性质、状态或机能；(3)替代人或动物体内产生的活性物质或体液；(4)防止病原体、寄生虫或体内外来物质，或破坏它们，或将它们变得无害；(5)影响身体的状态或机能，或影响精神健康状况。第2条第2款明确规定了应被视为药品的类型：(1)暂时或永久的同人或动物身体接

---

〔1〕 WHO是联合国下属的一个专门机构，总部设置在瑞士日内瓦，只有主权国家才能参加，是国际上最大的政府间卫生组织。

〔2〕 Preable，NAFTA.

触,并包含有第 2 条第 1 款所界定的药品,或其表面上使用了第 2 条第 1 款所界定的药品的物质;(2)暂时或永久的同人或动物身体接触,并意欲实现该法第 2 条第 1 款第 2、5 项规定目的的物质,但不包括第 2 条第 1 款第 1 项所规定的物质,亦不包括兽药器械;(3)用于动物的伤口敷料或手术缝合线,且未被包含在第 2 条第 2 款第 1 项和第 2 项之内;(4)意在诊疗动物身体状态、机能或动物体内病原体的药物和制剂。第 2 条第 3 款规定了七种不应视为药品的情况:(1)《食品和饲料法典》第 2 条第 2 款所指称的饲料;(2)《食品和饲料法典》第 2 条第 5 款所指称的化妆品;(3)《暂行烟草法》第 3 条所指称的烟草制品;(4)专用于外部清洗或卫生,或为了影响动物体味,而制成的物质或制剂;(5)《食品和饲料法典》第 3 条第 11 ~ 15 款所指称的饲料;(6)《医疗器械法》第 3 条所指称的医疗器械及其配件;(7)《移植法》第 9 条第 1 句所指称的,意在移植到他人体内的器官和角膜。第 2 条第 4 款规定,只要一种产品按照本法被批准或注册为药品,或者根据法令免除了批准或注册义务,这样的产品就应被视为药品。如果一种产品因其不是药品,而已被联邦主管部门拒绝批准或注册,那么这种产品不能被视为药品。此外,在第 4 条"其他术语的界定"中,对"成药""血液制品""血清""疫苗""过敏原""检测血清""检测抗原""放射性药品""基因转移药品""药用饲料""药品预制混合物""顺势疗法药物""草药药品"等概念均加以界定。

《日本药事法》第 2 条规定了药品的定义,判断某类物质是否为药品的关键在于:其是否为国家药品标准收录,是否诊断、治疗或预防人或动物疾病,是否对人或动物的身体构造或功能发生影响。第 2 条第 1 款规定,药品包括以下三种物质:(1)《日本药局方》所收录的物质;(2)为诊断、治疗或预防人或动物疾病而使用的物质,但不包括器具、器械、牙科材料、医疗用品和卫生用品;(3)以对人或动物的身体构造或功能发生影响为目的而制造的物质,但不包括器具、器械等。第 2 条第 2 款对"准药品"的概念进行了界定,"准药品"是对人体作用,既不属于化妆品,也不完全属于药品,亦非医疗器械的一类物质。准药品主要用于下列目的:(1)防止呕吐及其不适,防止口臭或体臭的用药,如口腔清洁剂、除臭剂;(2)防止痱子、溃烂,如痱子粉;(3)防止脱发,促进头发生长的物质,如生发油、除毛剂;(4)消灭或驱除老鼠、苍蝇、蚊子、跳蚤的用品,如杀虫剂。该款的规定认为,准药品的作用不在于治疗，而是预防。

我国台湾地区“药事法”第6条规定，药品包括以下各款之一的原料药及制剂：(1)载于“中华药典”或经“卫生主管机关”认定的其他各国药典、公定的国家处方集或各国补充典籍的药品；(2)未载于前款，但使用于诊断、治疗、减轻或预防人类疾病的药品；(3)其他足以影响人类身体结构及生理机能的药品；(4)用以配制前三款所列的药品。此外，在“药事法”第5、9、10、11、12、15条分别对“试验用药物”“成药”“固有成方制剂”“毒据药品”“标签”作出了界定，但未对“原料药”加以定义，第8条对“制剂”的概念也进行了界定。

《中华人民共和国药品管理法》(2019年)［以下简称《药品管理法》(2019年)］第2条[1]从药品的功能、应当规定的适应症、用法、用量及类别，对药品作出了界定，药品是指用于预防、治疗、诊断人的疾病，有目的地调节人的生理机能并规定有适应症或者功能主治、用法和用量的物质，包括中药、化学药和生物制品等。

1. 药品的分类

在世界上大多数国家的药品法中，都不仅以正面列举的方式规定了药品的内涵与特征，还多以反面排除的方式，明确了不属于“药品”的种类。从法律层面明确药品的类型，有利于司法裁定，也有利于药品监管的职责清晰和权限的界定。

按照不同的标准可以对药品进行不同的分类，药品的分类方法很多，比如按照是否凭借职业医师和助理职业医师的处方购买、调配和使用为标准分为处方药和非处方药；按照是否采用现代医学理论和方法筛选确定药效并按现代医学理论用以防止疾病为标准分为现代药与传统药。按照药品原料不同分为化学药、生物药与中草药等。我国《药品管理法》(2019年)第2条规定了，主要包括中药、化学药和生物制品。《药品管理实施条

〔1〕《药品管理法》(2019年)第2条规定：在中华人民共和国境内从事药品研制、生产、经营、使用和监督管理活动，适用本法。本法所称药品，是指用于预防、治疗、诊断人的疾病，有目的地调节人的生理机能并规定有适应症或者功能主治、用法和用量的物质，包括中药、化学药和生物制品等。

例》第83条[1]明确了,新药、处方药、非处方药及医疗机构制剂的概念。

在药品的众多分类标准中,原创药与仿制药的区分备受关注。原创药(Original New Drug),也称自主研发药,或者被称为专利药。该药品未上市前,是通过自主创新研发而成的药品,是指已经过全面的药学、药理学和毒理学研究以及临床研究数据证实其安全有效性并首次被批准上市的药品。

仿制药,是指与原创药在剂量、安全性和效力、质量、作用及适应症上相同的一种仿制品。意味着仿制药是与某个已经获批上市的参照药品相同的药品,没有特定的品牌和企业,但均与其参照的原创药含有相同的活性成分,与原创药在剂型、剂量、给药途径、质量、表现特征方面具有可比性,可以作为原创药的替代品。就药品管理法律规定的角度而言,仿制药提出上市申请不需要重复进行原创药申请上市之前进行的完整的临床试验,只需要通过证明与原创药具有生物等效性即可获得上市批准。生物等效性,是指一种药物的不同制剂在相同实验条件下,给予相同的剂量,其吸收速度与程度没有明显差别。相当于通过相对简单的试验就可以证明仿制药与其参照的原创药具有相同的疗效。

2. 药品的特性

第一,药品的生命关联性。药品不同于一般流通商品,其消费对象和效用具有特殊性。药品的主要作用在于治疗、预防疾病,是保障人类的健康与生命的物质。同时作为流通商品,药品需要具备高质量性,药品的纯度、稳定性、均一性与药品的实用价值有着密切的关系,国家通过严格的药品审批与监管程序控制和保证上市药品的质量,药品质量也必须由专业人员依照法定的药品标准和测试方法进行鉴别。

第二,药品的公共福利性。药品作为流通环节中的商品,既要保障市场供求稳定,也要承担人类健康服务的社会责任,因此国家为了保证人们能够获取质量合格、价格适宜的药品,一方面,对药品质量进行严格监管,确保上市药品具有安全有效性;另一方面,对基本药品进行政府定价,确保

---

[1] 《药品管理实施条例》第83条规定:新药,是指未曾在中国境内上市销售的药品。处方药,是指凭执业医师和执业助理医师处方方可购买、调配和使用的药品。非处方药,是指由国务院药品监督管理部门公布的,不需要凭执业医师和执业助理医师处方,消费者可以自行判断、购买和使用的药品。医疗机构制剂,是指医疗机构根据本单位临床需要经批准而配制、自用的固定处方制剂。

基本药品的可获取性，使普通消费者能够获得基本的药物治疗。

3.药品的分类管理制度

20世纪50年代，德国、日本及美国为增强药品行政管制的针对性，确保用药安全，开始探索实行药品分类管理制度，将药品分为处方药和非处方药，对毒性、成瘾性药品的销售、使用进行专门管理和严格控制，取得了良好效果。20世纪80年代，WHO开始向发展中国家推行这一药品管理模式。[1] 1997年，中共中央、国务院在《关于卫生改革与发展的决定》中首次提出，要建立处方药与非处方药分类管理制度。1999年，国家食品药品监管局颁布了《处方药与非处方药分类管理办法（试行）》等政府部门规章。[2] 2001年修订后的《药品管理法》（2013年）第37条中则明确规定，国家实行处方药与非处方药分类管理制度。同时，《药品管理实施条例》又将非处方药的管理具体细化，将其分为甲类非处方药和乙类非处方药。2004年，国家食品药品监督管理局发布《关于开展处方药与非处方药转换评价工作的通知》，根据国际通行的非处方药适用病症的分类和我国传统中医中药理论，遴选和审批非处方药品种，开展处方药与非处方药（OTC）的转换工作，对OTC实行动态管理。作为OTC的药品，每隔几年需要进行重新评价，淘汰不适合品种，推出新品种。比如，1999年国家药品监督管理局首批公布的国家非处方药共有325种，其中化学药品（西药）165种，中成药160种。[3] 2001年公布的第二批目录，共有1535种非处方药，其中化学药品205种，中成药1330种。[4] 对于处方药和非处方药，《药品管理法》从加强安全管理的角度，分别作出了严格的规定。如对于特定种类的处方药，包括麻醉药品、精神药品、放射性药品等，以及非处方药，要求必须印有规定的标志。由于处方药的危险性相对较大，必须有医务工作者的参与才能使用。

---

〔1〕 参见张学文、李淑霞主编：《药事管理学》，山东人民出版社2008年版，第148～149页。

〔2〕 参见杨世民主编：《药事管理学》，中国医药科技出版社2008年版，第78页。

〔3〕 参见杨世民主编：《药事管理学》，中国医药科技出版社2008年版，第79页。

〔4〕 2002年11月公布的第三批国家非处方药目录，共408种，其中化学药品47种（甲类31种，乙类16种），中成药361种（甲类280种，乙类81种）。目前有4610种非处方药（含中成药）。

日本的 SMON 药害事件,源于当时在日本将奎诺仿作为非处方药管理,作为一种广泛使用达数十年之久的止泻药物,患者服用后发生神经性疾患。实行药品分类管理,处方药相较于非处方药而言,在使用剂量和适用范围规定得更为严格,保证了用药的安全性。

4. 药品的标准

我国《药品管理法》(2019 年)第 2 条未能说明药品与药品标准的关系,包括《中国药典》和国务院药品监督管理部门颁布的药品标准收录的品种以及省级药品监督管理部门制定的中药饮片炮制规范中收录的品种,并不全面。

药品标准(Drug Standard),是指国家对药品质量规格及检验方法所作的技术规定,是药品生产、供应、使用、检验和管理部门共同遵循的法定依据。[1] 根据《标准化法》和《药品管理法》的规定,药品标准作为保障人体健康、人身安全的标准,属于强制性标准,药品必须符合国家标准。国务院药品监督管理部门颁布的《中华人民共和国药典》(以下简称《中国药典》)是我国为保证药品质量可控、确保人民用药安全有效而依法制定的药品法典,是药品研制、生产、经营、使用和管理都必须严格遵守的法定依据,国家药品标准体系的核心。1950 年在卫生部中设立的中国药典编纂委员会,于 1953 年颁布了第一版《中国药典》,至今已经颁布了 10 版,现行有效的为 2015 年版的《中国药典》,收载品种总数达到 5608 个。另外还规定了:(1)凡中国药典收载的品种,自执行之日起,原收载于历版药典、卫生部颁布药品标准、国家食品药品监督管理局颁布新药转正标准和地方标准上升国家标准的同品种药品标准同时废止。(2)药品注册标准不符合中国药典有关要求的,药品生产企业应按《药品注册管理办法》的有关规定提出补充申请。对于药品注册标准中收载的检验项目多于中国药典规定的或质量指标高于中国药典要求的,在执行中国药典的基础上,应同时执行原标准的相应项目和指标。(3)中国药典品种项下未收载的制剂规格,其质量标准按中国药典同品种相关要求执行,规格项按原批准证明文件执行。因此,《中国药典》的标准是制药企业生产药品的最低法定标准,根据《药品注册管理办

[1] 《中国药学大辞典》编写组:《中国药学大辞典》,人民卫生出版社 2010 年版,第 942 页。

法》的注册标准也不得低于《中国药典》的国家标准，同时依据《产品质量法》的规定，不符合国家药品标准的药品，构成缺陷药品，药品的生产者和销售者，对于该缺陷药品造成的损害应当承担损害赔偿责任。

制定法定的药品标准是构建保障民众的用药安全的基石，也是出现药害事件寻求救济的依据。在日本的 SMON 药害事件中，1949 年版的日本官方药方记载的奎诺仿的使用剂量是每日内服 0.3 ~ 0.6 克，由于扩大适用范围，剂量调整为每日 2 ~ 3 克。所以法院在裁定中均认定国家存在过失，判决国家承担赔偿责任。我国龙胆泻肝丸药害事件中，同仁堂作为主要生产商，坚持按照《中国药典》所规定的使用“关木通”的原料，并不存在过失。

5. 药品的信息披露制度

随着现代医学发展的日趋专业化，在药品使用和流通环节中药品的信息要保持对称性，医患双方的信息、监管者与被监管者之间都需要有一个畅通的信息交流。《药品管理法》《药品说明书和标签管理规定》等法律法规，对药品信息披露作出了规定，生产者对药品的信息披露主要是通过对药品标签[1]和药品说明书[2]来实现的，《药品管理法》(2019 年)第 25、49、72、90、125 条及第 128 条作出了规定，要求“药品包装应当按照规定印有或者贴有标签并附有说明书”，对于药品标签和说明书中应当注明的内容也作出了严格要求，对于特定种类的药品，如麻醉药品、精神药品、医疗

---

〔1〕 药品标签(Drug Laber)，是指贴在或印在药品包装或容器上提供药品本身简明信息的文字部分。根据我国《药品管理法》的规定，药品必须按规定印有或贴有标签，注明药品的通用名称、成分、规格、生产企业、批准文号、产品批号、生产日期、有效期、适应症(功能主治)、用法、用量、禁忌、不良反应和注意事项。麻醉药品、精神药品、毒性药品、放射性药品和外用药品和非处方药的标签，还必须印有规定的标志。如果药品标签因尺寸原因无法印全或贴全，应由药品说明书详细介绍。

〔2〕 药品说明书(Package Insert)，是指附在药品包装盒中的用药说明，含有药品的安全性、有效性等方面的基本科学信息。药品说明书的内容是在新药研究中形成的，包括了临床前研究和临床研究的各项结论，也是药品审批的重要资料，经药品监督管理部门批准并公告后，其内容不得自行修改，如果需要修改，必须提出补充申请。药品说明书应包括以下内容：药品名称(中文名、汉语拼音名、拉丁名、中成药不要求)、结构式分子式(制剂应有主要成分及含量)、性状、药理作用、适应症、禁忌证、用法用量、不良反应、注意事项、贮存、有效期、规格、批号或生产日期、生产企业及厂址、批准文号、注册商标。药品说明书作为指导医生与患者合理用药的重要依据，具有法律效力。

用毒性药品、放射性药品、外用药品和非处方药品的标签、说明书,应当印有规定的标签。国家食品药品监督局于 2006 年 6 月制定了《药品说明书和标签管理规定》,将《药品管理法》(2001 年)中对药品包装、标签和说明书的要求进行了细化,对药品标签、说明书的文字表述作出了明确要求,规定"药品说明书和标签的文字表述应当科学、规范、准确"。同时,对于没有专业医师人员参与的非处方药,患者本可以自行选择和使用,为了保障非处方药的用药安全,《药品说明书和标签管理规定》强调"非处方药说明书应当使用容易理解的文字表述"。2006 年 10 月,国家食品药品监督管理局颁布了《化学药品非处方药说明书规范细则》和《中成药非处方药说明书规范细则》,要求非处方药说明书中要有非处方药专有标识,必须采用加重字体印刷"请仔细阅读说明书并按说明使用或在药师指导下购买或使用"的忠告语,适应症必须按照国家食品药品监督管理局公布的非处方药适应症书写,不得超出国家食品药品监督管理局公布的该药品的非处方药适应症范围。

经药品监督管理部门核准的药品标签和说明书的内容,只是为药品生产者设定了一个强制披露信息义务的下限,是对其提出的最低要求。在《药品说明书和标签管理规定》中还规定了药品生产者可以主动提出在药品说明书或者标签上加注警示语,国家药品监督管理部门也可以要求药品生产者在说明书或者标签上加注警示语。在药品上市后,药品生产者还应当根据对其不良反应检测情况及时修改药品标签和说明书中的警示语。

6. 典型案例:龙胆泻肝丸事件

对药品的治愈效果,源于药品的配方、工艺设计、制造等当下有限知识的认识。龙胆泻肝丸作为古方,被国家食品药品监督管理总局列为非处方药。既然药品的毒副作用存在潜伏性和长期累积的特点,也就必然存在药品不可预期出现对人体的伤害。龙胆泻肝丸曾被作为"未预期药品不良反应损害"典型案例进行讨论。

龙胆泻肝丸事件起源于 20 世纪 90 年代初。在比利时,1990 年、1992 年有 100 多人服用减肥药一年后,数十名减肥者被查出肾脏受到损伤,研究认为是减肥药中关木通所含马兜铃酸所导致的。1998 年,英国报告两例服用含马兜铃酸的中药引起肾衰。2002 年 6 月,美国食品药品管理局宣布禁售 70 多种含有马兜铃酸的龙胆泻肝丸等中成药。我国则是在 1998 年南京军区总医院报告关木通可能引起慢性肾损害的病例后,才引起医务界的警觉。2003 年一篇新华社的报道,引起了社会关注。服用龙胆泻肝丸的患者,服用时间有 1 ~2 年的,有的患者服用时间只有 2 ~3 个月,患者出现了不同程度的肾功能受损,出现损害症状的患者,严重的会有肾衰竭、尿毒症状。后经查明,龙胆泻肝丸导致尿毒症的原因是,这种药含有一种叫"关木通"的中药,这中药中含有化学成分马兜铃酸,作为高毒性的化学成分,经过长期的服用,会对人体产生损害,主要的表现症状为肾衰竭和尿毒。[1] 1964 年最早报告马兜铃酸可能造成肾损害,称为"中草药肾病",加拿大政府还曾向公众发出慎用龙胆泻肝丸的提醒。1993 年,比利时学者 Weathervane 报告了含广防己减肥药造成慢性进行性肾衰竭病例后,马兜铃酸肾病在国际上引起巨大反响,引起了世界反马兜铃酸药物的高潮。英国、美国和西班牙等 10 个国家纷纷发出禁令,禁止使用含有马兜铃酸的药物。[2]

龙胆泻肝丸是由龙胆、柴胡、黄芩、栀子(炒)、泽泻、关木通、车前子(盐炒)、当归(酒炒)、地黄、炙甘草制备而成的中药复方制剂,广泛应用于临床。其不良反应主要表现在两个方面:(1)龙胆泻肝丸属寒凉性药物,服用期间会导致胃凉或女性月经不调;(2)龙胆泻肝丸内含有关木通会造成肾功能的损害,引发肾衰竭,情况严重者还可能导致尿毒症。龙胆泻肝丸作为"去火良药",是 1999 年国家药品监督管理局公布的第一批经过审定的非处方中成药,主要由北京同仁堂制药集团(以下简称同仁堂)生产。北京中日友好医院肾内科 1998 年 10 月收治了第一例马兜铃酸肾病病人,其主要表现为因服用龙胆泻肝丸导致的肾损害。之后,北京协和医院、朝阳医院等均有此类病例报告。肾内科大夫提请患者慎用龙胆泻肝丸,药中的关木通成分含有马兜铃酸,服用可能导致尿毒症。

作为主要生产商,同仁堂在 2000 年向国家药品监督管理局提出修改药方,但当时并没有引起重视。在 2001 年下半年,同仁堂向药监部门提出药材更换的申请,将"关木通"换成"木通",作为药材的"木通"化学成分中

---

〔1〕 参见朱玉、张建平:《龙胆泻肝丸——清火良药还是"致病"根源?》,载 http://www.people.cn/BIG5/news/8410/20030223/928834.html,最后访问日期:2020 年 2 月 19 日。

〔2〕 参见程刚:《龙胆泻肝丸事件暴露制度弊病》,载 http://finance.sina.com.cn/x/20040225/0730646296.shtml,最后访问日期:2019 年 11 月 3 日。

不含会造成肾脏损害的马兜铃酸。但其并未向患者发出警示信息,也没有回收含有马兜铃酸的龙胆泻肝丸。[1] 我国药品监督管理局于 2003 年 2 月 8 日发出通知,要求加强对龙胆泻肝丸的监督管理,龙胆泻肝丸药害事件反映我国当时药品监管中存在的问题,制定药品标准的不严谨,缺乏科学详细的考证。同时,也缺乏药品上市后的监督机制,包括药品不良反应监测制度和药品上市后的警示和召回制度。据报道,我国约有 10 万人因服用龙胆泻肝丸而造成不同程度的肾脏损害,但患者却难以获得赔偿。同仁堂一直认为,龙胆泻肝丸符合中国的药典要求,损害事件的责任不在于生产企业。同时,作为受害者难以证明所受的损害是因为服用龙胆泻肝丸而造成的,即使诉讼也均被法院驳回。[2]

由上述对龙胆泻肝丸事件的简述,适用"药品"的标准与药品的效用密切相关,并不仅仅是关乎药品的毒副作用。药品具有的有效性、安全性、稳定性和均一性。[3] 因此,保障药品的质量,需要对与药品相关的过程、体系及规章制度规定的要求有关的所有环节密切关注,使药品能够满足预防、治疗、诊断人的疾病,有目的地调解人的生理功能的要求。

(二)药害的界定及法律责任的承担

药害是药品侵害的简称,泛指由于药品使用导致的患者生命或身体健康的损害[4],包括药品不良反应损害以及其他一切非预期药物作用导致的意外事件。[5] 国际上将其定义为"any injury resulting from medical interventions related to a drug",[6]药害既包括药品不良反应损害,也包括药品侵害事件,其损害后果是死亡、残疾、严重疾病或其他人身损害的事故。

---

[1] 参见朱玉、张建平:《龙胆泻肝丸——清火良药还是"致病"根源?》,载 http://www.people.cn/BIG5/news/8410/20030223/928834.html,最后访问日期:2020 年 2 月 19 日。

[2] 参见杜智娜、邵振国:《龙胆泻肝丸案:受害者首获赔偿》,载《法律与生活》2005 年第 15 期。

[3] 参见吴蓬主编:《药事管理学》,人民卫生出版社 2007 年版,第 25 页。

[4] 参见于培明、黄泰康:《试析药害事件的法律责任》,载《中国药业》2007 年第 8 期。

[5] 参见李洪奇:《医疗机构在临床药品安全事件中的法律责任问题》[EB/OL],载 http://china.findlaw.cn/info/guojiafa/gjpc/gjpclw/344827.html,最后访问日期:2019 年 12 月 2 日。

[6] See Bates DW, Boyle DL, Vander V., et al., "Relationship between medication errors and adverse drug events", *J Gen Intern Med*, 1995, 10(4): 199.

国际上习惯从药害与药理学的关系入手对药害进行分类，根据药害发生的原因将药害分为八类，包括：缺乏药品使用说明；药品品质选择不正确；用药量不够；未取得药品（包括用药者不配合）；用药超量；药品所引起的不良反应；药品间的互相作用；没有按照说明使用药品等情况所引起的药害。[1] 我国一般将导致药害发生的原因归纳为：(1)因不合理用药引发的药害；(2)因药品质量不合格引发的药害；(3)合格药品在正当使用时引发的药害。

1. 因不合理用药引发的药害

药品的使用必须遵循特定的条件，用法、用量和适应症均必须符合既定的要求。不合理用药主要是：用药不对症、用药不足或过度、不适当地联合用药、给药方案不合理、重复用药等。WHO 提出了合理用药的标准认为，用适宜的药物，在适宜的时间，以公众能支付的价格保证药品供应，正确地调配处方，在正确的剂量、用药间隔、用药日数下使用药物，确保药物治疗安全有效。因此，不合理用药不仅会造成疾病的延误，而且可能给患者身体造成重大损害或者诱发新的疾病。

不合理用药可能源于医生的用药处方错误、药师调配处方错误或者医务人员在工作中的失误，因此引发的药害应由存在过错的医疗机构或社会机构承担，并根据具体的情况，还需承担相应的卫生或药品管理方面的行政责任，情节严重的，要承担医疗事故等刑事责任。如果不合理用药引发的药害，是由于患者没有按照医嘱用药而造成的，患者应自行承担一切损害的后果。

2. 因药品质量不合格引发的药害

WHO 将药品质量不合格分为劣药（Substandard Medicines）和假冒药（Counterfeit Medicines）两种，劣药，是指成分不符合既定药品标准（既包括成分本身也包括其含量）并有可能危害人类健康的药品，可能源于疏忽（失职）、人为错误、不充分的人力和财力资源或者假冒。假药，是故意欺骗性地贴错标签来表示它们的特性或来源。我国的药品标准是指国家药品监

---

〔1〕 Eight eategories：untreated indication，improper drug selection，subtherapeutic dosage，failure to receive druge（including paieent non-compliance），overdosage，advers drug reaetion，drug interaetion，and drugs used without an indiecation，See Hepler and L. M. Strand，"Opportunities and Responsibilities in Phannaceutiocal Care"，*Am. J. Hosp. Pharm*，47：533 – 543（1990）.

管部门所颁布的《中国药典》及药品标准,在《药品管理法》(2013 年)第48、49 条分别规定了"假药"和"劣药"的认定及违法情形。主要是从药品质量的角度界定的,但又不限于药品质量,比"质量不合格的药品"范畴更广些。假药的情形包括:(1)国务院药品监督管理部门规定禁止使用的;(2)依照本法必须批准而未经批准生产、进口,或者依照本法必须检查而未经检查即销售的;(3)变质的;(4)被污染的;(5)使用依照本法必须取得批准文号而未取得批准文号的原料药生产的;(6)所标明的适应症或者功能主治超出规定范围的。劣药的范围包括:(1)未标明有效期或者更改有效期的;(2)不注明或者更改生产批号的;(3)超过有效期的;(4)直接接触药品的包装材料和容器未经批准的;(5)擅自添加着色剂、防腐剂、香料、矫味剂及辅料的;(6)其他不符合药品标准规定的。在《药品管理法》(2019 年)第 98 条对"假药"和"劣药"认定标准更为精准,假药的情形包括:(1)药品所含成分与国家药品标准规定的成分不符;(2)以非药品冒充药品或者以他种药品冒充此种药品;(3)变质的药品;(4)药品所标明的适应症或者功能主治超出规定范围。劣药的情形包括:(1)药品成份的含量不符合国家药品标准;(2)被污染的药品;(3)未标明或者更改有效期的药品;(4)未注明或者更改产品批号的药品;(5)超过有效期的药品;(6)擅自添加防腐剂、辅料的药品;(7)其他不符合药品标准的药品。

《药品管理法》扩大假劣药的内涵与外延,加大了对制售假劣药等违法行为的查处力度,对保证药品质量和保障人民群众安全有效有药发挥了积极作用。同时,从法律上界定假劣药,反映国家确保用药安全的态度和决心,保障消费者权益的重要举措,切实保证人民用药的安全。《中华人民共和国民法典》(以下简称《民法典》)第 1203 条、第 1204 条[1]规定,给患者提供药品的医疗机构、社会药房以及药品的制造商,因药品的质量不合格而造成的药害,无论这些药品的提供者是否存在过错,都应对患者承担相

〔1〕《民法典》第 1203 条规定:因产品存在缺陷造成他人损害的,被侵权人可以向产品的生产者请求赔偿,也可以向产品的销售者请求赔偿。产品缺陷由生产者造成的,销售者赔偿后,有权向生产者追偿。因销售者的过错使产品存在缺陷的,生产者赔偿后,有权向销售者追偿。

《民法典》第 1204 条规定:因运输者、仓储者等第三人的过错使产品存在缺陷,造成他人损害的,产品的生产者、销售者赔偿后,有权向第三人追偿。

应的赔偿责任。

3. 合格药品在正当使用时引发的药害

合格药品在正当使用的过程中,也可能出现有害人体的反应,也就是WHO界定的药品不良反应损害,其核心在于,损害是正当使用合格药品的情况下发生的。其责任的承担包括:第一种情况,已经为人类所认知的,已经记载在药品说明书上的不良反应所引起的药害,医疗机构有过失,相应的责任由医疗机构承担,否则就只能由接受药物的患者自行承担无辜承担药害的后果。第二种情况,由于科技水平的限制,药品不良反应未被研究者所发现的,但该药品不良反应损害与药品的使用有着密切关系的,就需要寻求一种合适的救济途径。

(三)典型药害事件的处理:药品质量缺陷

1. 磺胺(二甘醇)药害事件

磺胺类药物,是指具有对氨基苯磺酰胺结构的一类药物的总称,是一类用于预防和治疗细菌感染性疾病的化学治疗药物。二甘醇(二乙二醇)主要用作合成纤维的软化剂、烟草的湿润剂、化工产品的中间体和溶剂。

1937年6月,美国田纳西州的马森基尔(Marseillaise)公司针对南方各州对磺胺液体制剂的需求,为使小儿服用方便,公司在尝试使用各种磺胺溶剂后,最后认为稍有甜味的二甘醇最为合适。在未做动物实验(当时美国法律允许)的情况下生产了240加仑"万能磺胺"——磺胺酏剂,在全国销售。同年10月,俄克拉何马州的一名医生向美国医学会报告,某类磺胺类药剂可能会致人死亡。美国医学会实验室很快分离出了药品中的毒性组分——二甘醇,随即美国食品药品管理局采取强硬姿态,要求马森基尔公司立即收回所有售出药品。经过努力,这240加仑磺胺酏剂收回了234加仑,而未收回的部分造成至少107人死亡,其中大部分是儿童。

后来动物试验证明,磺胺本身并无毒性,而造成中毒死亡的是工业用二甘醇。1938年10月,马森基尔公司由于虚假标签被起诉(根据1906年的法律,美国食品药品管理局只能如此),被罚款26,000美元(平均每名受害者240美元),是美国食品药品管理局当时作出的最大一笔罚金。公司与数名受害者达成庭外和解协议。依据美国当时的法律,没有禁止销售危险、未检验或有毒药物的规定,马森基尔公司并未违背法律规定,美国食品药品管理局也没有法定职权作出处罚,只是依据该药用的溶剂是二甘醇而非乙醇,构成假冒,应予查处。美国1906年通过的《纯净食品和药品法》仅针对假药和伪标,磺胺酏剂不是假药,也未含法规所禁止的酒精、毒品等11种成分,没有欺诈性产品宣传,美国食品药品管理局以马森基尔公司怠忽职责罪进行了处罚。磺胺酏剂事件后,国会通过了《联邦食品、药品和化妆品法》,规定要求新药必须经过美国食品药品管理局安全性检查,批准后方可合法上市。

2. HIV病毒污染Ⅷ因子事件

血友病A是由Ⅷ因子缺失而导致的遗传性疾病,临床上常用Ⅷ因子浓缩剂替代治疗。目前,输注Ⅷ因子的最大损害就是病毒感染(主要是HIV病毒和肝炎病毒感染)。目前世界上因输注Ⅷ因子而感染艾滋病的血友病患者不计其数,据美国疾病预防与控制中心估计,从1974~1984年,美国全国把Ⅷ因子和Ⅸ因子作为常规治疗药物的14,000名血友病患者中有一半人将会因为这两种药物的输注感染HIV病毒或肝炎病毒。但是,在Ⅷ因子和Ⅸ因子药品说明书中并未提到血液制品中可能包含有HIV病毒或肝炎病毒,制药公司并没有说明他们的血液制品来自肝炎高危人群的有偿献血。

1993年9月,一个10,000人的血友病患者组织代表所有感染HIV的血友病患者在伊利诺伊州南部地区提起诉讼,但未取得任何结果。1996年,一个印度陪审团判定Canter生物制品公司应当对一名艾滋病患者的死亡负责,陪审团判决该死者的家属应获得2000万美元赔偿。1996年,芝加哥第七联邦地区巡回法院的一项集体诉讼最终达成调解协议,协议规定制药商向6000名受害者每人赔偿10万美元,赔偿总额60亿美元。

3. "齐二药"制售假药案

2006年4月22日至5月2日,广东省中山大学附属三院使用齐齐哈尔第二制药有限公司生产的亮菌甲素注射液后,8名受害人出现急性肾功能衰竭。该院立即停止了该药的使用,并立即上报情况,后由广东省药品不良反应监测中心向国家药品不良反应监测中心报告有关情况。经过调查,造成该事件的原因是"齐二药"公司在购买药用辅料丙二醇用于亮菌甲素注射液生产时,购入假冒的丙二醇。"齐二药"生产和质量管理混乱,检验环节失控,检验人员违反GMP有关规定,将丙二醇投料生产。

在"齐二药"药害事件中,有60多名患者使用了有缺陷的亮菌甲素注射液，13人死亡，40多名患者与医院达成了和解协议，11名患者及家属以医院为被告提起了系列索赔案，在案件审理过程中，药品的生产者"齐二药"和经销商广州金蘅源医药贸易有限公司、广东医药保健品有限公司均被追加为被告。法院认定该案属于产品质量损害赔偿纠纷，依据当时《民法通则》《产品质量法》的相关规定，因产品质量不合格造成他人财产、人身损害的，产品的生产者、销售者应当承担赔偿责任。生产者"齐二药"赔偿11名受害者及家属经济损失3,128,247元、精神损失38,000元，其他三被告承担连带责任。

药品质量缺陷事件，从"齐二药"假药事件的处理方案来看，主管部门的处理方案主要集中在如何尽快防止损失的扩大和对责任人的行政处理等方面，对受害人如何进行救济不是工作的重点。我国《民法典》第七编侵权责任的第四章和《产品质量法》都规定了药品质量缺陷给受害者带来的人身损害，应该由药品的生产者或者经营者等承担民事赔偿责任，民事赔偿责任也非常清晰，但是在"齐二药"案件中经过上诉后，2008年年底法院判决假药生产商"齐二药"应当赔偿11名受害者经济损失，而用药的中山三院和两家药品销售商则要承担连带赔偿责任，在药厂责任财产有限的情况下，受害者难以真正获得赔偿。"齐二药"作为生产者无疑成为最终的责任者，但由于黑龙江省药监局对其进行了合计1929万元的罚没款处罚，使其基本丧失了赔偿能力。

4. 欣弗劣药事件

2006年7月22日，在青海省发生患者在使用了上海华源股有限公司安徽华源生物药业有限公司（以下简称安徽华源）生产的克林霉素磷酸酯葡萄糖注射液（商品名为欣弗）后出现了严重的不良反应症状，包括胸闷、心悸、心慌、腹痛、恶心、呕吐、过敏性休克、肝肾功能损害等。[1] 7月27日，青海省药监局向国家药监局上报了欣弗的不良反应损害情况。广西、山东等多个省、市的患者也出现了类似症状。7月28日，国家药监局组成专家组分赴青海、安徽对该事件进行调查。8月，国家药监局认定，安徽华源对其6～7月生产的欣弗由于未按照批准的工艺参数灭菌，降低灭菌温度，缩短灭菌时间，增加灭菌柜装载量，影响了灭菌效果，是导致该起事件

〔1〕 参见杨军：《"欣弗"拷问部门权力和利益》，载《南风窗》2006年第16期。

的主要原因。[1] 欣弗事件涉及全国26个省区,共报告不良反应100多例,造成11人死亡。

2006年12月23日,首例与欣弗有关的索赔案件在河北省南皮县法院达成调解协议。医院使用药品遵照医疗常规,不承担责任,由安徽华源生物药业有限公司最终承担赔偿责任。

二、药品不良反应

(一)药品不良反应的定义

对药品不良反应的定义有WHO的界定,药品不良反应(Adverse Drug Reactions,ADR),一种有害的和非预期的反应,这种反应是在人类预防、诊断或治疗疾病,或为了改变生理功能而正常使用药物剂量时发生的。[2] 药品不良反应不能单纯认为只是由主要产生效应的药物引起,而且也与制造时的杂质、附加剂、溶剂或该药物的降解产物等有关。也就是说,药品不良反应是指正常剂量的药物用于预防、诊断、治疗疾病或调节生理机能时出现的有害的和与用药目的无关的反应。该定义排除有意的或意外的过量用药及用药不当引起的反应,在使用常用剂量的药物防治或诊断疾病过程中,因药物本身的作用或药物间相互作用而产生的与用药目的无关而又不利于病人的各种反应。2004年3月,卫生部和国家食品药品监督管理局联合颁布实施的《药品不良反应报告和监测管理办法》中对药品不良反应作出了界定。我国和WHO对ADR的定义是一致的,包含三个要素:一是药品必须是合法或合格药品;二是在正常的用法和用量下用药;三是发生了与治疗目的无关的或者是出乎事先预料的有害反应。三个要素是相关联的,必须同时满足才能认定ADR。排除了药品质量问题、人为的过错或用药不当等所引起的有害反应。与药品不良反应相关的界定:

第一,新的药品不良反应。是指未在药品说明书中所载明的不良反应。

第二,药品严重不良反应。是指因服用药品引起的以下损害情形之一的反应:(1)引起死亡;(2)致癌、致畸、致出生缺陷;(3)对生命有危险并能

---

〔1〕 参见《食品药品监督局通报欣弗药品不良事件调查结果》,载 http://www.gov.cn/gzdt/2006-08/15/content_362492.htm,最后访问日期:2020年3月20日。

〔2〕 A reaction which is noxious and unintended, and which occurs at doses normally used in man for the prophylaxis, diagnosis or therapy of disease, or for the modification of phvsiological function.

够导致永久的或显著的伤残;(4)对器官功能产生永久损伤;(5)导致住院或住院时间延长。

第三,药物警戒。是指有关药物不良作用或其他药物相关问题的发现、评估、理解及预防的科学与活动。其主要内容是药品不良反应监测,还包括所有提供用药安全保障的工作,如药物滥用、超量误用、伪劣药品、医疗差错等的预防和处置。

第四,药品不良反应监测与报告的进展。上市药品安全性管理的整个过程包括五个阶段:监测、鉴别、风险评估、风险处理、决策实施。临床试验包括:毒性试验、药物动力学试验、药效学试验、安全性试验等。临床试验的局限性主要源于方案的制定、试验的范围、受试者的选择、数量等,很难发现所有的不良反应和安全性因素,特别是罕见的和十分罕见的不良反应。

国际医学科学组织委员会(Council for International Organization of Medical Sciences,CIOMS)推荐用下列术语和百分率表示药物不良反应发生频率:十分常见(≥10%),常见(≥1%,<10%),偶见(≥0.1%,<1%),罕见(≥0.01%,<0.1%),十分罕见(<0.01%)。药品上市流通前的临床试验,经过严格的安全性评估,确定利益(效果)大于危害时,政府才能批准允许上市,进入市场后还需要继续对药物跟踪研究,大规模的安全性检测和效果评估是持续性、长久的。

成立于1968年的WHO国际药物合作中心(Collaboration Center for International Drug Monitoring,也称乌普萨拉检测中心,Upscale Monitoring Center),是世界卫生组织成员国提出的一个国际医药计划的产物,即成立一个以交流药品安全性和有效性方面信息的全球性药物安全性组织。该中心成立于1968年,1978年搬迁至瑞典的Upscale市,经过30多年的发展,从最初加入的10个国家,已经发展到70多个成员方,覆盖世界范围约85%的人口,在世界范围内形成了药物不良反应监测的国际网络。

我国分别在《药品管理法》(2013年)第71条、《药品不良反应报告和监测管理办法》第2条、《药品注册管理办法》(局令第28号)第68条,确立了药品生产经营企业、经营企业、医疗单位、检验单位以及监督单位对药品不良反应报告的强制报告义务,对患者采用鼓励报告制度。实践中,我国ADR报告数量、质量并不理想。我国目前已经建立的除因为预防接种而引起的不良反应有一定补偿之外,其他药品引起的不良反应均没有补偿。补偿救济机制的设立包括：法律法规的设计、补偿模式的比较选择、资金的筹集和使用、申请程序的确定，以及相应的管理机制的建立。

(二)药品不良反应的构成要件

1. 药品不良反应的界定

我国《药品管理法》(2019 年)第 2 条第 2 款规定："本法所称药品，是指用于预防、治疗、诊断人的疾病，有目的地调节人的生理机能并规定有适应症或者功能主治、用法和用量的物质，包括中药、化学药和生物制品等。"广义的药品不良反应是指因用药引起的任何不良情况，包括超剂量给药、意外给药、蓄意给药、药物滥用以及药物的相互作用所引起的各种不良后果。比如，美国 FDA 对药品质量缺陷或用药不当所引发的有害反应，均界定为药品不良反应。

第一，药品必须是合法或合格药品。《药品管理法》(2019 年)第 2 条从三个层面对药品进行了界定：一是药品是用于预防、治疗、诊断人的疾病；二是其目的在于调节人的生理机能并规定有适应症或者功能主治、用法和用量的物质；三是类型包括中药、化学药和生物制品等。[1]《药品管理法》(2019 年)第 98 条规定了假药、劣药，[2]以及第 112 条规定，麻醉药品、精神药品、医疗用毒性药品，放射性药品、药品类易制毒化学品等有特殊管理规定，[3]都不属于第 2 条规定的药品范畴。在《药品管理法》(2019年)第 98 条第 4 款规定了两种情形也是界定药品合格的标准，一是未取得药品批准证明文件生产、进口药品；二是使用未按照规定审评、审批的原料

---

[1] 《药品管理法》(2019 年)第 2 条规定：药品，是指预防、治疗、诊断人的疾病，有目的地调节人的生理机能并规定有适应症或者功能主治、用法和用量的物质，包括中药、化学药和生物制品等。

[2] 《药品管理法》(2019 年)第 98 条规定：禁止生产(包括配制，下同)、销售、使用假药、劣药。有下列情形之一的，为假药：(一)药品所含成份与国家药品标准规定的成份不符；(二)以非药品冒充药品或者以他种药品冒充此种药品；(三)变质的药品；(四)药品所标明的适应症或者功能主治超出规定范围。有下列情形之一的，为劣药：(一)药品成份的含量不符合国家药品标准；(二)被污染的药品；(三)未标明或者更改有效期的药品；(四)未注明或者更改产品批号的药品；(五)超过有效期的药品；(六)擅自添加防腐剂、辅料的药品；(七)其他不符合药品标准的药品。禁止未取得药品批准证明文件生产、进口药品；禁止使用未按照规定审评、审批的原料药、包装材料和容器生产药品。

[3] 《药品管理法》(2019 年)第 112 条规定：国务院对麻醉药品、精神药品、医疗用毒性药品、放射性药品、药品类易制毒化学品等有其他特殊管理规定的，依照其规定。

药、包装材料和容器生产药品。

第二，在正常的用法和用量下用药。药品使用者按照药品说明书或医师指导用药，误用、滥用药物不属于药品不良反应。

第三，发生了与治疗目的无关的或者是出乎事先预料的有害反应。“无关或出乎事先预料”，即用药之后出现的损害结果与用药的目的无关，或者是用药者以当下的科学知识无法能了解和事先能得知的结果。

自20世纪以来，发生了多起席卷全球的大规模药品不良反应事件，建立药品不良反应的监测并发现药品的潜在危险是防范药害的有效手段，各国陆续建立药品不良反应监测制度。WHO于1971年在日内瓦建立了“国际药品检测合作中心”，专门负责收集与反馈各国的药品不良反应信息，促进了药品不良反应信息的国际交流。世界卫生组织（WHO）国际药物监测合作中心将药品不良反应定义为：药品在预防、诊断、治疗疾病或调节生理功能的正常用法用量下，出现的有害的和意料之外的反应。我国《药品不良反应监测报告和监测管理办法》中将药品不良反应定义为：“合格药品在正常用法用量下出现的与用药目的无关的有害反应。”

研究药品不良反应有利于促进合理用药。临床合理用药必需掌控好药品的有效性和安全性。药品的有效性是指对症选药，即使所选的药物的作用符合治病的要求，而药品的安全性则是指避免或减少药品不良反应或药源性疾病的发生。

2. 药品不良反应的临床表现类型

副作用（Side Effect），由于大多数药物均同时具有几种药理作用，因此用药时，除了其治疗作用外也会出现其他的效应。药物在其治疗剂量下，所引起的与防治目的无关的不适的作用，称为副作用。副作用是药物本身所固有的药理作用，药物的选择性越低，其副作用就可能越多。

毒性反应（Toxic Effect），是指由于药物剂量过大或者用药时间过长引起机体产生生理、生化以及病理等变化，它是药物固有的药理作用对机体产生的有害反应。毒性反应呈明显的剂量相关性和时间相关性，故减少给药剂量或缩短给药时间可以减少毒性反应的发生。

变态反应（Allergic Reaction），也称过敏反应，是指机体被药物致敏后，当药物再次进入机体时所发生的异常免疫反应。变态反应通常会导致机体组织结构以及生理功能的紊乱。既可以表现为全身反应，也可以表现为皮肤反应,变态反应与药物剂量的关系不大,一般与药物种类和患者的体质有关。

后遗效应(Residual Effect),是指停药后残留于机体内的低于有效治疗浓度的药物所引起的药理效应。后遗效应有的非常短暂,有的也比较持久。

特异质反应(Idiosyncratic Reaction),是指少数人用药后所发生的与药物的药理作用完全不同的一种特殊反应。目前认为,特异质反应主要是由于个体生理生化机制异常导致,并且与遗传因素密切相关。

继发反应(Secondary Reaction),是指继发于药物治疗之后产生的对机体有损害的反应,如长期应用于广谱抗生素导致许多敏感菌株抑制而引起菌群失调而导致的真菌感染等。继发反应可以通过合理用药来避免。

有些药物的不良反应需要经过长期用药后才出现,甚至可能对下一代产生影响,药物的依赖性、致畸、致癌和致突变等也属于药物的不良反应。

3. 药品不良反应产生的原因

药品不良反应产生的原因是复杂的,其影响因素是多方面的,主要有以下几种:

第一,药品的因素。药品是引起药品不良反应的最重要因素,包括药品化学成分和化学结构的复杂性、药品的一些理化性质、药品药理作用、杂质、制剂的质量、药品中的添加剂以及药物的相互作用等均可以引致药品不良反应。比如,发生在澳大利亚的苯妥英钠中毒事件,就是制药厂将苯妥英钠的赋形剂改为乳糖,从而增加了其他生物利用度,使苯妥英钠的血药浓度过高而致。

第二,机体的因素。药品不良反应的发生一般具有个体差异,因此不良反应的发生也有机体的因素,主要包括年龄及性别的差异、病理状况、种族差异、遗传因素、不同的血型、营养状况和饮食习惯、基因多态性而引起的代谢差异等。比如,老年人应用普萘洛尔时,可因肝功能减退和血浆蛋白含量降低等原因,更易诱发头痛、眩晕、心动过速、低血糖等不良反应。

第三,用药的因素。用药因素包括给药的途径、给药的时间间隔、给药剂量和速度、配置药品时间、给药、减药和停药以及药物的相互作用等。比如,癫痫病人在用抗癫痫药物预防癫痫发作期间,如加用利血平,会因为利血平降低惊厥而使癫痫发作；治疗皮症时，当停用皮质激素或者减药过快时，也会产生反跳现象。

第四，环境的因素。在日常的生产、生活中会有许多理化因素，它们不但能直接影响人体的生理功能而直接危害人体，而且还可以通过影响药物在体内的吸收、分布、代谢和排泄，从而影响药物代谢的酶系统，或者通过与药物发生不良的相互作用，从而导致药品不良反应的发生。

4. 药品不良反应的分型

（1）WHO 对 ADR 的分型

WHO 根据 ADR 的临床表现及其与药理作用的关系，将药品不良反应分为 A、B、C 三种类型。

A 型不良反应，主要是由于药品药理作用的增强所致，它的发生与剂量有关，停药或减量后不良反应症状可以减轻或消失。它的特点是与药物常规的药理作用有关，因此，可以预测其发生率较高，但死亡率较低。

B 型不良反应，是与药品正常的药理作用完全没有关系的一种异常反应。这种不良反应一般难以预测，进行常规的毒理学筛选也不能发现，B 型不良反应发生率低，但死亡率较高。

C 型不良反应，有些药品不良反应难以简单的归为 A 型或 B 型，如由于药品的作用使人体免疫能力降低，使人类原有疾病的患病率增加等，C 型不良反应一般出现于长期用药后，具有较长的潜伏期，没有明确的时间关系，且背景发生率较高，这种不良反应通常难以预测，如妊娠妇女服用已烯雌酚后，子代女婴到青春期患阴道腺癌。

（2）药学界对药品不良反应的新分类方法

A（Augmented）类反应，即药品对人体呈剂量相关的反应，它可根据药品或赋形剂的药理学和作用模式来预知，这类反应的严重程度可随药品剂量的增大或疗程的延长而增加，是不良反应中最常见的类型，其发生率较高，但死亡率较低。

B（Bugs）类反应，是因促进某些微生物的生长而引起的不良反应，该类反应在药理学上是可预测的，但与 A 类反应不同，它直接的和主要的药理作用是针对微生物而不是人体。

C（Chemical）类反应，即化学的反应，这类反应取决于药品或赋形剂的化学性质而不是药理学性质，它以化学刺激为主要形式。

D(Delivery)类反应,这类不良反应是因药品的给药方式而引起的,它不依赖于制剂成份的化学或药理性质,而是由于制剂的物理性质和给药方式而引发的,这类反应不是单一的,给药方式不同,不良反应的特性也不同。其特点为如果改变给药方式,不良反应即可停止。

E(Exit)类反应,即撤药反应,通常所说的撤药反应是生理依赖的表现,只发生在停止给药或剂量突然减小后,再次使用该药时可使症状得到改善,这类反应在一定程度上是通过药理学是可以预知的。

F(Familial)类反应,即家族性反应,一般仅发生于有家族性遗传缺陷的患者,无此缺陷的其他人群不会发生。这类不良反应是与药品的药理作用完全不同的一种不良反应。

G(Gene toxicity)类反应,即基因毒性反应,即由于药品的应用而导致基因损伤,有些是潜在的致癌物或遗传毒物,也有些致畸物在胎儿期已使遗传物质受损。

H(Hypersensitivity)类反应,即过敏反应,是继A类反应后最常见的不良反应。类别很多,一般均涉及免疫应答的活化,这类反应在药理学上很难预测,而且也与剂量无关,因此不能通过减少剂量而改善症状,必须停药。

U(Unclassified)类反应,是未分类反应,机制不明,如药源性味觉障碍、气体全麻药品导致的恶心呕吐等。

三、药品不良反应损害的法律界定

(一)药品不良反应损害的定义

我国《药品不良反应监测报告和监测管理办法》对药品不良反应的定义与WHO的界定存在差异,认为药品不良反应是一种意外反应,其发生具有不可预见性,侧重从药学角度界定药品不良反应,而《药品不良反应监测报告和监测管理办法》明确仅指合格药品在正当使用的过程中所产生的药物损害,不包括不合理用药产生的药物损害,也不包括因药物质量问题产生的药物损害。因此,该办法不仅界定了药品不良反应的药理反应,更重要的是关注于药理反应给使用者带来的损害。

药品的两面性、个体的差异性以及医药学研究技术的发展和人类认识药物水平的局限性,导致在临床实践中,药品的使用出现不同程度的不良反应,除了预料到的药品不良反应,还包括:临床上出现的偶然事件、在药品说明书上未载明的药品不良反应。严重的药品不良反应给人类造成不可逆转的伤害,包括:(1)死亡;(2)危及生命;(3)致癌、致畸、致出生缺陷;(4)导致显著的或者永久的人体伤残或者器官功能的损伤;(5)导致住院或住院时间延长;(6)导致其他重要医学事件,如不进行治疗可能出现上述所列情况的。

药品不良反应损害是合格药品在正常用法用量下发生的与用药目的无关的有害反应。包括四个要素:一是药品必须是合格的。依据现行法律的规定,合格的标准是国家标准或行业标准。二是用药必须严格符合药品明示的规定,或遵守医师的正确医嘱,排除了不正常、不合理的用药。三是发生了有害反应,对患者的生命和健康造成了损害。四是这种有害反应是与治疗目的无关的或者是出乎事先预料的。以上四个要素缺一不可,必须同时满足。因此,之所以要考量药品不良反应损害是由于药品不可避免的缺陷导致的损害结果,客观上造成了患者或受害者身体或精神上的损害,既然已造成了损害后果,就必然需要有主体承担相应的法律责任。

在我国法律法规体系中,缺乏对药品不良反应的法律责任界定的规范,只能部分适用《民法典》《产品质量法》《消费者权益保护法》等法律、法规的一些原则性规定,导致在实践中对药品不良反应损害的归责原则理解的不统一,纠纷处理时结果差异。

(二)药品不良反应损害的类型

1. 按药品不良反应损害性质分类

(1)副作用,即药物正常的治疗量时出现,而且与治疗目的无关的效应,一般较轻微,治疗作用一定大于副作用;

(2)毒性作用,仅在剂量过大或用药时间过长,药物在体内蓄积太多时出现的反应,有轻有重,可预期,但严重时可危及生命;

(3)变态反应,又称过敏反应,一般与药物剂量无关,是药物与个人体质相互作用产生的不正常的免疫反应;

(4)后遗效应,是指停药后仍残留于体内的低于有效治疗浓度的药物引起的药物反应;

(5)停药反应,是指长期服用某种药物后,突然停药后,原有疾病出现加剧的现象,又可称反跳现象;

(6)继发效应,又称治疗矛盾,是指由治疗效应所带来的不良后果;

(7)特异质反应,是由于生化过程异常所致,往往与遗传因素有关,其严重程度与剂量有关;

(8)三致作用,分别为致癌、致畸、致突变作用。[1]

2. 按不良反应损害是否可预期分类

分为可预期的药品不良反应和不可预见的药品不良反应。大多时候为了达到用药目的,总是需要容忍一定风险的存在,但是这种风险应该在可控可预知的范围内,即在药品的说明说或标签上充分说明药品可能存在的不良反应损害的风险。根据《药品说明书和标签管理规定》可知药品生产企业不仅应当在药品说明说中充分包含药品不良反应信息,详细注明药品不良反应,还需要根据药品上市后的安全性、有效性情况及时修改说明书,说明大部分药品作用于人体后可能发生的不良反应应该是可预见的。但是同时由于科学技术水平的限制,对于有些药品不良反应确实无法及时发现,也无法避免出现致害后果。

3. 按损害后果的严重程度分类

将药品不良反应分为一般不良反应和严重不良反应。根据我国《药品不良反应报告和监督管理办法》第29条规定,“药品严重不良反应是指因服用药品引起以下损害情形之一的反应、引起死亡、致癌、致畸、致出生缺陷、对生命有危险并能够导致人体永久的或显著的伤残、对器官功能产生永久损伤、导致住院或住院时间延长”。除此之外的药品不良反应可归结为一般的药品不良反应。《药品说明书和标签管理规定》第11条第2款规定,药品处方中含有可能引起严重不良反应的成份或者辅料的,应当予以说明。所以严重的药物不良反应会给人带来极大损害,是国家监控的重点。

(三)药品不良反应损害责任的承担

随着科技的发展,人类对新药品的探索,越来越多的疾病通过治疗被治愈或控制,但药品治疗所引发的不良反应也困扰着人类。因此,探寻药品不良反应损害有利于促进合理用药,保障人体健康。药品不良反应损害主要有以下特征:

---

[1] 参见宋瑞霖等:《完善中国药品不良事件救济机制研究》,中国法制出版社2011年版,第24页。

第一，药品不良反应损害具有不可预期的潜藏性和长期性。药品不良反应具有潜在性的特点，其造成的损害事实也具有不可预期的潜藏性和长期性。因为不同的药理相互作用，人体功能的复杂性，直接作用于人体的药物有时候会发生不会马上显露的潜在危险。例如，德国制药公司生产的反应停是孕妇用来镇静止吐的药物，在当时效果是立竿见影的，"帮助"孕妇度过难熬的孕期反应期，而且看似温和没有副作用，随即风靡全德国并被海外多国引进，直到超过正常畸形率的大量肢端短缺，心脏发育不完全的"海豹儿"的出生，才使这一药物的导致的严重损害后果直观地显现出来，在这些婴儿未出生之前，甚至在未将服用反应停和畸高的残疾率联系起来前，服用反应停所造成的药品不良反应损害并没有被人们察觉。所以药物不良反应造成的损害有时具有一定的时间积累性，经过较长时间才会将潜在的危险性显露出来。

第二，药品不良反应损害权益具有多样性和广泛性。一种药物被批准上市销售后所面对的是不特定的人群，一旦它具有潜在的药品不良反应而未被告知，那么造成的损害范围可能也会很大。20 世纪 60 年代的几次药害事故也表明药物的流通范围为全球各国各地区，一旦出现严重的不良反应，那损害后果涉及的人群可能会很庞大。而且其造成的权益损害也具有多样性，虽然多表现为身体健康损害，但是根据药物致害作用的不同，有致残的，也有致死的严重后果，更有跨代际的损害，即药物不良反应损害并没有体现在直接服用者身上而是体现在下一代上。更何况，直接的身体损害是一方面，还有随之为了治疗而花费的金钱、时间，以及遭受的精神痛苦，可能丧失的多种可能性等方面的损害都是不可忽视的。

第三，药品不良反应损害的认定具有专业性和复杂性。药品不良反应的损害有时不仅是潜在的，还因为这种损害后果具有很强的专业性和复杂性，一般患者有时很难将这种损害与自身疾病的进程相区分，误以为是疾病的自然发展进程或者是新的疾病的发生，而无法确认药品不良反应损害的实际发生。

药品不良反应损害的特殊性，导致药品不良反应损害的责任承担具有以下特征：

首先，药品不良反应损害法律责任主体的复杂性。一般的产品责任可能涉及的责任主体主要是生产者和销售者，有时也会涉及第三人，比如未按规定储存、运输导致产品缺陷致害的第三人等。但是药品不良反应损害责任的主体虽然也主要为生产者和销售者,但是由于药品的特殊性,医疗机构作为最大的药品销售方,几乎都会被涉及其中,但是药品不良反应的发生是在合理合规的使用下产生的,那么医疗机构作为损害责任主体虽然不具有法律上的承担义务,但是实践中基本都会被作为侵权者而被提起诉讼,因为其性质是药物的直接施用者。因此,主体之间的无法割裂的关联性,很难从现行法律中确立药品不良反应损害法律责任主体。

其次,药品不良反应责任认定的专业性和举证的困难性。因为药品不良反应损害的认定具有极高的专业性和复杂性,有时可能无法对损害和服用药物之间的因果关系做出明确的鉴定意见,那么受害者就会承担较重的举证责任,也可能因此得不到救济。在损害事实难以鉴定的情况下,药品不良反应损害的法律责任也无法确定。

(四)典型药害事件的处理:药品不良反应损害

1. 反应停事件

反应停又称沙利度胺,是一种合成性的谷氨酸衍生物。该药最初由德国 Chemise Enthrallment 制药公司推出,用于治疗怀孕早期妊娠吐呕。反应停在 1957 年 10 月作为抗妊娠反应药物投放欧洲市场,不久进入日本市场,在此后不到一年的时间内,反应停在全球 46 个国家畅销,成为“孕妇的理想选择”。但是,随着该药的广泛应用,在服用反应停的孕妇中间,许多人分娩出短手短脚的畸形儿,医学界将这种畸形新生儿命名为“海豹儿”。1962 年,Chemise Enthrallment 公司正式撤回联邦德国市场上所有反应停,不久其他国家也陆续停止了反应停的销售,但这时已出现了 1 万名至 1.2 万名因母亲服用反应停而导致出生缺陷的“海豹儿”。

1961 年年底,联邦德国亚琛市地方法院受理了全球第一例控告反应停生产商厂家 Chemie Gruenenthal 公司的案件。1969 年 10 月 10 日,法庭经过近 8 年的审理,决定不采纳控方证人的证言,因为辩方律师找到了多种理由来证明控方证人在作证时不能保持客观公正的态度。1970 年 4 月 10 日,案件的控辩双方于法庭外达成了和解,Chemie Gruenenthal 公司同意向控方支付总额 1.1 亿德国马克的赔偿金。1970 年 12 月 18 日,法庭作出终审判决,撤销对 Chemie Gruenenthal 公司的诉讼,但法庭同时承认,反应停确实具有致畸胎性,并提醒制药企业,在药品研发过程中,应以此为鉴。

1971 年 12 月 17 日,联邦德国卫生部利用 Chemie Gruenenthal 公司赔偿的款项专门为反应停受害者设立了一项基金,除此之外,德国政府也拿出一亿马克帮助受害者。此后数年间,联邦德国有 2866 名反应停受害者得到了终身赔偿。

据估计,反应停在德国的受害者中至今还活着的约有 2700 人。2007 年 11 月,Chemie Gruenenthal 制药公司的董事长表示,愿意同受害者“以私人方式”见面,但拒绝了受害者要求进一步赔偿的要求。反应停全国受害者联合会表示,除非 Chemie Gruenenthal 制药公司满足联合会提出的相关进一步经济赔偿要求,否则见面没有任何意义可言。

2008 年 4 月,国际反应停受害者联盟(ICTA)向德国政府和 Chemie Gruenenthal 制药公司提出了高达 68 亿美元的赔偿要求,为每名受害者在 10 年内平均提供总计 160 万美元的赔偿,理由是受害者已经步入 50 岁以上,他们的父母等监护人逐渐去世。据该联盟介绍,目前全球范围内共有约 3500 名幸存者,其中德国受害者每年赔偿金额最高为 4000 英镑(8700 美元),英国受害者每年赔偿金额最高为 18,000 英镑,在意大利、西班牙和奥地利,受害者则没有任何赔偿。德国政府已经同意将每年赔偿金额提高到 8000 英镑,而 Chemie Gruenenthal 制药公司拒绝了国际反应停受害者联盟的所有要求,并拒绝与其进行对话。

出于对反应停药害事件的深刻反思,美国和当时西欧各国纷纷修改了新药试验内容,即增添了“三致试验”(致癌、致畸、致基因突变)项目,从而使后来上市的新药更加安全可靠。反应停事件促使德国在 1976 年制定了欧洲最早的关于药品责任的专门立法——《药品伤害法》,规定生产有缺陷药品的生产者应承担严格责任。此后,为进一步规范药品生产和保护药品使用者的权益,德国于 1978 年 1 月 1 日施行新的《药品法》。反应停事件还促使美国于 1962 年通过了《Kafauver-Harris 药品修正案》,提出了一系列对药物安全性证明的要求,最终导致了新药审批程序的大大延长,药品研发费用增加。

2. 已烯雌酚事件

已烯雌酚(DES)是人类第一个人工合成的雌性激素类药物,美国食品药品管理局于 1941 年批准此药上市,用于预防习惯性流产。但后来证明该药有一种副作用,孕妇服用这种药后,如果其生育的孩子为女性,女儿极可能得一种阴道癌,发病率高达30% ~90%。从20世纪70年代开始,陆续发现全球有成千上万的妇女因其母亲在妊娠期间服用已烯雌酚而患病。

20世纪80年代,全美出现1000余起已烯雌酚诉讼案,但是原告都无法证明她们的母亲在怀孕时服用的是哪一家制药厂生产的已烯雌酚。为保护受害人的合法权利,各州试图适用各种理由来解决这个问题,有的州法院采用一致行动理论(Concert of Action),也有的州法院采用了替代责任理论(Alternate Liability),而加利福尼亚最高法院在审理 Sindell v. Abbott Laboratories 案中,创立了著名的市场份额理论(Market Share Liability),法官认为原告虽然不能确认哪一家企业生产的药物造成的损害,但可以确认同类产品的生产者,如果哪一个被告要否定其责任,就要证明其产品未被原告的母亲服用。对于原告的赔偿应当由原告母亲服药期间所有生产已烯雌酚的制药厂,按照它们在市场中的占有份额来分担。市场份额理论对于充分保护弱者权利,完善产品责任制度发挥了积极的作用。

1991年,纽约上诉法院审理了一起已烯雌酚案,原告为一名脑麻痹患者,原告的祖母曾在1960年怀原告母亲时,服用已烯雌酚以防止流产。嗣后原告母亲患生殖系统病变,也因此其产下原告时,发生早产情形,并因而使原告产生先天性脑麻痹及其他病变。原告遂起诉请求制造已烯雌酚的厂商承担损害赔偿责任。诉讼的执行点是被告的过失行为和原告所受损害是否有因果关系。最终法院判决,对原告不予支持。

已烯雌酚事件是药物治疗史上最长的诉讼案件,因为数以百万计的、曾经服用过此药的母亲所生女儿,目前最小的已近40岁,他们随时都可能发生阴道癌,如确证发病,则要继续赔偿。如2006年10月法国1例少女因服用已烯雌酚引发癌症致死而被判赔付34.4万欧元。

3. 拜斯亭事件

拜斯亭通用名为西立伐他汀,是由德国拜耳公司生产的一种降血脂的他汀类药物。拜斯亭于1997年在美国上市,于1999年进入中国市场。该药能显著降低血清总胆固醇和低密度脂蛋白胆固醇,可轻度降低三脂酰甘油,并能够提高具有预防动脉粥样硬化作用的高密度脂蛋白水平,调脂作用较为理想。

该药在美国上市后,美国食品药品管理局陆续收到了受害人服用拜斯亭后发生横纹肌溶解甚至导致死亡的病例报告。在这种情况下,美国食品药品管理局于2001年春天开始着手处理大剂量拜斯亭的不良事件报告。此后不久,美国食品药品管理局的新药办公室(OND)和药品安全办公室(ODS)会见了制药商,讨论是否将大剂量拜斯亭撤市。2001年8月8日,拜耳公司主动将各种剂量的拜斯亭撤市。在撤市前,大约有80个国家的600万名冠心病和高脂血症患者服用过拜斯亭,其中绝大多数是50~70岁的老年人。据统计,美国食品药品管理局共收到了31例因拜斯亭引起横纹肌溶解导致死亡的报告,其中在12例报告中患者联合使用了吉非罗齐。全球共有52例因服用拜斯亭产生横纹肌溶解所致的死亡报告。

事件发生后,拜耳公司官司不断。2003年11月,拜耳公司用7.47亿美元解决了1959起涉及拜斯亭诉讼,但该公司仍面临着10,378起诉讼。截至2003年4月,拜耳公司共达成了740起拜斯亭诉讼庭外调解,用于达成这些庭外调解的花费共计2.19亿美元。此前拜耳还曾宣布以1.25亿美元的代价达成了450起庭外调解。截至2003年12月,拜耳公司所支付的赔偿款均由保险公司赔付,因此没有对该公司的盈利造成直接的冲击。但该公司发出警告,如果原告数量继续增加,保险公司的赔付可能不足以支付所有赔偿款。曾有分析师预测,拜耳公司的赔偿额将高达50亿美元。

2001年8月8日,德国拜耳公司向中国国家药监局提出暂停拜斯亭在中国的销售。2001年7月12日,中国患者邢某因患冠心病、急性广泛前壁心肌梗塞,被送往医院住院治疗,住院期间,医生为邢某开出了包括拜斯亭在内的治疗药物。出院时,医生又给开了四盒拜斯亭(1个月用量)并嘱咐不要断药,连续服用一个月后再来复查。8月5日后,邢某双腿失去知觉,大小便困难,情况日渐严重。在此期间,邢某始终遵医嘱服用拜斯亭。8月13日,邢某开始无法排便,后经天津医科大学司法鉴定中心临床法医鉴定,邢某"双下肢因横纹肌溶解症致肌瘫"。事后邢某将医院、德国拜耳公司及拜耳医院保健品有限公司作为共同被告告上法庭。

原告认为,被告医院在治疗过程中,一直未按药品说明正确治疗,给邢某的身心健康造成极大损害。第二被告德国拜耳公司虽然公开发表声明在中国境内停用拜斯亭,但此项声明并不能免除其对原告承担的人身损害赔偿责任。第三被告拜耳医药保健品有限公司负责拜耳公司药品的分装和销售,应与拜耳公司共同承担责任。原告要三方被告赔偿各种损失50

余万元。[1]

第一被告(医院)的抗辩理由为:(1)在国家药监局下达文件之前,医院对邢某没有告知的义务;(2)医院药品采购合法、在诊疗过程中亦无过失;(3)药物本身存在的问题,不应由医院负责。第二被告(德国拜耳公司)的抗辩理由为:(1)原告应拿出拜斯亭存在缺陷的证据,并证明邢某的病症与拜斯亭有因果关系。根据国家《药品管理法》,经有关部门批准后进口的,在进口过程中,北京药监部门对药品进行了检验,其为合格不存在缺陷的药品。(2)原告未能证明药品与损害之间有因果关系。(3)原告未能提供证明德国拜耳公司存在过错的证据。第三被告(拜耳医药保健品有限公司)认为,如果法院认定拜耳公司有责任的话,那么拜耳医药保健品有限公司就有责任,反之就无责任。

作为中国首例因服用拜斯亭而发生“横纹肌溶症”的病例,最终以调解结束,三被告共同支付邢某30万元人民币。

4. 万络事件

万络(罗非昔布)是默克公司研制的环氧化酶2(COX－2)抑制剂,属于非甾体抗炎药,这是一类抗炎、解热镇痛药,广泛用于抗炎、抗风湿、解热镇痛和抗凝血等。1999年5月,万络获美国食品药品管理局批准,并于同年6月在美国上市,用于治疗骨关节炎,控制成人锐痛和痛经。

2004年9月30日,默克公司宣布,在全球范围内主动撤回万络。这一决定是根据一项为期3年的前瞻性、随机、双盲、安慰剂对照的临床研究作出的。该研究显示,服用万络的病人中发生确定的心血管事件的相对危险性增加。在万络上市以来的5年多的时间里,服用人数超过8000万,上市销售的国家逾80个,2003年该药的全球销售额达25亿美元,默克公司的这一决定引起了全球的关注。

2005年8月19日,美国得克萨斯州一陪审团就备受全世界关注的全美首起“万络人身伤害诉讼案”作出裁决,判决默克公司支付原告经济损失45万美元,精神损失2440万美元,同时外加高达2.29亿美元的惩罚性赔偿,总计2.53亿多美元。不过,针对默克公司的该药诉讼案总数超过5万

[1] 参见《全球唯一未获赔偿的天津拜斯亭受害人索赔50万》,载http://news.sina.com.cn/s/2003－07－09/17101310598.shtml,最后访问日期:2019年12月9日。

起,涉及金额达100亿美元。默克公司坚持每案必争的策略,截至2008年6月,默克公司在已经审理结束的16起万络案件中,赢得13起诉讼的胜利。

2007年11月9日,默克公司宣布,愿支付48.5亿美元赔偿金了结美国近5万宗与万络有关的诉讼。默克公司说,将用这些赔偿金设立两份基金,40亿美元基金用于赔偿因服用万络出现心脏病的患者,8.5亿美元基金用于赔偿中风患者。但这项和解协议不涉及美国境外索赔者,协议对那些不同意和解的原告也无效。

5. 龙胆泻肝丸事件

在龙胆泻肝丸事件中,服用龙胆泻肝丸的患者,服用时间有1~2年的,有的患者服用时间只有2~3个月,患者出现了不同程度的肾功能受损,出现损害症状的患者,严重的会有肾衰竭、尿毒症状。肾衰病人采取的治疗措施主要有透析和换肾,需要承担的主要经济费用包括:(1)透析费用,每周需要透析2~3次,每次500元。一年的花费为500元×(2~3)次/周×52周/年=5.2~7.8万元/年。(2)换肾手术费(每人),需要的费用有手术费和抗排异药费用。手术费(加肾)为5万元;抗排异用药5年,用药第一年5万元,第二年4万元,第三年3万元,第四年2万元,第五年1万元。

据报道,我国约有10万人因服用龙胆泻肝丸而造成不同程度的肾脏损害,但患者却难以获得赔偿。作为主要生产商的同仁堂一直认为,龙胆泻肝丸符合中国的药典要求,损害事件的责任不在于生产企业。同时,作为受害者难以证明所受的损害,是因为服用龙胆泻肝丸而造成的,即使诉讼也均被法院驳回。[1]

---

〔1〕 参见杜智娜、邵振国:《龙胆泻肝丸案:受害者首获赔偿》,载《法律与生活》2005年第15期。

第二章 药品不良反应损害责任的性质

一、医疗损害责任

(一)医疗损害责任的概念及特征

医疗损害责任,是指医疗机构及医务人员在医疗过程中因过失,或者在法律规定的情况下无论有无过失,造成患者人身损害或者其他损害,应当承担的以损害赔偿为主要方式的侵权责任。[1] 医疗损害责任具有如下特征:

第一,医疗损害责任的行为主体是医务人员。医疗损害责任的行为主体是指实施了医疗损害行为的医务人员,包括医师和其他医务人员。对于医疗损害责任行为主体的认定,是法官准确而客观地确认医疗损害责任的标准,是"在保护患者利益与保护医务人员的权益方面寻求最佳的平衡"。[2]

第二,医疗损害责任的责任主体是医疗机构。医疗损害责任的责任主体是指医疗损害责任中依法承担医疗损害赔偿责任的主体,一般是指实施医疗损害行为的医务人员所在的医疗机构。《医疗机构管理条例》

---

[1] 参见杨立新:《医疗损害责任研究》,法律出版社 2009 年版,第 42 页。

[2] 参见王利明:《侵权责任法研究》(下),中国人民大学出版社 2011 年版,第 357 页。

第2条[1]规定,医疗机构应当是从事疾病诊断、治疗活动的医院、卫生院、疗养院、门诊部、诊所、卫生所(室)以及急救站等机构。根据《执业医师法》的规定,个人诊所也应视为医疗机构。[2] 对医疗损害责任的责任主体的讨论一直存在争议,具有医疗资质的医务人员所在的医疗机构直接被认定为医疗损害责任的主体,而在实践中,大量的医疗机构往往聘用没有资质的人员从事简单的医疗行为,当出现纠纷时,其所在的医疗机构一般也称为医疗损害责任的责任主体,但医疗机构赔偿之后是否可以行使追偿权?医务人员不具备医疗资质是否适用相关法律规制?医疗机构是否因"过错"聘用无资质的人员需承担雇主责任?例如,精神病医院与一般的医疗机构不同,不仅需要从医疗专业上承担责任,还需要承担伦理责任,医务人员负有更多的注意义务。

第三,医疗损害责任发生在医疗活动之中。作为认定医疗损害责任的前提条件,医疗损害责任应当是发生在医疗活动之中。包括:(1)医疗活动应当在医疗机构中进行;(2)医务人员所实施的是医疗行为。

第四,医疗损害责任是因患者的损害不限于实质人身损害。医疗损害责任必须以患者权益受到实质损害为前提,而且不限于人身权益的损害,还应当包括一定程度上的财产损害以及权利损害。比如,过度医疗行为虽然没有造成患者实质的人身损害,但导致患者的财产的损失。

第五,医疗损害责任主要以医务人员的过失为主观要件。医务人员在其所在的医疗机构中的医疗过失行为,才能被认定为医疗损害责任,医务人员的主观故意行为超出医疗机构的管理范围,并不属于医疗损害责任的构成要件。由此产生的损害行为应该由主观上具有故意的医务人员自身对患者承担赔偿责任。

综上所述,医疗损害责任的基本形态是替代责任,也称为间接责任,转承责任、延伸责任,系指责任人为他人的行为和为人的行为以外的自己管

---

[1] 《医疗机构管理条例》第2条规定:本条例适用于从事疾病诊断、治疗活动的医院、卫生院、疗养院、门诊部、诊所、卫生所(室)以及急救站等医疗机构。

[2] 《执业医师法》第19条规定:申请个体行医的执业医师,须经注册后在医疗、预防、保健机构中执业满五年,并按照国家有关规定办理审批手续;未经批准,不得行医。县级以上地方人民政府卫生行政部门对个体行医的医师,应当按照国务院卫生行政部门的规定,经常监督检查,凡发现有本法第16条规定的情形的,应当及时注销注册,收回医师执业证书。

领下的物件所致损害承担赔偿责任的侵权责任形态。[1] 造成患者损害的行为人是医务人员，承担医疗损害责任的责任主体是医疗机构，其承担赔偿责任后，才可以向有过失的医务人员行使追偿权。行为主体与责任主体之间的不一致，就是医疗损害责任作为替代责任性质的主要特征。

（二）医疗损害责任的类型

《民法典》第七编侵权责任的第六章规定了"医疗损害责任"，对我国建立医疗损害责任制度意义重大。

1. 按责任性质分类

按照医疗损害责任的性质可分为：民事责任、行政责任和刑事责任。

第一，医疗损害民事责任。医疗损害行为作为医疗损害民事责任追究的基础，其损害责任的承担为医疗机构或医务人员；医疗损害民事责任方式包括停止侵害、排除妨碍、消除危险、赔偿损伤、消除影响、赔礼道歉及恢复名誉等。

第二，医疗损害行政责任。是指医疗机构或医务人员在诊疗活动中，违反法律、法规、规章、操作规程，给患者造成损害后果而应当承担的行政法律责任。中央和地方各级人民政府以及下设的各级卫生行政主管部门依法追究医疗机构或医务人员的医疗损害行政责任。医疗损害行政责任的承担方式，包括行政处罚和行政处分。对于发生医疗损害的医疗机构，卫生行政主管部门依照法律、法规、规章，根据医疗损害情节轻重，给予警告、罚款、停业整顿甚至吊销《医疗机构执业许可证》的行政处罚。对于发生医疗损害的医务人员，卫生行政主管部门依法并根据情节给予警告、暂停6个月以上1年以下执业活动的行政处罚，对情节特别严重的，给予吊销执业证书的行政处罚。同时，卫生行政主管部门根据医疗事故等级、医务人员的责任程度，依照相关法律、法规作出行政决定，对医务人员予以相应处分。包括：警告、记过、记大过、降级、撤职及开除处分。

第三，医疗损害刑事责任。是指医务人员由于严重不负责任，造成患者死亡或严重损害患者身体健康，触犯刑事法律所应当承担的刑事法律责任。其犯罪的构成要件必须是，主观上有故意或重大过失，造成极其严重

---

[1] 参见杨立新主编：《中华人民共和国侵权责任法草稿建议稿及说明》，法律出版社2007年版，第7页。

的后果,构成故意杀人罪、故意伤害罪或医疗事故罪。医务人员在医疗活动中承担着职业的高风险性,对医务人员过于严苛会严重影响医学创新和进步,阻碍医疗事业发展,更难以保护患者追求生命健康的权利。因此,立法对犯罪构成的主观要件和后果都有特殊的要求。

2. 按侵权行为分类

可分为,医疗技术损害责任、医疗伦理损害责任及医疗产品损害责任。

第一,医疗技术损害责任。是指医疗机构或医务人员在医疗活动中未尽诊疗义务,包括诊断过失损害责任、治疗过失损害责任、护理过失损害责任、感染传染损害责任及组织过失损害责任。根据医疗过程的不同环节,医疗机构或医务人员未遵守医疗规范、规章、规程,未尽到高度注意义务,或者实施了错误的治疗行为,造成患者人身损害。《民法典》第 1221 条规定:"医务人员在诊疗活动中未尽到与当时的医疗水平相应的诊疗义务,造成患者损害的,医疗机构应当承担赔偿责任。"该条规定中"当时的医疗水平"存在理解上的模糊,并不仅仅指某个医生个人的医疗水平或本院的医疗水平。如果某个医生不能决断就应及时请求会诊?如果本院不能解决就应在对患者负责的前提下,积极地联系其他力量或转院治疗?是否在诊疗活动中尽到与当时的医疗水平相应的治疗义务,将是法院在案件审理中进行考量的重要内容。未尽到与当时的医疗水平相应的诊疗义务,造成患者损害的,医疗机构就应当承担赔偿责任。

第二,医疗伦理损害责任。是指医疗机构或医务人员未尽告知义务、未尽保护隐私义务,包括违反信息告知损害责任、违反患者同意损害责任、违反保密义务损害责任及违反管理规范损害责任。《民法典》第 1219 条规定:"医务人员在诊疗活动中应当向患者说明病情和医疗措施。需要实施手术、特殊检查、特殊治疗的,医务人员应当及时向患者说明医疗风险、替代医疗方案等情况,并取得其书面同意;不宜向患者说明的,应当向患者的近亲属说明,并取得其书面同意。医务人员未尽到前款义务,造成患者损害的,医疗机构应当承担赔偿责任。"该条首次以立法的形式确立了患者的知情权,规定了尊重患者知情权为医务人员的义务,未尽到该义务视为过错,造成患者损害的医疗机构应予承担赔偿责任。但该条规定中,"特殊检查""特殊治疗"的表述过于模糊,不利于司法机关认定,更不利于对患者合法权益的保护。《民法典》第 1226 条规定:"医疗机构及其医务人员应当对患者的隐私保密。泄露患者隐私或者未经患者同意公开其病历资料，造成患者损害的，应当承担侵权责任。”该条是《民法典》中唯一涉及隐私权保护的条款，泄露患者隐私或未经患者同意公开其病历资料属于侵犯患者隐私权的侵权行为。

第三，医疗产品损害责任。《民法典》第1223条规定：“因药品、消毒药剂、医疗器械的缺陷，或者输入不合格的血液造成患者损害的，患者可以向生产者或者血液提供机构请求赔偿，也可以向医疗机构请求赔偿。患者向医疗机构请求赔偿的，医疗机构赔偿后，有权向负有责任的生产者或者血液提供机构追偿。”该条规定了医疗产品责任，因药品、消毒药剂、医疗器械的缺陷，或者输入不合格的血液造成患者损害的，生产者、血液提供者与医疗机构一起对患者承担赔偿责任。同时，该条也规定了医疗损害责任，当医疗机构无过错的情形时，医疗机构有追偿权。

（三）医疗损害责任的构成要件

第一，存在损害事实。

医疗损害事实，是指由于医方违反义务的行为导致患者权益受损的事实，包括：(1)对患者造成的生命权、健康权和身体权的损害；(2)对患者造成的名誉权、隐私权损害；(3)对患者及其近亲属造成的精神损害；(4)对患者及其近亲属造成的财产权损害。[1] 医疗损害事实是承担医疗损害责任的基础，是一定行为致使权利主体的人身权、财产权受到损害，并造成财产利益或非财产利益的减少或灭失的客观事实。[2]

但是，由于医疗活动的复杂性，即使出现了损害事实，医疗机构或医务人员也不需要承担医疗损害责任，比如由于患者的特殊体质及医疗行为本身的侵袭性造成的损害，“治愈性”和“有效性”本身就是治疗的两面，也是患者治疗必须承担的风险。因此，通过现代的医学技术、手段、医学理论知识和丰富的临床经验才能甄别和确定损害事实，也能确定医疗损害责任。

第二，医疗行为与损害事实之间存在因果关系。

要确定医疗损害责任的承担，医疗行为与损害事实之间必须存在因

---

〔1〕 参见姜凤武：《医疗损害责任制度比较研究》，大连海事大学2012年博士学位论文，第22页。

〔2〕 参见杨立新：《侵权损害赔偿》（第6版），法律出版社2016年版，第201页。

果关系，医疗损害中的原因比较复杂，认定医疗损害中的因果关系涉及医学专业知识。我国台湾地区司法界目前采取的是相当因果关系说，其判断依据是"一般事件正常发展过程所生之结果"。在医疗行为与损害事实之间存在因果关系的形态中，多因一果是医疗损害中因果关系认定的常态，患者本身存在疾病，在医疗多环节中涉及医疗行为的主体是复数，医疗损害事实需要确定的是与损害事实具有因果关系且各自的原因力的大小。

但当医疗机构或医务人员为了人类的发展，可以被免除发展风险带来的损害。如何证明医疗损害中因果关系也就是举证责任的问题，在医疗损害中一般实行因果关系举证责任倒置规则，医疗活动具有较强的专业性，患者无论是从医学知识、证据的接近与易得上及经济实力上与医疗机构之间存在极大差距。同时，举证责任倒置也是"双刃剑"，一方面有利于患者，另一方面也给了医方一个辩解证明的机会。

第三，主体有过错。

过错是承担医疗损害责任的主观要件。医疗机构或医务人员在医疗活动中，既要遵守法律、法规、规章制度、技术规章，还需要尽到谨慎注意义务，都是认定医疗损害责任中过错的内容。在医疗损害责任中，构成承担医疗损害责任条件的过错主要有，医疗故意和医疗过失。医疗故意，有直接故意和间接故意，如果是直接故意，一旦出现严重损害，就由刑事规制。医疗故意，常以间接故意呈现。医疗过失，主要是指医师的"注意义务"，"所谓医疗过失是指医疗机构及其医务人员在诊疗活动中未尽到诊疗义务而应当受到谴责的心理状态"。[1]

有一般注意义务和特殊注意义务。特殊注意义务又分为，医疗过程中的说明义务、医疗过程中的转医运送义务及医疗过程中的问诊义务。《民法典》第1221条提及"当时的医疗水平"来界定医务人员是否尽到诊疗义务。借鉴日本和我国台湾地区"注意义务"理论，在认定医疗损害责任的过错认定时，适用具体规则，如专业标准法则、全面衡量法则、特别判断法则、紧急性法则、谨慎注意法则以及地域区别法则。因此，由于医疗行为的高风险性，司法对其采取了较其他业务过失更为宽容的态度。

---

〔1〕 参见王利明：《侵权责任法研究》（下），中国人民大学出版社2016年版，第364页。

（四）医疗损害责任的归责原则

根据医疗损害不同的责任类型，《民法典》对医疗损害责任的归责原则进行了差异性规定。对医疗技术损害责任，原则上采取过错责任原则；对于医疗伦理损害责任，则采取过错推定责任原则；而对于医疗产品损害责任，则适用无过错责任原则，形成了一个由一系列归责原则的所组成的体系化架构。

1. 医疗损害责任中的过错责任原则

根据《民法典》第1218条的规定，由于医疗机构或医务人员在医疗活动中的过错，致使患者受到损害的，医疗机构和医务人员应当承担医疗损害责任，司法机构应当适用过错责任原则进行责任判定。《民法典》第1222条规定："患者有损害，因下列情形之一的，推定医疗机构有过错：（一）违反法律、行政法规、规章以及其他有关诊疗规范的规定；（二）隐匿或者拒绝提供与纠纷有关的病历资料；（三）伪造、篡改或者销毁病历资料。"该条规定了医疗损害责任认定中适用过错推定的特殊情形。相应在最高人民法院《关于民事诉讼证据规则若干规定》（2001年）第4条第1款第8项规定："因医疗行为引起的侵权诉讼，由医疗机构就医疗行为与损害结果之间不存在因果关系及不存在医疗过错承担举证责任。有关法律对侵权诉讼的举证责任有特殊规定的，从其规定。"

过错推定责任原则本是过错责任原则之一种，也就是说，当出现条款中所列情形时，法律就直接作出医疗机构及其医务人员具有过失的推定，除非医疗机构及其医务人员能够举证证明其没有过错。比如，病历资料是证明医疗损害责任的关键性证据，其控制权往往在医疗机构，因此在医疗机构提供不出应由其保存的相应病历资料的时候，由其承担举证不能的责任或直接规定推定其存在过错。

2. 医疗损害责任中的无过错责任原则

"无过错责任原则是指在法律有特别规定的情况下，以已经发生的损害结果为价值判断标准，由与该损害结果有因果关系的行为人，不问其有无过错，都要承担侵权赔偿责任的归责原则。"[1]意味着，无论医疗行为主体是否在主观上有过错，只要其行为造成了损害结果且具备了法律所规定

〔1〕 参见杨立新：《侵权损害赔偿》（第6版），法律出版社2016年版，第101页。

的要件，就要承担损害赔偿责任。

《民法典》第1223条规定："因药品、消毒药剂、医疗器械的缺陷，或者输入不合格的血液造成患者损害的，患者可以向生产者或者血液提供机构请求赔偿，也可以向医疗机构请求赔偿。患者向医疗机构请求赔偿的，医疗机构赔偿后，有权向负有责任的生产者或者血液提供机构追偿。"该条规定在医疗产品损害责任中适用无过错责任原则，对于因医疗产品给患者造成损害的，其责任的承担不要求医疗机构或医务人员主观上具有过错，只要损害结果且医疗行为与损害结果之间存在因果关系，行为人就应当承担医疗损害责任。同时，根据该条规定因药品、消毒药剂、医疗器械的缺陷，或者输入不合格的血液造成患者损害的，生产者、血液提供者与医疗机构对患者的损害承担连带责任，当医疗机构无过错的情形下有追偿权，但未规定提供器械等的单位具有追偿权。

（五）医疗损害责任的重要形态：医疗事故损害责任

《民法典》第1221条给医疗损害作出了明确的界定，第1218条明确了医疗损害的归责原则，《民法典》将医疗损害纳入"专家责任"范畴进行规范和调整，因此医疗损害是医疗机构或医务人员在医疗活动中因违法行为或技能的不合理欠缺而对患者合法权益造成的损害。医疗纠纷，是指患者基于与医疗机构或医务人员在形成医疗法律关系的基础上，就医疗行为的需求、采取的手段、期望的结果及双方权利义务的认识上产生分歧，并以损害赔偿为主要请求的行为。医疗损害和医疗事故是产生医疗纠纷的主要原因，但医疗损害和医疗事故却存在差异。医疗事故的概念最早出现在1987年国务院发布的《医疗事故处理办法》中指出"医疗事故是指诊疗护理过程中，因医务人员诊疗护理过失，直接造成病员死亡、残废、组织器官损伤导致功能障碍的事故"。2002年国务发布的《医疗事故处理条例》第2条规定："本条例所称医疗事故，是指医疗机构及其医务人员在医疗活动中，违反医疗卫生管理法律、行政法规、部门规章和诊疗护理规范、常规，过失造成患者人身损害的事故。"该条中"医疗事故"确定的是行政责任，医疗机构或医务人员违反医疗卫生管理法律、行政法规，部门规章和护理规范、常规。而《民法典》中"医疗损害"确定的是民事责任，医疗机构或医务人员未尽到当时的医疗水平相依的诊疗义务。

构成医疗事故具备以下必备要件：

第一,医疗事故的责任主体是医疗机构及其医务人员。即依法取得执业资格的医师和护士在工作范围内因职务过失行为造成的医疗损害责任应由作为雇主的医疗机构承担,医疗机构在承担损害赔偿责任后可以向直接责任人追偿或对其处以内部责罚。

第二,医疗行为的违法性。在《医疗事故处理条例》中明确规定了医疗机构及其医务人员医疗过失行为的判断标准,即因违反医疗卫生管理法律、行政法规、部门规章和诊疗护理规范、常规的行为,因违法故均属于医疗事故的范畴。医疗行为的表现形式,有作为或不作为两类。作为,是指行为人积极实施了法律、法规等禁止的行为。不作为,是指行为人有义务实施并且能够实施某种行为,而消极地不去实施该行为致使患者受到损害的行为。因此,医疗事故的行为违法要件以法定义务为限,而医疗损害的行为违法要件为"未尽到当时的医疗水平相应的诊疗义务",对行为违法要件所界定的客观标准更加宽泛,给医疗机构或医务人员提出更高的要求。

第三,发生了损害事实。确定医疗事故责任的基础在于损害事实的发生。医疗事故损害范围包括:侵害了患者的健康权或生命权;患者受到损害之后造成的财产利益损失;因人身损害所造成的患者及其近亲属的精神损害。根据《医疗事故分级标准》的规定,医疗事故的结果要件以损害患者的生命权、健康权和身体权为限,而医疗损害的结果构成要件与之相比则更为宽泛,既包括侵犯患者人身权利(除生命权、健康权和身体权以外的其他人身权利也包括在内),也包括侵犯患者财产权利。

"过失造成患者人身损害的"是构成医疗事故的主观过错应为过失,医疗机构或医务人员应当注意的范畴包括:遵守卫生法律、法规、规章和技术操作规范;对急危患者应当采取紧急措施进行诊治,不得拒绝急救处置;应当使用经国家有关部门批准使用的药品、消毒药剂和医疗器械,除正当诊断治疗外,不得使用麻醉药品、医疗用毒性药品、精神药品和放射性药品;对侵袭性医疗行为应当告知并取得同意;护士在执业中应当正确执行医嘱,观察病人的身心状态,对病人进行科学的护理等。当事人是否尽到法定的注意义务应根据所在医院的级别、当事人的职称和岗位等来判定。因此,医疗事故中,医疗机构或医务人员的主观要件是过失,而医疗损害主观可以是过失或过错。

第四,医疗过失行为和医疗损害后果之间存在相应的因果关系。任何认定因果关系，学界存在两种观点：一是必然因果关系说。只有当行为人的行为与损害结果之间存在内在的、本质的、必然的联系时，才具有法律上的因果关系，结果发生具有“可能性”。二是相当因果关系说。结果的发生具有“必然性”，即结果的发生是客观存在的，与人的认识无关。医学的发展具有不断探索性，医疗行业是具有较强的专业性和高风险的行业，采用相当因果关系说，既能及时保护患者的合法权益，又能与当代医学的发展相适应，有利于更好地处理医疗纠纷。

二、 产品责任

（一）产品与产品缺陷

学者认为“产品缺陷是产品责任法的核心”，[1]产品是构成产品责任的重要元素，是缺陷的载体，产品存在缺陷也是成为产品责任的基础。1972年《关于产品责任法律适用的公约》（《海牙公约》）最早对产品作出了界定“不论是否经过加工，也不论是动产抑或是不动产均为产品”。1977年的《关于人身伤亡的产品责任的欧洲公约》将产品的范围缩小，不动产被排除在外“产品是指任何形式的动产，不论是工业的还是天然的，是加工的还是未加工的，哪怕是动产或不动产的组成部分”。而1985年《欧共体产品责任指令》将产品的范围进一步缩小。认为，“所有的动产，包括构成另一动产或不动产一部分的物以及电，但不包括原始农业产品和捕获物”，即将天然的未经加工的初级农产品和捕获物排除。关于产品是否必须经过加工，产品是否仅限于动产，各国立法争论一直不停，但也形成了产品概念的共性，即经过加工、制造的动产当然属于产品。

我国《产品质量法》第2条第2款规定：“本法所称产品是指经过加工、制作，用于销售的产品”，该款所界定的“产品”，从广义上说，是指经过人类劳动获得的具有一定使用价值的物品，既包括直接从自然界获取的各种农产品、矿产品，也包括手工业、加工工业的各种产品。就法律而言，要求生产者、销售者对产品质量承担责任的产品，应当是生产者、销售者能够对其质量加以控制的产品，即经过“加工、制作”的产品，而不包括内在质量主要取决于自然因素的产品。同时，适用本款规定的产品，必须是用于销售的

---

〔1〕 参见段晓红：《产品责任适用范围研究》，中国社会科学出版社2009年版，第176页。

产品,也意味着非用于销售的产品,不属于国家进行质量监督管理的范围。

1. 产品缺陷的认定标准

产品缺陷是产品侵权责任成立的前提和基础,是产品责任制度的核心。《德国产品责任法》第3条规定:"在顾及所有情况,尤其是下列情况下如果产品缺乏可合理遇见的安全性,该产品即存在缺陷:(1)产品交易时所处的时刻;(2)产品的展示;(3)可合理预计的使用。"有学者评价,《德国产品责任法》对产品缺陷的界定在于消费者对产品安全的期望,评判产品安全时,通常以一般消费者或使用者在交易中对产品安全的期望为标准。而且产品进行交易的时间往往对判断产品是否具有缺陷起着决定性的作用。在此刻,产品如果最大限度地满足了当时科技水平的要求,则并无生产者责任的发生。此外,为了提高市场份额,产品始终处于不断被改进的过程中,产品的缺陷往往也是提高产品质量的动因。因此,《产品责任法》关于缺陷的定义也是为了防止受害人在取得产品之后,仅仅以随后被改进的产品的质量为标准,而提出原产品的缺陷。[1]

《日本制造物责任法》第2条第2款规定:本法所称缺陷,指考虑该制造物的特性、其通常遇见的使用形态、其制造业者等交付该制造物的时期,以及其他与该制造物有关的事项,该制造物欠缺通常应有的安全性。该条在综合考虑产品的特性、生产者交付产品的时期、通常能被遇见到的使用形态以及其他与产品相关的事项等,产品缺乏通常其应当具备的安全性。[2]

我国《产品质量法》第46条规定:"本法所称缺陷,是指产品存在危及人身、他人财产安全的不合理的危险;产品有保障人体健康和人身、财产安全的国家标准、行业标准的,是指不符合该标准。"另外,《质量管理体系——基础和术语(GB/T 1900—2000)》规定:"缺陷是指未满足与预期或规定用途有关的明示的、通常隐含的或必须履行的要求或期望。"

综上所述,各国对产品缺陷的界定都与产品缺乏消费者有权期待的安全性或存在某种不合理的危险性有关,即产品缺陷是指产品因缺乏人们有权期待的安全性,从而对消费者、使用者或第三人的人身或财产具有不合

---

〔1〕 参见[德]马克西米利安·福克斯:《侵权行为法》,齐晓琨译,法律出版社2006年版,第122页、第305页。

〔2〕 参见[日]田山辉明:《日本侵权行为法》,顾祝轩、丁相顺译,北京大学出版社2011年版,第202页。

理危险性的缺陷状态。产品缺陷的认定标准是判断产品是否存在缺陷的依据。产品缺陷的认定标准主要有以下几种:

第一,消费者期待标准。美国《第二次侵权法重述》第402A条规定:“缺陷产品是指处于对消费者或使用者的人身或财产具有某种不合理危险的产品。”在评注g阐述,“缺陷状态意味着,产品在离开生产者控制时,对最终消费者具有无法预见的不合理的危险。同时,不合理危险是指产品的危险程度必须达到超出购买该产品的普通消费者以对该产品的特性的人所共知的常识所能预见的范围”。也就是说,一般消费者能够合理预见到产品的危险状态和意识到产品的伤害风险,该产品就不具有不合理的危险和缺陷。

第二,风险—效益标准。美国《第三次侵权法重述:产品责任》在设计和警告缺陷案件中采纳了风险—效益标准(Risk-utility),成本效益的分析成为产品责任法中占主导地位的责任标准,是指如果一个理性的人认为产品存在事实上的危险,无论是否可以预见该危险,只要超过产品的效用,该产品即具有不合理的危险。该标准由勒内·汉德(Learned Hand)法官在“美利坚合众国诉卡罗尔拖轮公司”案件中确立的汉德公式,即(避免事故)成本<(安全)效益→缺陷,被称作卡洛尔学说或卡洛尔公式(Carroll Towing Doctrine or Carroll Towing Formula)。意味着,如果未采取的可预见安全预防措施的安全效益超过所带来的成本,包括任何被减少的有用性或安全性,产品就具有缺陷。[1]

第三,贝克两分法标准,也称为“双重责任标准”,是指在判断产品是否存在缺陷时特别是在判断设计缺陷时,同时适用消费者期待标准与风险效益标准,只不过两者所占的程度不同。其中,产品按照设计或以合理预见的方式将会被普通消费者所使用时,如果其安全性不能达到普通消费者所期待的标准,或者设计缺陷是造成损害的近因,并且产品设计的危险性要超过其对社会的效用,该产品即被视为存在缺陷。

根据消费者期待标准或“风险—效用”标准均可能发现产品存在设计缺陷,并导致生产商对因此而造成的损害承担严格责任。在“巴克诉勒尔工程有限公司”(Barker v. Lull Engineering)案件中,法官认为,依据消费者

〔1〕 参见[美]戴维·G.欧文:《产品责任法》,董春华译,中国政法大学出版社2012年版,第111页。

期待标准,当产品不能满足普通消费者在正常使用产品时对安全的合理期待时,制造商应对其产品造成的损害承担严格责任。但是,在设计缺陷案件中,即使产品满足了消费者的预期,如果陪审团认为产品设计本身包含有过多可避免的危险性,或者,设计所带来的危险大于其提供的效用则该产品可能被认为存在缺陷。因此,一则如果原告证明产品的设计是造成其损害的近因,而被告就相关事实,无法证明产品的效用大于产品固有的风险,则该产品设计也可以被认定为存在缺陷;二则如果原告证明产品在正常使用时不能满足消费者合理的安全预期,则产品即存在设计缺陷。[1]

2. 产品缺陷的类型

关于产品缺陷的类型,美国《第三次侵权法重述:产品责任》(1998年),将产品缺陷界定为:制造缺陷、设计缺陷及警示或指示缺陷。我国一般将产品缺陷依据产品功能性进行"四分法",划分为:制造缺陷、设计缺陷、警示说明缺陷及跟踪观察缺陷。

(1)制造缺陷(Manufacturing Defect),是指产品在生产制造过程中未达到设计要求,不符合产品质量标准或者设计规范,致使产品存在不安全因素,包括:原材料、零部件及装配方面的缺陷。

(2)设计缺陷(Defect in Design),通常是由结构设计错误、图纸、配方、处方的错误、原理错误等因素造成,是指产品在设计过程中存在不合理的危险性。

(3)警示说明缺陷(A Product is Defective due to Inadequate Instructions or Warning),是指产品在使用上或危险防止上缺乏必要的、适当的警告、指示或说明。包括:一是在产品存在危险性的情况下未予适当的警告或说明;二是产品的设计和制造并无问题,但由于缺乏必要的警告说明而可能发生危险。

(4)跟踪观察缺陷,是指产品投入流通后,生产者和销售者仍然负有义务继续对由其生产、销售的产品跟踪观察。如果产品在使用过程中存在可能危及消费者或使用者人身或财产安全的危险,则生产者、销售者就有义务对此种危险采取措施。该种缺陷实际上是现代产品责任中的新类型的产品缺陷。

---

〔1〕 参见李俊:《美国产品责任法案例评选》,对外经贸大学出版社2007年版,第87~88页。

我国产品责任相关立法并未明确规定产品缺陷的类型，但实践中将产品缺陷类型化为制造缺陷、设计缺陷与警示说明缺陷，同时《民法典》将缺陷产品的侵权责任作为特殊侵权适用严格责任原则。因此，受害者在请求生产者或销售者承担产品责任时，并非一定要确切证明造成其损害的缺陷类型，只要举证产品存在不合理的危险并造成了损害。

(二)产品责任的归责原则和构成要件

1. 产品责任的归责原则

产品责任的归责原则是确立产品责任归属的准则，是要求行为人承担产品责任的根据、标准和理由，也就是产品责任的归责原则在于解决责任主体应按照何种依据承担损害赔偿责任的问题，其标准取决于某种特定的价值取向，即民事主体应以其主观过错还是以行为的客观结果为评判依据以确定是否应该承担民事责任以及承担何种民事责任。关于产品责任的归责原则，现行通说认为是无过错责任。王利明教授认为，中国从《民法通则》到《产品质量法》以及《侵权责任法》对于产品责任采用的都是不同于过错和过错推定责任的严格责任。[1] 杨立新教授认为，从总体上说，产品责任是无过错责任或严格责任。[2] 张新宝教授认为，产品责任是无过错责任或严格责任。[3] 立法机关认为，无论缺陷产品的生产者主观上是否存在过错，都应当承担侵权责任，所采用的也是无过错责任归责原则。[4]

《民法典》第1203条、1204条规定："因产品质量不合格造成他人财产、人身损害的，产品制造者、销售者应当依法承担民事责任。运输者、仓储者对此负有责任的，产品制造者、销售者有权要求赔偿损伤。"明确产品制造者、销售者对因制造、销售或者提供有缺陷产品并致他人遭受财产、人身损害应承担民事法律后果，条文中并没有要求"产品制造者、销售者"有过错，也未规定责任人在证明其无过错的情况下可以免责。《民法典》第1202条第1款规定："因产品存在缺陷造成人身、缺陷产品以外的其他财产损害，生产者应当承担赔偿责任"该款也规定了生产者应当承担的产品责

---

〔1〕 参见王利明：《侵权责任法研究》(下)，中国人民大学出版社2016年版，第223页。

〔2〕 参见杨立新：《侵权法论》(下)，人民法院出版社2013年版，第720页。

〔3〕 参见张新宝：《侵权责任法原理》，中国人民大学出版社2005年版，第387页。

〔4〕 参见王胜明主编：《中华人民共和国侵权责任法释义》，法律出版社2010年版，第221页。

任,同样未使用过错的表述,也未有过错推定的表述。学者认为,责任主体采用无过错责任原则承担产品责任主要有以下几个方面的考量因素:

第一,现代产品具有构成复杂、技术密集的特点,其生产过程和技术非一般人所能知悉,要求受害人举证证明生产者在生产过程中存在过错,几乎不可能,为了减轻举证负担并保护受害人,应当采用无过错责任。[1]

第二,产品产销本身并无反社会性与违法性,产品责任损害之不幸应在产品生产者与受害人之间予以合理分担,由于生产者从产品生产销售中获得利益,采无过错原则使生产者承担责任具有合理性,且其可通过价格与责任保险将该损害予以转嫁分散。[2]

第三,从法经济学视角观察,生产者作为危险制造人,能够预计产品的风险而受害人却无法预计,生产者能够更加有效且低成本地避免产品缺陷造成的损害,采无过错责任更符合效率原则。[3]

2. 产品责任主体

产品责任主体包括权利主体和义务主体,亦为产品责任事故中损害赔偿法律关系的当事人。产品责任的权利主体,是指因缺陷产品受到损害而有权依法获得损害赔偿的一方当事人,通常为受害者,可能为产品买受者、使用产品者或因产品侵权的第三者。如果受到损害的人死亡,则由其继承人作为权利主体。我国法律对产品责任权利主体的规定并不一致,《民法典》第1203条用"他人"向责任主体要求赔偿损失,对于"他人"的范畴并没有明确。《消费者权益保护法》第35条第2款规定的是"消费者或者其他受害人"。产品责任的义务主体,是指因产品存在缺陷致人损害所应当承担赔偿责任的另一方当事人,通常为加害者。我国对产品责任的义务主体的相关规范,主要在于《民法典》《产品质量法》《消费者权益保护法》中,就产品责任的本质而言,生产者是最终的责任承担者,如果造成产品缺陷的是生产者之外的其他人时,生产者有追偿权。

3. 产品责任的构成要件

产品责任通说认为,由于产品存在缺陷,并因此导致产品的消费者、使

[1] 参见周新军、容缨:《论我国产品责任归责原则》,载《政法论坛》2002年第3期。
[2] 参见梁慧星:《论产品制造者、销售者的严格责任》,载《法学研究》1990年第5期。
[3] 转引自 See 150 P. 2d 436, 440f. (Cal. 1994)。

用者或者其他第三人的人身伤害或者财产损伤，依法应当由生产者或销售者分别或者二者共同负责赔偿的一种法律责任。《产品质量法》第 4 条规定："生产者、销售者依照本法规定承担产品质量责任。"《民法典》第 1202 条、1203 条都规定的是产品的生产者、销售者应当承担产品质量责任，而产品责任是一种特殊的侵权民事责任，产品质量责任则是一种综合责任，既包括产品质量违约和侵权的民事责任，也包括产品质量的行政责任和刑事责任。产品责任，是指产品存在缺陷发生侵权，造成他人损害，生产者、销售者等应当承担的侵权责任。产品责任需满足三个构成要件：

第一，产品存在缺陷。依据法律的规定判定产品的缺陷，是以产品是否具有危及人身、财产安全的不合理危险或者产品不符合保障人体健康和人身、财产安全的国家标准、行业标准。包括制造缺陷、设计缺陷与警示说明缺陷。《产品质量法》第 46 条规定："本法所称缺陷，是指产品存在危及人身、他人财产安全的不合理的危险；产品有保障人体健康和人身、财产安全的国家标准、行业标准的，是指不符合该标准。"该条明确了产品缺陷认定的双重标准，"存在危及人身、他人财产安全的不合理的危险"和"产品有保障人体健康和人身、财产安全的国家标准、行业标准"。前者是"不合理的危险"模式，后者是国家标准和行业标准。在实践中，一般认为国家标准和行业标准是认定产品缺陷的最低标准，违反该标准认定为产品缺陷，但符合该标准的产品未必不具有缺陷，法院也往往认为，产品即使符合了国家标准和行业标准，也可以认定其存在缺陷。[1]

第二，存在损害后果，包括非财产损失和财产损失。非财产损失主要是指人身损害赔偿，用于补偿受害者身体和精神的损害。财产损害包括缺陷产品以外财产的损害和因缺陷产品本身的损害导致的间接损失。《产品质量法》第 40 条规定："售出的产品有下列情形之一的，销售者应当负责修理、更换、退货；给购买产品的消费者造成损失的，销售者应当赔偿损失：(一)不具备产品应当具备的使用性能而事先未作说明的；(二)不符合在产品或者其包装上注明采用的产品标准的；(三)不符合以产品说明、实物样品等方式表明的质量状况的。"该条规定了产品损害的赔偿范围。

---

〔1〕 参见王某、黎某诉昆明金星啤酒有限公司产品责任纠纷案，云南省昆明市中级人民法院(2008)昆民三终字第 195 号判决。

第三，缺陷与损害之间存在因果关系。产品的缺陷与受害者损害事实之间存在因果关系，受害者可以通过证明产品的缺陷与受害者损害事实上存在因果关系，要求责任承担者承担产品责任。《产品质量法》第41条第2款规定："生产者能够证明有下列情形之一的，不承担赔偿责任：(一)未将产品投入流通的；(二)产品投入流通时，引起损害的缺陷尚不存在的；(三)将产品投入流通时的科学技术水平尚不能发现缺陷的存在的。"第42条第2款规定："销售者不能指明缺陷产品的生产者也不能指明缺陷产品的供货者的，销售者应当承担赔偿责任。"该款规定生产者或销售者需要承担证明责任。在多因导致损害的情形下，证明时会采用必要条件规则，一般被告在证明责任上具有知识上或技术上的优势，法院采用举证责任倒置要求被告证明缺陷与损害无因果关系。

(三)产品责任的免责事由

免责事由，是指针对受害者要求加害人承担损害赔偿责任的请求权而提出的，能够使加害人免除或减轻责任的事由。产品责任采用无过错责任原则，但该责任并非绝对责任，法律允许生产者在特定条件下被免除承担责任或减轻责任。免责事由分为一般免责事由和特殊免责事由。一般免责事由，是指损害确实为被告的行为所致，但其行为是正当的和合法的，这种事由与阻却违法相同，如正当防卫、紧急避险等。特殊免责事由，是指损害并不是被告的行为造成的，而是由一个外在于其行为的原因独立造成的，比如，不可抗力。免责事由与抗辩事由有差异，免责事由通常限于法律明确规定的情形，抗辩事由不仅包括法律规定的各种免责事由，还包括当事人约定的事由。我国《民法典》在总则编规定了过失相抵、受害人故意、第三人过错、不可抗力、正当防卫、紧急避险等六种免责事由。《产品质量法》第41条第2款规定了生产者能够证明产品流通的三种情形之下，不承担赔偿责任。[1] 具体而言如下：

第一，未将产品投入流通。产品投入流通的判断标准是"生产者完成产品交付"，只有当产品脱离生产者可以支配的制造进程，并进入市场营销

[1] 《产品质量法》第41条第2款规定："生产者能够证明有下列情形之一的，不承担赔偿责任：(一)未将产品投入流通的；(二)产品投入流通时，引起损害的缺陷尚不存在的；(三)将产品投入流通时的科学技术水平尚不能发现缺陷的存在的。"

的过程时,产品就被投入流通,才应当被归责。[1] 比如,出售、出租、租赁、租卖以及抵押、质押和典当等。

第二,产品投入流通时,引起损害的缺陷尚不存在。生产者对产品缺陷负责,而消费者应当对产品具体使用而产生的危险负责。[2] 例如,使用人的擅自改造或不当维修导致产品缺陷的产生,生产者就不必负责。

第三,将产品投入流通时的科学技术水平尚不能发现缺陷的存在。该免责事由即为"发展风险抗辩",是指产品符合其投入流通时的科技水平,因事后科学技术的发展被发现的缺陷。意味着,在目前的知识水平以及现有的认知可能性完全不能认知这种缺陷及其伴随的潜在产品风险的情况下,才能排除责任的承担。[3] 此规定是为了保护生产者继续开发和生产产品以满足大众生活的需要。

三、药品不良反应损害责任

(一)药品不良反应损害中药品缺陷的认定

药品缺陷的认定对确定药害责任的基础,药品作为产品,药品缺陷的认定具有特殊性。我国《产品质量法》第 46 条规定:"本法所称缺陷,是指产品存在危及人身、他人财产安全的不合理的危险;产品有保障人体健康和人身、财产安全的国家标准、行业标准的,是指不符合该标准。"该条规定了产品缺陷认定的两种标准,"危险性"和"国家标准、行业标准"。《标准化法》第 2 条第 2 款规定:"标准包括国家标准、行业标准、地方标准和团体标准、企业标准。国家标准分为强制性标准、推荐性标准,行业标准、地方标准是推荐性标准。强制性标准必须执行。国家鼓励采用推荐性标准。"

药品作为特殊产品,药品标准为强制性标准。争议在于,符合强制性标准的药品是否可以认定为缺陷药品?学界存在两种见解。一种观点认为,在有国家、行业制定的特定的技术标准时,以该标准为准;在没有国家、行业制定的特定的技术标准时,以"不合理危险"作为判定产品缺陷的标准。[4] 另一种观点认为,国家标准或行业标准只是确立了最低

---

〔1〕 参见张新宝:《侵权责任法》,中国人民大学出版社 2006 年版,第 288 页。

〔2〕 MünchKomm/Wagner, § 823, Rn, 234.

〔3〕 参见[德]舍费尔、奥特:《民法的经济分析》,江清云、杜涛译,法律出版社 2009 年版,第 340 页。

〔4〕 参见周江洪:《药品标准与民事责任》,载《中国药品监管论坛》2008 年第 7 期。

标准,即使在有国家标准或行业标准的情况下,判断产品是否有缺陷的最终依据仍然是一般标准,即“不合理危险”标准。前者认为,国家标准或技术标准作为技术标准并不必然适用于药品缺陷的认定,“不合理危险”标准揭示了药品保障人体健康的目的。后者认为,行为的违法性并不是构成药害责任的构成要件,国家标准或行业标准作为技术标准只是行为人不承担行政责任的根据,而不能成为免除侵权责任的抗辩事由。[1] 在《美国第三次侵权法重述》中将药品作为特殊产品单独规定,认为技术标准仅仅是最低标准,是药品安全方面的底线标准。有学者认为,如果将技术标准作为判断药品缺陷的唯一标准,不利于患者权益的保障,更有可能为权力寻租留下空间,而且从技术角度来看,药品国家强制标准的制定受科技发展和认识能力的限制,不可能穷尽药品所有的不合理危险,现实生活中符合国家法定技术标准的药品造成人身伤害的情况不乏其例。因此,无论是否符合国家技术标准,只要产生对人体有害的副作用是超出民众安全期望的,就应认定是有缺陷的。[2]

我国2019年修订的《药品管理法》第28条规定:“药品应当符合国家药品标准。经国务院药品监督管理部门核准的药品质量标准高于国家药品标准的,按照经核准的药品质量标准执行;没有国家药品标准的,应当符合经核准的药品质量标准。国务院药品监督管理部门颁布的《中国药典》和药品标准为国家药品标准。国务院药品监督管理部门会同国务院卫生健康主管部门组织药典委员会,负责国家药品标准的制定和修订。国务院药品监督管理部门设置或者指定的药品检验机构负责标定国家药品标准品、对照品。”

1. 药品制造缺陷

药品制造缺陷,是指因制造或生产过程中的因素导致药品受到污染、成分错误,包装不良导致品质恶化,使药品不具有应有的成分,致使消费者产生损害的情形。[3] 实践中,存在制造缺陷的药品,多为制造该药品的原料、辅料或者包装材料的质量、制造的工艺,没有达到规定的药品标准。我

〔1〕 参见宋华琳:《论行政规则对司法的规范效应——以技术标准为中心的初步观察》,载《中国法学》2006年第6期。

〔2〕 参见卜元石:《论技术标准在产品责任中的法律意义》,载《法学杂志》1999年第1期。

〔3〕 参见黄丁全:《医事法》,元照出版有限公司1995年版,第885~896页。

国2019年修订的《药品管理法》第98条规定了假药和劣药为制造缺陷的药品,明确了认定假药和劣药的认定标准。假药包括四种情形"(一)药品所含成份与国家药品标准规定的成份不符;(二)以非药品冒充药品或者以他种药品冒充此种药品;(三)变质的药品;(四)药品所标明的适应症或者功能主治超出规定范围。",劣药包括七种情形"(一)药品成份的含量不符合国家药品标准;(二)被污染的药品;(三)未标明或者更改有效期的药品;(四)未注明或者更改产品批号的药品;(五)超过有效期的药品;(六)擅自添加防腐剂、辅料的药品;(七)其他不符合药品标准的药品。"显然,认定假药和劣药的标准就是制造药品符合法律规定的标准即可,与其他类型的缺陷相比而言,药品制造缺陷的损害最为严重,其完全背离了药品使用者对药品的合理安全期望。比如,"齐二药"事件,就是一起典型的因药品存在制造缺陷而引发的重大药害事件,"齐二药"生产的亮菌甲素注射液,其辅料药用丙二醇被用工业用丙二醇和二甘醇假冒,就是"药品所含成份与国家药品标准规定的成份不符"的假药。

2. 药品设计缺陷

药品设计缺陷,是指药品依其设计制造,而有当时未预期的本质上的不安全,有致生损害的可能。有学者认为,药品的设计缺陷就是生产药品所执行的药典标准或国家标准的不科学、不合理而导致该种产品具有的不合理的危险性。[1] 对药品设计缺陷的认定一般采用"可替代设计标准",即所导致药害事故的特定药品,如果受害者能够提出可行的、更好的、更安全的设计方案,则可以认定该药品存在设计缺陷,显然药品缺陷的认定采用"可替代设计标准"需要经历时间的检验,很大程度加重了生产者的责任负担。鉴于此,美国对处方药的设计缺陷作出了特殊规定,而不适用"可替代设计标准"。主要是考虑到,没有获得FDA的批准,药品生产者不可能将药品推向市场,一个法院要确认一种替代性药品应当已经开发出来,就需要有信心预测,这种替代性药品实际上会获得批准。但是,没有一个专家能够确认该药品一定会获得批准。[2] 该特殊规定引起了学界和实务界

〔1〕 参见叶正明、彭志忠:《论药品侵权责任中的若干法律问题》,载《中南林业科技大学学报》(社会科学版)2008年第3期。

〔2〕 See James A. Henderson, Jr., Aaron D. Twerski, "Drug Designs Are Different", *Yale L. J.* 111, 2001, pp. 151, 167.

的争论,学者认为,该规定让受害者承担具有设计缺陷的处方药造成的损害,降低了对药害事故受害者的保护标准,放弃了促进产品安全的目的,而这种损害本来可以通过更为安全的切实可行的设计方案加以避免。[1] 实务界也出现了适用不同标准认定药品设计缺陷案例的冲突情形。

药品的两面性"治愈性、有效性"和"毒副作用"决定了其具有不可避免的不安全性,但从消费者的角度来说,期待药品能够被设计得更为安全。就医疗的实践和科技发展而言,药品可以被设计得更为安全,可以避免的损害包括:(1)多种活性成分组合的复合药的设计;(2)剂量设计,降低剂量可以达到同样的疗效,也可以消除或减少副作用;(3)利用微生物和生物技术改变分子结构的设计,在保留疗效的前提下消灭药品的副作用。因此,以不可避免的危险性为由对药品生产者一律免责并不具有合理性。[2]

3. 药品警示缺陷

药品警示缺陷,也称为药品营销缺陷(Marketing Defect),系药品提供者对药品的危险性没有做出有效、合理、充分的说明、警告或安全使用方面的指导,从而对使用者构成的不合理危险。[3] 在美国的《统一产品责任示范法》中明确规定了生产者有义务警示产品的缺陷,"未给予适当警告或指示,致使产品存在不合理的安全性","制造者对其所销售的产品负有一些说明的义务。只有一件产品附带有适当的能够使得消费者在使用该产品时具有合理的安全性的信息'软件',才能认为该产品是'合理'安全(或非'缺陷')的。"[4] 由于人类认识或科技发展的局限性导致药品设计缺陷难以避免,很难使药品获得完美的安全设计,因此是否给予使用者足够的指示和警告以减少药害事故发生的可能性,就是研发者或实务部门重要关注

---

〔1〕 See George W. Conk, "Is There a Design Defect in the Restatement (Third) of Torts: Products Liability?", *Yale L. J.* 109, 2000, pp. 1087, 1118 – 1119.

〔2〕 See Michael D. Green, "Prescription drugs, Alternative Designs, and the Restatement (third): Preliminary reflections", *Seton Hall L. Rev.* 30, 1999, pp. 207, 232.

〔3〕 参见[英]埃利斯代尔·克拉克:《产品责任》,黄列等译,社会科学文献出版社 1992 年版,第 27 页。

〔4〕 W. Page Keeton, David G. Owen, *Products Liability and Safety*, New York, The Foundation Press, 1988, p. 315. 转引自张新宝:《中国侵权行为法》(第 2 版),中国社会科学出版社 1998 年版,第 495 页。

点。各个国家对药品警示缺陷认定作出明确规定,比如《德国药品法》规定了用药指导缺陷(警示缺陷)的责任,将药品警示缺陷责任与违背医学知识的药性描述和使用信息联系起来。[1]

《美国第三次侵权法重述》规定,处方药品由于未提供充分的使用说明或警示而缺乏合理的安全性,则认定其存在警示缺陷,根据警示对象的不同将警示缺陷分为两种情况:一是如果与可预见的伤害风险相关之合理的使用说明或警示未被提供给开具处方的医务人员,而他们有条件根据这样的使用说明或警示来减少伤害的风险;二是如果处方药品的生产者知道或理应知道医务人员无法根据该使用说明或警示来减少伤害的风险,则应当将使用说明或警示提供给病人。[2] 对药品缺陷的认定采用"专业中间人"规则,根据该规则,如果药品生产者对于患者的医生已经提供了充分的有关药品副作用的警示信息,将减轻其对患者应当承担的警示义务,生产者将警示义务分配给了医生。认定药品警示缺陷涉及的主要原则包括:充分警示原则、重要事实原则及警示信息真实原则。

4. 药品不良反应损害中的药品缺陷的认定

世界卫生组织(WHO)和各国对药品不良反应损害的界定一致认为,一是药品是合法的;二是药品的使用严格按照法定的程序;三是产生了与用药目的无关的或者意外的有害反应。如何确认药品不良反应损害的责任,就需要对该损害中的药品本身的品质进行界定,有观点认为药品不良反应损害中的药品是有设计缺陷的药品。比如,我国的拜斯亭药害事件,拜斯亭是符合国家药品标准却产生了不合理危险的药品,受害者得不到救济。

在2019年修订的《药品管理法》第28条规定了国家药品标准,该条第1款规定:"药品应当符合国家药品标准。经国务院药品监督管理部门核准的药品质量标准高于国家药品标准的,按照经核准的药品质量标准执行;没有国家药品标准的,应当符合经核准的药品质量标准。"该款确立了药品的质量应当符合国家药品标准,在监管实践中,除了国家药品标准外,

---

[1] 参见[德]马克西米利安·福克斯:《侵权行为法》,齐晓琨译,法律出版社2006年版,第315页。

[2] See Restatement (Second) of Torts § 402A cmt. j (1965); Restatement (Third) of Torts § 6 cmt b.

还有监管部门的核准标准，为了统一药品质量标准，在特定情况下，为有利于新药上市、提升药品质量，按照核准的标准执行，但前提是经监管部门核准的药品质量标准高于国家药品标准。第 2 款规定："国务院药品监督管理部门颁布的《中华人民共和国药典》和药品标准为国家药品标准。"该款明确了国家标准的范畴，包括《中国药典》和监管部门颁布的药品标准。

从我国对药品不良反应的界定和对药品缺陷的认定标准的规定可以看出，被认定为药品不良反应在我国并不意味着构成了药品缺陷。有学者认为："药物的不良反应的必然特性让我们无法以这样严格的规则去要求药品，生命在不断地权衡得益和风险中延续，药物的合理危害性是这种生存风险的一种表达"，[1] 因此，我国应当完善药品缺陷的认定标准，"缩小"药品不良反应范围，使受害者能够及时、有效地获得药品不良反应损害救济。

（二）药品不良反应损害责任的因果关系证明

在龙胆泻肝丸事件中，受害者在国家有关权威部门未作出龙胆泻肝丸的毒性鉴定之前，受害人如果不能证明龙胆泻肝丸有毒并且无其他诱发因素，就不能认定法律上的因果关系。[2] 有人描述一种举证悖论的情形："你必须先到公证处去，验证你的肾有没有问题，然后当着公证员的面吃下相关企业的 2 盒药，再去检查发现了肾功能衰竭，然后你才能去告。"[3] "只有证明了损害事实与加害行为间因果关系的存在，加害人才会承担责任，受害人的权益也才能得到保护。"[4] 在药品不良反应损害种无法用传统因果关系理论，证明损害与药品之间存在因果关系，致使受害者无法获得法律上的救济。于是，为了克服传统因果关系理论的局限，在民事责任及其诉讼理论上，逐级出现了各种因果关系推定理论，并逐渐为各国立法及司法实践所支持。

---

[1] 参见李琰：《药物产品责任的伦理研究》，载《医学与哲学》（人文社会医学版）2007 年第 2 期。

[2] 参见张建平：《法律上如何证明药品不良反应的因果关系》，载《药物警戒》2006 年第 3 期。

[3] 王佳琳、汪城：《龙胆泻肝丸案举证悖论：患者难证明病因跟此有关》，载 http://news.sina.com.cn/c/2005－01－19/09114879147s.shtml，最后访问日期：2019 年 10 月 4 日。

[4] 参见姜正扬、王秋雯：《传染病犯罪因果关系认定的局限与突破》，载《政治与法律》2007 年第 1 期。

1. 盖然性因果关系说

在医药侵权因果关系的证明上，日本首先发展出了“盖然性”因果关系理论。在“腰椎穿刺案件”中，患者因化脓性脑膜炎住院治疗，经过连日实施腰椎穿刺诊断治疗后，病情逐步好转。但是，突然出现呕吐，2小时后继而出现伴有强烈痉挛的意识障碍，虽然给予了各种治疗，但最终仍然留下智力障碍、运动障碍等后遗症。案件的一审判决认定的事实为，“本案发作”前后的所有脑脊液检查结果显示脑膜炎症状已经改善，患者本身血管脆弱、有出血性倾向；患者突然出现痉挛和意识障碍的症状，肢体麻痹明显出现在右半身，脑波检查也显示左脑室有病灶。一审法院做出了：“能够推定腰椎穿刺术是导致脑出血以及案件发生的原因的判断”，否定了医师有过失，驳回患者的请求。[1] 二审判决却认为，因为无法断定究竟因为脑出血而起，还是由于化脓性脑膜炎复发所致，所以因果关系不能成立。[2] 最高裁判所认为，诉讼中的(事实)因果关系的证明不是不允许丝毫疑点存在的自然科学的证明，而是可以根据经验法则综合分享全部证据、认定特定事实产生特定结果的关系具有高度盖然性的证明。这一判定必须有一般人不会发生怀疑的真实确信度，并且只要达到这一确信度即可。[3] 最高裁判所最终做出了撤销原审判决、退回原审重审的判决，肯定了被告医师的过失，原告胜诉。

日本最高等裁判所在“腰椎穿刺案件”的判示对高度盖然性予以了阐释，其要点在于，因果关系的举证责任形式上仍然要由原告受害者负担，但是实质上转换了举证责任，只要被告不能证明因果关系不存在，因果关系就应当被认定。[4] 但是，“盖然性”因果关系理论并没有揭示当事人对这方面的举证应达到何种程度，因而客观上必然导致实际操作上的困难。[5]

2. 疫学因果关系理论

运用医学上的流行病学(疫学)原理来认定因果关系。采用集体性统

---

〔1〕 参见东京地方裁判所1970年2月28日判决，载《判例时报》607号54页。

〔2〕 参见东京高等裁判所1973年2月28日判决，载《讼月》21卷11号2203页。

〔3〕 参见东京高等裁判所1979年4月16日判决，载《判例时报》924号27页。

〔4〕 参见于敏：《日本侵权行为法》，法律出版社2006年版，第193页。

〔5〕 参见刘长秋：《论药害侵权及其民事救济理论与制度》，载《法律科学》(西北政法大学学报)2008年第3期。

计方法,从疫病学分析某种疾病发生的原因及其关系较大的因素,进行综合性判断。通常要判断四个方面的条件:一是该因素在发病之前的一定期间就已经存在;二是由于该因素的作用,使该病的患病率显著提高;三是该因素被消除时,该病的患病率下降,或者在不存在该因素的人群中,该病的患病率非常低;四是该因素作为该病发病原因的作用机制能够无矛盾地得到生物学上的说明。[1] 日本法院在"斯蒙病"事件的诉讼中就很好地运用了疫学因果关系理论。该学说的局限性在于,主要用来证明集体受害的药害事件的发病原因,对个别的因果关系只能起到补充证明。因此,对于个别受害者的药品不良反应损害事件,不能仅仅依据疫学因果关系理论主张减轻受害人对因果关系的证明负担,还必须同时结合其他的举证规则,才能真正减轻受害人的举证负担。

3. 市场份额理论

药品的毒副作用对人身体的伤害有时是一个毒性积累的过程有一定的潜伏期,甚至损害结果要经历多年或几代人才能显现出来,[2] 美国的DES案件中,受害者无法举证其母亲当初怀孕时所服用保胎药具体是哪一家企业生产的。[3] 因此,法院以原告未能证明被告生产的药品与其所受损害间因果关系为由,判决受害者败诉。[4] 直到 Sindell v. Abbott Laboratories 案,[5] 原告 Sindell 以当时生产 DES 的 11 家制药企业为被告,请求法院判决赔偿。初审法院基于同样理由驳回起诉。但加利福尼亚州最高法院最终判决各被告依当时的市场份额,按比例分担赔偿金额,赔偿了 200 万美元。最高法院在这个判决中有三个规则:一是胎儿在母体当中受到了损害,出生以后可以请求赔偿;二是共同危险行为的规则,法官认为按照共同危险行为的规制,应当把当时全国生产这种药的药厂全部追加进来,作

---

[1] 参见于敏:《日本侵权行为法》,法律出版社 2006 年版,第 200 页。

[2] See William M. Sage, "Drug Product Liability and Health Care Delivery Systems", *Stanford Law Review* 40, 1988, pp. 989 – 990.

[3] See The Harvard Law Review Association, "Market Share Liability: An Answer to the Des causation Problem", *Harv. L. Rev.* 94, 1981, pp. 668 – 669.

[4] See, e. g, Gray v. United States, 445 F. Supp. 337 (S. D. Tex. 1978); Mc Creery v. Eli Lilly & Co, 87 Cal. App. 3d 77, 150 Cal. Rptr. 730 (1978).

[5] Sindell v. Abbott Laboratories, 26 Cal. 3d 588, 607 P. 2d 924, 163 Cal. Rptr. 132 (1980), cert. denied, 101 S. Ct. 285 (1980).

为公共被告承担赔偿责任;三是市场份额规则。

市场份额理论主要适用于“因果关系不明”的案件,受害者无法证明生产造成损害的缺陷产品的责任主体与受害人所受损害之间的因果关系。在1987年德国发生的血友病人输血感染艾滋病的案件中,生产商提出抗辩,每个病人都不止一次注射血浆制品,艾滋病有很长的潜伏期,无法查明是哪个生产者制造的血浆制品导致的艾滋病。德国学者认为该案就可以适用市场份额理论。[1] 但是在Sindell案件中留下了两个疑问:一是各个被告的责任是彼此独立的还是连带的并不清楚;二是占市场份额不足100%的数名被告是否须扩张性地对受害者的损失负100%的赔偿也不清楚。在随后的Brown v. Superior Court案件中,加利福尼亚州法院作出了解释,各被告的责任是独立的,因为连带的责任实质是让一个生产者对其他生产者的过错行为负责;赔偿对象并非损失的全部,而是按比例的,所谓100%的赔偿与市场份额理论的比例精神相悖。[2]

(三)药品不良反应损害的归责原则

“归责”在法律上的含义,是指依据某种事实状态确定责任的归属,归责原则作为“确定行为人的侵权民事责任的根据和标准。”[3] 药品不良反应损害作为一种特殊的侵权责任,其归责原则同样体现法律的价值判断,即“法律应以行为人的过错还是应以已发生的损害结果为价值判断标准,抑或以公平考虑等作为价值判断标准,而使行为人承担侵权责任。”[4] 自20世纪发生一系列重大药害事故以来,药品损害责任经历了从过错责任原则到无过错责任原则的发展演变,从各国法制发展看,对药品造成的损害都适用一般产品责任规则,也有国家对药品侵权责任进行专门规制,如《德国药品法》规定的药品侵权责任是一种危险责任,美国也有典型的药品责任案例,而《美国第二次侵权法重述》《美国第三次侵权法重述》的相关规定,对药品损害赔偿责任适用无过错责任原则进行适当限制,并根据不同类型的药品缺陷适用不同的认定标准,提出不同的归责要求,出现了类型化发展趋势。《美国第三次侵权法重述》明确将处方药的制造缺陷、设计缺

〔1〕 参见黄立:《论产品责任》,载《政大法学评论》1991年第42期。

〔2〕 Brown v. Superior Court, 44 Cal. 3d 1049, 751 P. 2d 470, 245 Cal. Rptr, 412(1988).

〔3〕 参见王利明:《侵权责任法研究》,中国人民大学出版社2016年版,第83页。

〔4〕 参见王利明:《侵权责任法研究》,中国人民大学出版社2016年版,第95页。

陷和警示缺陷认定标准作出单独的规定,而将非处方药作为和食品、化妆品等普通商品同样对待。

第一,药品制造缺陷适用无过错责任原则。《美国第三次侵权法重述》明确处方药存在制造缺陷适用严格责任原则,即药品生产者在制造缺陷的责任承担方面享有与其他产品的商业销售者相同的待遇。另外,美国法院通常也责令处方药的制造者对因制造缺陷导致的损害承担严格责任。[1]

第二,药品设计缺陷、药品警示缺陷适用过错责任原则。《美国第三次侵权法重述》规定了"专业中间人"责任,系开具处方的医生以及其他医护人员,要求"专业中间人"在具有根据该使用说明或警示来减少伤害的风险的情况下,要将警示信息提供给病人,否则将认定该处方药存在警示缺陷。同样,"专业中间人"需要对该药品的风险和效用之比权衡后作出的判断,该药品的风险和效用之比如此失衡,以致任何有理性的医护人员在了解这些已知或应知的风险存在后,都不会向任何一类病人出具此类治疗处方,即可判断该产品具有设计缺陷。因此,由于法院对药品设计缺陷的认定标准和范围不一致,美国对药品设计缺陷的认定作出了单独规定,但学者仍认为,根据《美国第三次侵权法重述》对药品设计缺陷认定标准的规定,几乎免除了药品生产者对药品设计缺陷承担的责任,因为对被 FDA 核准的药品进行风险效益衡量,几乎不可能对任何一类患者都无益。[2] 该标准实则呈现以理性的医护人员对药品的风险和效用权衡判断的过错责任原则色彩。

1. 过错责任原则

《民法典》第 1165 条第 1 款规定:"行为人因过错侵害他人民事权益造成损害的,应当承担侵权责任。"该款规定了过错责任,以行为人的过错为承担民事责任的要件,以过错作为确定责任范围的依据。过错责任原则包括两个含义:一是以行为人的过错作为责任的构成要件,行为人具有故意或者过失才可能承担侵权责任;二是以行为人的过错程度作为确定责任形式、责任范围的依据。

---

[1] 参见美国法律研究院:《美国第三次侵权法重述:产品责任》,肖永平、龚乐凡、汪雪飞译,肖永平审校,法律出版社 2006 年版,第 210 页。

[2] See Teresa Moran Schwartz, "Prescription Products and the Proposed Restatement (Third)", *Tenn. L. Rev.* 61, 1994, pp. 1357, 1383 - 1384.

在药品不良反应损害中，过错责任原则的适用遇到的障碍，一是药品不良反应损害中，药品生产者没有主观过错；二是生命科学技术的发展使得药品的生产与销售越发专业化，受害者无法获得药品生产的工艺、设备，也就无法判断药品存在何种缺陷，以至于无法证明其主观上是否存在过错；三是药品不良反应损害的后果极其严重，危及了受害者的生命安全与身体健康。如果依据过错责任原则作为归责依据，无法判定因用药引致的损害构成侵权责任，受害人的权益也将无从得到保护，无疑将有失法律公平和正义的价值追求与理念。

实践中，在药品不良反应损害中适用过错责任原则，主要针对的是相关主体未及时采取报告和其他补救措施造成损失扩大的情况。同时，在过错认定中多采用过错推定的方式。过错推定，是指在某些侵权行为的构成中，法律推定实施该行为时具有过错。这些侵权行为的归责原则仍属于过错责任原则，即构成要件中要求行为人的过错。行为人可以通过自己没有过错来获得免责的效果，因此，也将过错推定为过错举证责任的倒置。因为在一般过错责任原则下，是要由受害人来证明行为人存在过错；而在过错推定的情况下，受害人不需要对行为人的过错举证证明，法律推定行为人存在过错，除非行为人能够证明自己没有过错。适用过错推定的情况，需要有法律的明确规定。《民法典》第 1165 条第 2 款规定：依照法律规定推定行为人有过错，其不能证明自己没有过错的，应当承担侵权责任规定了过错推定原则。

《民法典》第 1218 条规定："患者在诊疗活动中受到损害，医疗机构及其医务人员有过错的，由医疗机构承担赔偿责任。"该条规定了医务人员从事诊疗活动，应当以过错作为归责的一般原则，原则上由原告承担过错的举证责任，为了避免将举证责任和举证不能的后果简单化地归属于任何一方所可能造成的不公正，分别在其他条文中作出了安排，包括第 1219 条（医务人员的说明义务和取得患者书面同意的规定）、第 1220 条（一般注意义务判断标准）、第 1222 条（推定过错）、第 1224 条（医疗机构免责事由）。

《民法典》第 1224 条规定：患者有损害，因下列情形之一的，医疗机构不承担赔偿责任：(1)患者或者其近亲属不配合医疗机构进行符合诊疗规范的诊疗；(2)医务人员在抢救生命垂危的患者等紧急情况下已经尽到合理诊疗义务;(3)限于当时的医疗水平难以诊疗。前款第一项情形中,医疗机构及其医务人员也有过错的,应当承担相应的赔偿责任。该条规定了医疗损害中以过错为归责的一般原则作为确定责任范围的依据,也规定了以过错作为减轻或免除责任的依据。医疗机构可以取得患者书面同意来举证已尽到相关说明义务,患者也应就其与医疗机构之间存在诊疗关系、存在医疗损害后果、医疗机构未尽到相关说明义务与医疗损害后果之间存在关联性承担举证责任。

2. 无过错责任原则

《民法典》第1166条规定:“行为人造成他人民事权益损害,不论行为人有无过错,法律规定应当承担侵权责任的,依照其规定。”该款规定了无过错责任原则,不要行为人有主观过错,依据法律规定承担民事责任。无过错责任原则,是为了弥补单一过错责任在损害救济方面的不足而产生和发展起来的,其突出特点在于不问加害人主观上有无过错,旨在对不幸损害在当事人间进行合理分配。在药品侵权方面,以无过错责任原则取代过错责任,已经成为发达国家法理和立法修正的一个重要特征。无过错责任原则应用于药害侵权领域主要在于:一是预防优势,即对于预防因为药品缺陷与风险所招致的损失,作为被告的生产者总是处于较为有利的地位;二是风险获损失扩散优势,即作为被告的生产者比较容易地将缺陷药品或风险药品造成的损失通过增加费用或保险等手段分散出去,转而由一定范围内的社会成员来共同承担,基于“不幸损害之合理分担”。〔1〕 也符合“谁收益谁负担风险”的罗马法原则。

20世纪60年代,德国在反应停药害事件后,于1976年制定了《药物伤害法》规定了药品生产者对药物损害应承担责任,是欧洲最早的一部关于药物责任的专门立法。此后,为了进一步规范药品的生产及保护消费者的权益,德国于1978年1月1日施行《药品法》,依据该法规定,即使药品的生产厂商或销售商的药品已获得政府批准或许可,而且符合德国标准药典的规定,只要服用这种药品的消费者能够证明缺陷、伤害以及因果关系的存在,就可以使药品生产者和销售者承担损害赔偿责任,且该法要求药品生产商不得主张发展风险抗辩,即不得以“药品缺陷是依当时的科技水平

〔1〕 参见张严方:《消费者保护法研究》,法律出版社2003年版,第478页。

所不能发现的”为由申请免除责任。[1] 德国的《药品法》第84条第1款规定：“该法适用于因使用且已经获得上市许可或者免于适用许可程序的药品，造成使用者死亡或者身体、健康受到实质性损害的，将该药品投入流通的制药企业对受害人所受损害负有赔偿责任。该赔偿责任限于：(1)按照规定使用药品产生的损害后果超出了目前医学知识可以容忍的合理限度；(2)由于不符合目前医学知识的标签、专业说明或指示说明而造成的损害。”从而正式确立了对药品造成的重大人身伤害或死亡，即使药品生产者不存在任何过失，也要承担赔偿责任，而且不能以科技现状提出抗辩。[2]

同样，美国作为主要通过产品责任法对药品进行规范的国家，但是在“万络案”中，法院就是以无过错责任原则为基础判定了被告默克公司败诉，承担赔偿责任。在 Feldman v. Lederle Lab 案中，审理该案的新泽西州最高法院认为，“药品和其他任何产品一样，可能也包含一些通过更好的生产和设计可以避免的缺陷，因此应在个案分析的基础上判断一种药品的不安全性是否是难以避免的；我们没有发现有任何正当理由允许所有处方药的生产者根据注释K，在产品的设计缺陷诉讼中享受一揽子的免于承担无过错责任的豁免权”。显然，也拒绝认定所有处方药的不安全性都是难以避免的。[3]

3. 公平责任

公平责任，又称衡平责任（Billigkeitshaftung）或“具体的衡平主义”（Prinzipderkonkreten Billigkeit）。我国《侵权责任法》第24条规定：“受害人和行为人对损害的发生都没有过错的，可以根据实际情况，由双方分担损失。”所谓公平责任，是指在法律规定的情形下，根据当事人双方的财产状况等因素，由双方公平合理地分担损失。在双方当事人对造成损害均无过错，按照法律规定又不能适用无过错责任的情况下，由人民法院根据公平的观念，在考虑受害人的损害、双方当事人的财产状况及其他相关情况的

---

〔1〕 参见叶正明：《药品不反应的法律定性及其后果的救济》，载《法律与医学杂志》2005年第1期。

〔2〕 See Dr. Anton G. Maurer, “Germany Product Liability Plaintiffs Make Progress with the Pharmaceutical Act and the Product Liability Act”, *Def. Couns. J.* 73, 2006, pp. 275, 276.

〔3〕 See George W. Conk, “Is there a Design Defect in the Restatement (Third) of Torts: Products Liability?”, 109 *Yale L. J.* 109, 2000, pp. 1087, 1095.

基础上，判令加害人对受害人的财产予以适当补偿，是补充性的归责原则。适用公平原则能化解裁判困境，是一种不得已的选择。在药品不良反应损害事件中，根据公平原则判决的补偿可能仅仅只是象征性，其对受害人的救济效果十分有限。

在药品不良反应事件中各方当事人均不存在过错，也不能推定过错，故过错责任原则无法适用。而现行法中也并无对药品不良反应损害赔偿适用无过错责任原则的特别规定。在司法实践中，法院常常根据《民法通则》第132条规定的公平责任原则判决被告给予一定的补偿。在电梯劝烟猝死案件中[(2017)豫01民终14848号]，一审法院认为，杨帆（被告）的行为与段小立（原告）的死亡之间并无必然的因果关系，原告死亡的结果并不是被告能预料到的，但基于原告确实在与被告发生言语争执后猝死，依照《侵权责任法》第24条公平原则的规定，受害人和行为人对损害的发生都没有过错的，可以根据实际情况，由双方分担损失。二审法院认为，适用《侵权责任法》第24条的公平原则的前提是行为与损害结果之间有法律上的因果关系，且受害人和行为人对损害的发生都没有过错。本案中行为人的行为与损害结果之间并无法律上的因果关系，行为人并无过错，不适用公平原则，一审法院适用法律错误。本案应当适用《侵权责任法》第6条第1款规定："行为人因过错侵害他人民事权益，应当承担侵权责任。"本案中被告不应承担侵权责任。

（四）药品不良反应损害责任的免责事由

药品不良反应损害责任的免责事由，也谓抗辩事由，医药行业对受害者提出的损害请求，提出合理事由，要求免除或减轻其损害责任的事实。一般而言，免责事由一般由法律规定，但在不违反国家法律和社会公序良俗的情况下，也可以由当事人约定。其实，规定药品不良反应损害责任的免责事由实质上是合理分配医疗风险的需要，科学技术的不断更新导致医学的不停息地探索。疾病的复杂性、患者个体的差异性和人类认识能力的局限性必然造成医疗过程本身就充满着不确定性，存在较大的风险性。

1. 药品不良反应损害中的发展风险抗辩

产品的发展风险抗辩，亦称产品的开发风险抗辩，是指产品符合其投入流通时的科技水平,因事后科学技术的发展而被发现的缺陷。[1] 也就是说,在目前的知识水平以及现有的认知可能性完全不能认知这种缺陷及其伴随的潜在产品风险的情况下,才能排除责任的承担。[2]《产品质量法》第41条第2款规定了生产者可以免责的三项事由,其中第三项“将产品投入流通时的科学技术尚不能发现缺陷的存在的”。该免责事由为“发展风险抗辩”。学者认为,产品的发展风险抗辩所提及的科学技术水平应当属于客观标准,并不考虑具体生产者的知识水平,而且应当以国际范围内相关领域认可的专业人员所具备的知识水平为准,并且专业人员所具备的专业知识可以为公众所知,保密的研究成果不在此限。因为生产者有义务使自己的专业知识技术接近世界最新科技水平。

据统计,全球临床医疗确诊率仅为70%左右,医学作为发展的科学,至今还在实践中不断探索并寻找解除疾病的方法。我国《民法典》第1223条规定了药品上市许可持有人、生产者血液提供机构应当对缺陷的药品承担责任。[3] 显然,我国立法上承认药品发展风险作为药品责任的免责事由。在药品不良反应损害责任中是否设立发展风险的抗辩,学界持赞成观点的主要集中于对该抗辩事由的承认与否,一是发展风险责任将药品责任绝对化,就“与古代的加害责任模式并无二致,近代侵权法的道德判断功能及正义性将丧失殆尽”。[4] 二是发展风险是生产者在生产时根本无法合理预期的风险,若排除生产者援用发展风险抗辩的可能性,其企业责任成本将大幅提高,一旦发生药品责任事故,保险危机、企业破产等问题将接踵而至。三是生产者为防范后期可能发生的发展风险问题,将今后可能承担的药品责任成本预先加至药品的销售价格中,药品价格因此上升,此与消费者自担责任的实际结果相差无几。四是发展风险责任对社会发展最大的

---

〔1〕 See George A. Bermann, Etienne Picard (ed.), *Introduction to French Law*, Netherlands, Kluwer Law International BV, 2008, pp. 255 - 256.

〔2〕 参见[德]舍费尔、奥特:《民法的经济分析》,江清云、杜涛译,法律出版社2009年版,第340页。

〔3〕《侵权责任法》第59条规定:因药品、消毒药剂、医疗器械的缺陷,或者输入不合格的血液造成患者损害的,患者可以向生产者或者血液提供机构请求赔偿,也可以向医疗机构请求赔偿。患者向医疗机构请求赔偿的,医疗机构赔偿后,有权向负有责任的生产者或者血液提供机构追偿。

〔4〕 参见李蔚:《论产品的发展风险责任及其抗辩》,载《法学评论》1998年第6期。

打击就是产品技术革新的反作用力,生产者不能引此抗辩事由,必会抑制其改良自身药品的安全性、实用性,具有一定风险的新药也会因此被拒绝在社会公众可接触的平台外,由此给社会发展带来的不利远大于潜在的药品责任引致的损失。

当科技水平发展到一定阶段后,产品的缺陷才呈现出来,也就是说,发展风险也可以被认定为一种相对缺陷。发展风险抗辩作为产品责任的矫正机制而产生,社会正义的追求在于保护消费者权益,社会发展中其滥用则可能导致责任的绝对化倾向。因此,也有学者认为,如果可以将发展风险作为抗辩事由,不利于生产者提高自身安全生产的注意义务,保证其产品设计的安全性,建立有效的事故预防机制。[1]

2.药品上市后的跟踪观察义务

《民法典》第1206条第1款[2]和《消费者权益保护法》第19条[3]的规定是相对于发展风险抗辩的适当限制,产品的生产者、销售者采取了必要、及时、合理、有效的补救措施,产品的生产者、销售者就不用承担损害赔偿责任,可以视为意外事件而引起的,不存在产品生产者、销售者的过错。措施包括产品售后的报告、警示、及时召回等。《药品召回管理办法》专门就药品的召回制度作详细规划。药品生产者对药品上市后的安全性有继续履行谨慎观察的义务,并以行政监管作为保障。

2019年修订的《药品管理法》第77条[4]规定了药品上市后的管理制度,要求药品上市许可持有人主动开展药品上市后研究,对药品的安全性、有效性和质量可控性进行进一步确证,加强对已上市药品的持续管理。观

---

[1] 参见常澄:《药品责任中发展风险抗辩的正当性、成立要件及多元救济方式》,载《温州职业技术学院学报》2016年第1期。

[2] 《民法典》第1206条第1款规定:产品投入流通后发现存在缺陷的,生产者、销售者应当及时采取停止销售、警示、召回等补救措施;未及时采取补救措施或者补救措施不力造成损害扩大的,对扩大的损害也应当承担侵权责任。

[3] 《消费者权益保护法》第19条规定:经营者发现其提供的商品或者服务存在缺陷,有危及人身、财产安全危险的,应当立即向有关行政部门报告和告知消费者,并采取停止销售、警示、召回、无害化处理、销售、停止生产或者服务等措施。采取召回措施的,经营者应当承担消费者因商品被召回支出的必要费用。

[4] 《药品管理法》第77条规定:药品上市许可持有人应当制定药品上市后风险管理计划,主动开展药品上市后研究,对药品的安全性、有效性和质量可控性进行进一步确证,加强对已上市药品的持续管理。

察义务，是指相关主体在产品投入流通后负有的继续观察产品的安全性、发现危险信息并采取相应补救措施的义务。药品的高风险性和毒副作用，后续观察义务则实行更高的标准，生产者应履行积极、持续、合理的注意义务，不断对药品进行测试和监控，不仅要注意药品本身的毒副作用信息的收集和分析，还要关注药学科技的发展。[1]

药品的观察义务主要包括：(1)信息收集与处理义务。生产者在将药品投入流通后，有义务主动采取措施调查、收集有关药品的不良反应信息，并对收集到的信息进行分析、评价处理。(2)报告义务。药品生产企业负有向主管机关报告药品不良反应信息的义务。(3)警示义务。药品流通后发现存在严重安全隐患的，生产者应当向消费者作出警示。(4)回收义务。如果药品的安全隐患较大，单纯的警示说明不足以避免损害的，则生产者应当采取更积极的补救措施即回收缺陷药品，最常见的形式为召回，即药品生产企业按照规定的程序收回已上市销售的存在安全隐患的药品。[2]

四、药品不良反应损害适用国家责任之探讨

德国社会学家乌尔里希·贝克于1986年提出“风险社会”理念：现代社会是一个风险四伏的社会，人类面临着威胁其生存的由社会所制造的各种风险；对于这些风险，知识是有限的，不仅难以保证认知所有的风险，且会掩盖风险，甚至会缔造风险。[3] 药品不良反应损害的受害者无法获得法律和社会的救济，有学者认为当出现客观现实和社会心理却开始要求国家扩大干预的范围，将国家的安全保障职责从关心现状、保护或重建一个不受干扰的状态为己任，发展到以未来为目标全面形塑社会。[4] 在此背景下，国家对于人民所受若干损失，得主动给予一定之补偿，借以实现社会正义。“为了保证社会公平，保持或者促进经济结构得繁荣，国家还必须对社会和经济进行全面的干预……‘排除危险’是国家的法定的和不可变更的任务，该任务通过社会、经济、文化等领域的供应、给付和补贴等任务得

---

〔1〕 参见杨立新、陈璐：《论药品召回义务的性质及其在药品责任体系中的地位》，载《法学》2007年第3期。

〔2〕 参见田野、焦艳玲：《论药品流通后之安全观察义务——行政监管与侵权责任的交错》，载《西北工业大学学报》(社会科学版)2011年第2期。

〔3〕 参见[德]乌尔里希·贝克：《风险社会》，何博闻译，译林出版社2004年版，第1页。

〔4〕 参见赵鹏：《风险社会的自由与安全》，载《交大法学》2011年第2卷，第135页。

到补充。"〔1〕因此,以干预行为中心而发展起来的现代行政法之前一直是国家干预社会和个人活动的重要工具。然而,以保障和提供个人福利为中心,确保个人体面地生活的给付行政应是现代行政的另外一面,正是给付行政为个人提供了一个福利保证系统,从而可以消除个人在当今社会遇到的各种风险。〔2〕现代意义上的衡平补偿责任,国家基于社会正义的理性,对遭受到特别的或制度性灾难的人,予以补偿。〔3〕

也有学者认为,此时国家所承担的责任是以危险状态为基础,具备了行政补偿和社会保障制度的性质。〔4〕因此,药品不良反应损害的救济应当纳入衡平补偿体系之中,衡平补偿应当作为国家责任的重要补充形式。

(一)国家责任的法理基础

国家责任,是指公民合法权益遭受公权力侵害,或者公民因犯罪行为、侵权行为以及灾害事故陷入生存困境,国家对其承担的损害填补、困难救济和基本生存保障的法律义务和法律责任。国家责任是基于法治国原理的权利保护、损害救济与生存托底制度,"是法治从形式主义向实质主义转变的一项重要历史成就"。〔5〕在国家责任上存在一个悖论,"一方面人们希望国家尽量少干涉私人领域,另一方面人们对国家承担义务与责任的要求又越来越多"。〔6〕学者认为,国家责任理念应是多元性,既包括制度伦理要求的正义理念,满足公民对权利救济的现实需求,同时也应当容纳制度运行所要求的效率理念;既考虑作为抽象法律制度的构成要素,又考虑本国国情和本土社会结构的异质需求。〔7〕但是,为了确保公正与效率的统一,国家责任应存在客观限制与现实边界,需要对下述关系梳理:

---

〔1〕参见[德]哈特穆特·毛雷尔:《行政法学总论》,高家伟译,法律出版社2000年版,第17页。

〔2〕参见章剑生:《现代行政法基本理论》,法律出版社2008年版,第5页。

〔3〕参见李惠宗:《行政法要义》,元照出版有限公司2010年版,第627页。

〔4〕参见吴庚:《行政法之理论与实用》,中国人民大学出版社2005年版,第267页。

〔5〕参见马怀德主编:《完善国家赔偿立法基本问题研究》,北京大学出版社2008年版,第16页。

〔6〕参见马怀德主编:《完善国家赔偿立法基本问题研究》,北京大学出版社2008年版,第13页。

〔7〕参见陶凯元:《法治中国背景下国家责任论纲》,载《中国法学》2016年第6期。

1. 个人生存风险分担与国家责任的关系

在一个现代化国家治理体系中，个人责任与国家责任、个人价值与人权保障、个人发展与基本生存关照协调统一起来的。个人生存风险负担有两方面的含义：其一，“人世间的一切幸福都是靠辛勤劳动来创造的”。公民通过努力，生存下来并实现个人价值；其二，当公民因为自身原因、他人原因或者非公权力组织的原因，导致权益损害和生存风险时，要通过个人补救（及时制止损害扩大）、市场机制（他人责任、保险责任）、社会机制（社会互助保障）和司法机制（依法向他人主张权利）依次填补损害。国家只有在国家机关及其工作人员行使职权侵权、国家合法行为导致损害、市场机制与社会机制失灵、自然灾害或者其他重大社会事件，以及符合国家救助、社会保障等法定条件下，来填补公民的损害或者为其提供最基本的生存保障与困难救助。

2. 行为自由与国家责任的关系

包括两个方面：其一，公务自由与国家责任。公务自由，是指公务人员在行使国家职权、履行委托职责之时，依照宪法、法律和法规所享有的行为自由，一方面法律赋予了公务人员在行为方式、程序、期限和标准上的选择空间；另一方面为了提高公务效率、加强公务效果，在法治原则的基础上可以允许公务人员灵活安排。相应地，国家责任制度要依法、合理界定可归责的行为范围和应予保护的客体范围，确保国家责任与公务自由相统一。其二，公民自由与国家责任。所谓“公民自由”，是指公民个人选择行为并承担相应后果的自由。学者认为，“自由不仅意味着个人拥有选择的机会并承受选择的重负，而且还意味着他必须承担其行为的后果，接受对其行为的赞扬或谴责。自由与责任密不可分。当人们被允许按照他们自己视为合适的方式行事的时候，他们也被必须被认为对其努力的结果负有责任”。〔1〕公民要对自己的行为而导致自身或者他人权益受损担当责任，国家不能为公民个人行为买单，除非公民个人确实濒临无法生存的地步，因此，国家只对公民个人的基本生存提供保障和救助。

3. 国家财力与国家责任的关系

澳大利亚大法官史比·格曼认为“政府应该为所有民众的福利负责，

---

〔1〕 参见［英］哈耶克：《自由秩序原理》（上册），邓正来译，生活·读书·新知三联书店1997年版，第83页。

从生到死一直负责到底”，但这种“父爱主义”现在已经被一些高度发达的工业国家所摈弃了。[1] 而且，“权利永远不能超出社会的经济结构以及由经济结构所制约的社会文化发展”。[2] 国家责任制度的发展，客观上取决于国家经济社会发展的水平、财政支付能力和社会财富积累的程度。

学者认为，国家责任的法理基础是多元综合的，不是单一的，既包含实证规范的有效规定，也包括国家伦理、政治纲领甚至自然法意的内在要求；既包括作为“第二性义务”的补偿、赔偿责任，也包括法律设定的国家应当对公民承担救助和生存保障义务。[3] 包括：第一，国家责任是主权来源的必然逻辑。国家一切权力属于人民，人民是国家的主体，国家责任是人民主权的必然要求。第二，国家责任是人权保障理论的内在要求。人权，是指作为人所享有的权利，如尊严、自由、平等，是人之所以为“人”，并获得有尊严的生活所必需的资格和条件。“世间一切事物中，人是第一可宝贵的。”[4] 第三，国家责任是法治国原理的必备要件。法治国是近代资产阶级思想家针对专制国家、警察国家提出的政治主张，即实行法治，以法律限制公权、保护私权的国家。[5] 各国以宪法确立国家保障公民的尊严、自由，实现正义。第四，特别牺牲理论，认为公民因国家的行为牺牲合法权益是无法避免的，但国家必须对该牺牲承担公平补偿的责任，以合乎正义的要求。第五，公平负担平等理论，认为国家的目的是公共利益，如果国家致人损害，这种额外负担是受害人为公共利益作出的牺牲，应平等地分配于全体社会成员，由国家代表纳税人向受害人承担弥补损害的责任。第六，危险责任理论，认为国家行使权力具有高危性，难以预测，因其所致损害应“不问过错”，由国家来负责。第七，社会连带理论，认为人们生活在社会中，具有社会连带关系，如果公民为国家治理牺牲了权利和自由，则国家应对其损失或损害给予救济。[6]

---

〔1〕 参见[英]卡罗尔·哈洛：《国家责任：以侵权法为中心展开》，涂永前、马佳昌译，北京大学出版社2009年版，第15页。

〔2〕 参见《马克思恩格斯选集》(第3卷)，人民出版社1972年版，第12页。

〔3〕 参见陶凯元：《法治中国背景下国家责任论纲》，载《中国法学》2016年第6期。

〔4〕 参见孙国华主编：《中华法学大辞典》(法理学卷)，中国检察出版社1997年版，第162页。

〔5〕 参见孙国华主编：《中华法学大辞典》(法理学卷)，中国检察出版社1997年版，第162页。

〔6〕 参见姜明安主编：《行政法与行政诉讼法》，北京大学出版社、高等教育出版社1999年版，第476页。

（二）国家责任的构建

国家责任形成的前提条件是以国家主权为主要内容的政治实体的建立，实现国家内容为主要目的，最终兑现对本国公民所做出的政治承诺。国家责任制度规范了国家责任的运行机制，使国家责任的实现不仅内容合理，而且在法治观念的引导下做到程序合法。国家责任的内容包括：第一，道义责任，对弱势群体的保护。第二，政治责任，保障人民的福祉。第三，法律责任，以法律文本限定范围。

"公共负担平等理论"，国家是公权力的主体，作为国家意志执行者的国家机关及其工作人员在行使公权力时，对公民、法人和其他组织所造成的损害是一种公共负担，这种人身权、财产权等权利的损害应当由国家代表全体社会成员共同承担，以保证社会成员在利益上的平衡。〔1〕因此，国家责任是一个制度组成的体系，抽象的国家责任应当被理解为"法律义务＋法律责任"的综合体。

1. 基于不法行为的国家赔偿制度

国家赔偿责任，是国家对国家机关及其工作人员违反法定义务或侵犯公民、法人及其他组织的合法权益所造成损害所应承担的具有强制性的赔偿义务，包括因故意或者过失侵权、违反法律的规定行使职权、怠于行使保护义务、公有公共设施侵权、国家无正当理由违反合同约定等行为。相应的责任机制为：行政赔偿责任、刑事赔偿责任、非刑事司法赔偿责任、公有公共设施致害赔偿责任，以及国家违约赔偿责任等。此外，理论上还包括立法赔偿、军事赔偿和违法行使公权所致信赖利益的赔偿。

2. 基于合法行为的国家补偿制度

国家补偿责任是国家机关及其工作人员因合法行为给公民、法人和其他组织造成损失，应当予以弥补的法律责任。我国较为常见的国家补偿形式有：征用补偿、征收补偿、拆迁补偿、移民补偿等。主要补偿的类型包括：一是合法违反契约的补偿，即国家基于合法事由违反行政合同或者民事合同，对合同相对方应当予以补偿；二是合法变更、废止或者撤销职权行为造成信赖利益损失的补偿，即国家基于合法事由，变更其以前作出的职权行

〔1〕参见江必新：《国家赔偿与民事侵权赔偿关系之再认识——兼论国家赔偿中侵权责任法的适用》，载《法制与社会发展》2013年第1期。

为,致使他人信赖利益损失,国家应对其承担补偿责任;三是合法干预行为的补偿;四是合法行为附随效果的补偿。此外,还有"危险责任"补偿责任。

3. 基于灾害危难的国家救助制度

国家救助制度,是指基于灾害、危难和其他较为急迫的困顿状态,由国家向受害群体提供金钱补偿、物质保障和其他公共服务的一种政策。救助是国家的当然责任和义务,保护弱势群体是"每一个政府的核心使命之一",其目标是帮助弱势群体摆脱较为紧迫的生存危机,维护社会秩序的稳定。[1] 国家救助的范畴主要包括:灾害救助、贫困救助、医疗救助、失业救助、住房救助、教育救助、法律救助等。

4. 基于生存发展保障的社会保障制度

社会保障,是指国家在公民失业、疾病、残疾、年老、经济困难等有关情形下,通过社会保险支出或者由国家直接负担,使之享有最低生活保障、最基本的医疗等其他公共服务。国家为了保障公民生存权,确保发展机会均等,让所有社会成员获得生存安全感,建立并逐步完善的社会保障体系。

综上所述,国家责任是以"以人为本"为理论的基础,以人文关怀为制度特色,以正义良善为观念之源所提出的法律概念。国家责任是赔偿责任、补偿责任的上位概念,三者都属于国家进行给付救济的责任类型,其中国家责任的范围要广于国家赔偿和国家补偿,国家赔偿和国家补偿是国家责任体系的核心制度。"赔偿体系原则"是现代法治国家思想的构成要件,各国建立了以国家赔偿为代表的国家责任制度。[2] 以国家赔偿制度为核心,以国家补偿、国家救助和社会保障制度为补充的协调统一的国家责任体系,保障权利、实现生存照顾的国家治理体系。

(三)药品不良反应损害中的国家责任

药品不良反应损害中的国家责任最典型的情形就是疫苗接种不良反应的国家责任。1973 年,62 名疫苗接种受害者向日本法院提起集团诉讼,请求国家赔偿。该诉讼涉及的损害包括接种牛痘、流感、脊髓灰质炎、百日咳、日本脑炎、伤寒等疫苗而导致的死亡、残疾等。原告认为,厚生大臣在

〔1〕 参见郑功成:《社会保障学——理念、制度、实践与思辨》,商务印书馆 2003 年版,第 14 页。

〔2〕 参见城仲模:《行政法之一般法律原则》(1),三民书局 1994 年版,第 399 页。

预防接种行政中没有尽到注意义务,其应对损害的发生承担赔偿责任。第一审(东京地判,1984 年 5 月 18 日)采取损失补偿论,认为行政机关的注意义务无须被考虑,直接依据损害结果认定了行政方的损失补偿责任。东京高等法院在历时 7 年的控诉审(东京高判,1992 年 12 月 18 日)中最终认定了厚生大臣政策制定上的过失。法院指出:"为防止预防接种事故的发生,厚生大臣有义务采取必要措施。然而,本事件中厚生大臣的过失至少包括以下三个方面:第一,厚生省所推广的集体接种方式会直接导致预诊等流程无法实现;第二,厚生省未能对接种医生进行充分培训使其掌握不良反应、禁忌识别等必要知识;第三,厚生省未能对一般国民进行充分宣传以使其了解预防接种相关常识。"因此,法院指出:"厚生省为减少传染病的流行,将预防接种行政的工作重心置于提高接种率这一单一目的上,进而忽略了应减少预防接种损害发生的义务。由此致使国民生命、健康等重大法益受损时,国家应承担赔偿责任。"〔1〕在本次诉讼中,法院对预防接种损害的性质确定为"如果行政方作出适当行为则预防接种事故能够被避免",并确认了国家赔偿责任的存在。国家赔偿责任与国家补偿责任共同构成了日本预防接种的国家责任体系。

药品不良反应损害中,无论是法律制度安排还是司法实务中,受害者的救济诉求被排除在民事责任及补偿和赔偿责任之外。在中国风险与安全规制领域,客观上存在"无责任"的"法律不入之地",民事责任救济渠道不畅,行政几乎从不因风险规制政策中的缺失、风险规制领域的不作为,而被课以补偿和赔偿责任。这不利于保护公众的健康和安全,也不利于让我国风险和安全规制真正走上法治化之途。〔2〕

《宪法》第 41 条第 3 款规定"由于国家机关和国家工作人员侵犯公民权利而受到损失的人,有依照法律规定取得赔偿的权利。"该条规定公民取得国家赔偿权的前提是国家机关和国家工作人员侵犯公民权利而受到损失的人,有依照法律规定取得赔偿的权利。《国家赔偿法》第 2 条规定:"国家机关和国家机关工作人员违法行使职权侵犯公民、法人和其他组织的合

---

〔1〕 参见[日]福冈高判平成 5 年 8 月 10 日,《判例时报》1471 号(1993 年)。

〔2〕 参见杜仪方:《日本预防接种行政与国家责任之变迁》,载《行政法学研究》2014 年第 3 期。

法权益造成损害的，受害人有依照本法取得国家赔偿的权利。”“国家赔偿由本法规定的赔偿义务机关履行赔偿义务。”该条规定了国家赔偿责任与履行机关，我国《国家赔偿法》是保护公民合法权益的重要法律，采用违法责任原则作为国家赔偿的归责原则，国家机关和国家工作人员违法行使职权，侵犯公民合法权益的国家赔偿责任。学者认为，以国家赔偿等同于国家责任，强调对违法行为的评价和制裁，弱化了权利救济的主旨，形成了责任盲区。最广义的国家责任，把公权力行为和国家的私法行为所致公民权益损害的赔偿作为国家责任范围。〔1〕这种界定意识到了赔偿与补偿的交错，突破了以“违法”作为国家应当承担责任的论断标准，形成了国家的“一般责任”的基础，但仍固守在“第二性义务”的责任立场，〔2〕国家责任有消极义务和积极义务，赔偿、补偿的消极责任与救助、保障及其他类型积极义务构建了国家保障体系中的多元救济机制。

尊重和保障人权的宪法原则，确保处于困厄中的公民获得充分救济，恢复人格尊严，顺利复归社会，最大限度地实现个人在社会中的“作为公平的正义”。〔3〕学者认为，以国家责任作为赔偿、补偿、救助等关联救济模式的上位概念，构建以国家赔偿制度为核心，以国家补偿、国家救助和社会保障制度为延伸的、统一的国家责任体系，打破公法权利救济局限于国家赔偿的“一亩三分地”，彻底解决救济不充分、保障不完善、体系不完整的问题，是破解当前公法权利救济困境的实际需要。〔4〕

---

〔1〕参见董保城、湛中乐：《国家责任法——兼论大陆地区行政补偿与行政赔偿》，元照出版社2008年版，第1页。

〔2〕参见［日］宇克贺也：《国家补偿法》，肖军译，中国政法大学出版社2014年版，第3页。

〔3〕参见［美］约翰·罗尔斯：《正义论》，何怀宏、何包纲、廖申白译，中国社会科学出版社1988年版，第7～11页。

〔4〕参见陶凯元：《法治中国背景下国家责任论纲》，载《中国法学》2016年第6期。

第三章　药品不良反应损害救济制度的理论分析

一、药品不良反应损害救济的理论基础

西方学者从19世纪60年代研究和探讨保障弱势群体的权益,形成了一系列有价值的观点和学说,也适用于对药品不良反应损害中对受害者的救济,主要包括法国的公平负担平等理论和德国的特别牺牲理论、危险责任理论及人权保障理论等。

(一)特别牺牲理论

19世纪末德国学者奥托·梅耶(Otto Mayer)提出了特别牺牲理论。认为,任何财产权的行使都要受到一定内在的、社会的限制,当财产权的行使都要受到一定内在的、社会的限制,当财产的征收或限制超出这个内在限制时,即产生补偿问题。也就是说,对行使所有权的内在社会限制是所有公民都平等承受的一定负担,不需要赔偿。然而,当这种负担落到某个个别公民头上,它就变成了一种特殊的牺牲,就必须进行补偿。按照德国联邦法院的理论,“征收是违反宪法保障之平等权,而只使少数人之财产权遭到侵害,因而,此针对少数个人为了公共利益而牺牲时,基于‘负担均分’原则,补偿的必要性随而确立”。对特别牺牲的认定,需要综合考虑两方面的要素:一是形式要件,侵害行为的对象是广泛的一般人还是特定的个人或集团;二是实质要件,侵害行为是在财产权内在的社会性制约所应忍受的限

度之内,还是超出了该限度,达到了几乎侵害财产权之本质内容的强度。[1]

特别牺牲理论认为,使特定的、无义务承担某种负担的人,造成人身上或财产上的损害,使之为公益而蒙受了特别牺牲,那么这种牺牲不应由个人负担,而应由公众平均负担,必须对其进行补偿。[2] 该理论所包含的观念,特定人为社会公共利益作出了特别的牺牲,按公平正义和权益保障的原则,应由社会全体对这种牺牲给予补偿。

(二)公共负担平等理论

公共负担平等理论是法国学者首先提出,认为在民主、法治社会里,人人享有平等的法律权利,同时人人亦应平等分担社会负担。国家在任何情况下都应以平等为基础为公民设定义务。当受害人因公共利益而受到损失,如果完全由其承担由此带来的损失,就会使受害者因公共利益而承担的义务重于相同情况下的其他人,受益者是社会全体成员,因此其成本或费用亦应该由社会全体成员平均分担,而不能由受害者个人承担,全体社会成员平均分担的方式是由国家以全体纳税人缴纳的金钱来补偿受害者所蒙受的损失,也可以达到实现社会公平的目的。[3]

20世纪20年代,法国对立法赔偿的立场逐步由"法无明文赔偿规定,绝对不予赔偿"转向"经过甄别可以区别对待",也就是说,既然法律无明确否定,如果能够查明立法机关有意愿赔偿,裁判机构可以判决赔偿。1923年的Conduits[4]案件中法官认为,政府所有活动均是为了公共利益而实施,故应当由全体社会成员共同分担其产生的费用;国家与公民之间的命令——服从关系使国家活动必然给公民造成损害,而这种损害是受害人在缴纳赋税以外额外承受的负担;为了恢复公众与特定受害人之间在公共负担方面的平衡,国家应当用公共财政弥补因公共活动而遭受严重损失的特别受害人。[5] 1938年"小花奶制品有限公司"也明确提出了即使法律没有

---

〔1〕 参见[日]芦部信喜:《宪法》(第6版),高桥和之补订,林来梵、凌维慈、龙绚丽译,清华大学出版社2018年版,第207页。

〔2〕 参见张芬:《药品不良反应损害补偿制度研究》,华中科技大学2009年博士学位论文,第49页。

〔3〕 参见张新宝:《中国侵权行为法》(第2版),中国社会科学院出版社1998年版,第120页。

〔4〕 CE 30 novembre 1923, Couitéas, Rec. 789.

〔5〕 参见王名扬:《法国行政法》,中国政法大学出版社1988年版,第711页。

规定,国家也可能为立法行为所造成的严重损害承担赔偿责任,特别是法律所规定的行为不具有社会危害性时。1934年,法国颁布《奶制品保护法》,禁止生产、销售、进出口冠以“奶油制品”之名、具有奶油外观和用途但成分却并非全部源自奶液的产品。“小花公司”因为生产一种由奶油、花生油和蛋黄共同制成的“奶油产品”而被迫停产。而这一产品并未被认为损害健康,遂提起诉讼请求国家赔偿。最高行政法院认为原告有理由请求赔偿,但根据案件卷宗尚无法确定损害范围,故判决撤销受诉的农业部长对原告企业赔偿请求的默示拒绝决定,责令农业部长在确定原告损害范围后作出赔偿决定。显然,法院没有从正面找寻证据用以回答立法机关是否愿意承担立法赔偿责任,而是通过逆向推理得出“立法机关并不打算让原告企业独自承担损失”的结论。主要理由是,原告企业的生产行为并不具有应受制裁性或社会危害性,而其因立法行为所遭受的损失却是惨重的。“公共负担平等理论”平衡了公私利益间平衡,国家也无法推卸因被禁止行为自身的违法性和危害性的赔偿责任。[1]

政府的活动是为了公共利益而实施,其成本应由社会全体成员平均分担。合法的公务行为给公民、组织的合法权益造成的损失,实际上是受害人在一般纳税负担以外的额外负担,不应由受害人个人承担,而应当平等地分配给社会全体成员,其分配方式是国家以全体纳税人缴纳的金钱来补偿受害人所蒙受的损失,进而在全体公民和受害者之间重新恢复平衡机制。故公平负担平等理论也为“在‘谁受益,谁负担’原则指导下的公共负担平等说”,该理论在解释补偿的理论依据时具有较强的说服力,更具有实用性,它为补偿对象的特定化、异常性,为补偿提供了依据。但是,只注重损失的分摊,而没有顾及利益的所得。

显然,公共负担平等理论认为,在民主、法治社会,人人享有平等的法律权利,同时亦应平等分担社会负担。国家在任何情况下都应以平等为基础为公民设定义务,当受害人因公共利益而受到损失,如果完全由其承担由此带来的损失,就会使其因公共利益而承担的义务重于相同情况下的其他人,受益者是社会全体成员,因此其成本或费用亦应该由社会全体成员平均分担,而不能由受害人个人承担,全体社会成员平均分担的方式是由

---

〔1〕 参见张莉:《法国立法赔偿制度评析》,载《行政法制比较研究》2012年第4期。

国家以全体纳税人缴纳的金钱来赔偿受害人所蒙受的损失，也可以达到实现社会公平的目的。[1]

（三）危险责任理论

法国19世纪以后，诸如铁路、航空、电力工程、核子工程的发展，极大地促进了社会进步，但又具有高度危险性。这些具有高度危险性的活动造成的损害按照传统过错责任理论，受害人无法得到补偿，因而有违现代社会的公平正义。持有危险责任理论者认为，任何人由于某种行为得到利益时，必须对该行为产生的危险负担责任，故须对这种合法活动引起的损失给予补偿。危险责任理论，也是“特别的损害”，是指损害为一个人或少数受害人所特有，非全体社会成员共同面对。同时，还需要损害的“异常严重性”，因遭受特别损害所形成的“不公平状态”达到相当严重的程度。因为损害的特殊性条件无法轻易成就，国家真正承担立法赔偿责任的情形较为少见。直到1963年的案件[2]中，最高行政法院认为房东因国家法令禁止驱逐欠租的阿尔及利亚参战战士兵家属而遭受的损害，可以主张国家赔偿。危险责任理论适用无过错赔偿责任原则，故对损害的性质提出了更高的要求，只有在当事人遭受的特别损害达到异常严重的程度时，国家才可能承担立法赔偿责任，即损害是可赔偿的损害、具有直接性和确定性。

依据危险责任理论，学者认为，药品存在潜在的不为人知的“不合理的危险”，为了全体民众的健康利益，故应对不良反应的受害人进行补偿。[3]

（四）人权保障论

人权可分为生存权和发展权，所谓生存权指社会中任何人都有生存下去的权利，都有从国家和社会获得帮助，以维护生存的权利，生存权的确立要求社会和政府尽可能保障社会成员的生存，乃人权基础。发展权是社会中任何人都有满足、完善、发展自己需要的权利，它要求政府和社会要创造一切条件满足社会成员的发展需求乃人权更高要求。人权与社会保障的关系：社会保障是一项基本人权，是实现其他各项人权的直接的基本物质

[1] 参见张芬：《药品不良反应损害补偿制度研究》，华中科技大学2009年博士学位论文，第50页。

[2] CE Sect. 25 janvier 1963, Ministre de l'intérieur c. Bovero, Rec. 53.

[3] 参见崔卓兰、施彦：《国家补偿理论与法律制度》，载《社会科学战线》1996年第4期。

基础；人权保障是社会保障的理论基础，社会保障是实现人权保障的重要措施。[1] 持有人权保障论的学者认为，保障人权是民主国家的基本目标和基本任务之一，在宪政国家财产权是基本人权的重要组成部分，国家以保障财产权保证人民的生存和发展。当公民受到其他公民或组织的侵害时，国家当然更有责任对公民受到的损失或损害给予补偿或赔偿。

二、药品不良反应损害救济制度的筹资相关理论

（一）社会资本理论

社会资本是一个多维性的定义，是由社会学与经济学交叉演化而成的重要概念。有学者将社会资本的定义概括为五种类型：一是资源说，认为社会资本是从社会网络中产生的社会资源的集体合体，这种资源是通过体制化的关系网络而实际获取或潜在占有；二是能力说，认为社会资本是主体之间及其与社会联系而获取稀缺资源的能力；三是功能说，认为社会资本是能给人的行为带来便利的社会资源；四是网络说，认为社会资本的外在形式就是社会结构、社会关系和社会网络；五是文化规范说，认为社会资本的本质实际上是互惠、信任等文化规范。[2]

20 世纪 70 年代，法国社会学家皮埃尔·布尔迪厄（Pierre Bourdieu）首先对社会资本进行了系统分析，定义为“实际或者潜在资源的集合，这些资源与由相互默认或承认的关系所组成的持久网络有关，而且这些关系或多或少是制度化的”。包括两个要素：第一，社会关系本身，它使个人可以获得其社团拥有的成员；第二，这些资源的数量和质量。皮埃尔·布尔迪厄的概念是工具性的，明确指出，“团体成员的身份带来的收益是团结的基础，而团结又使收益成为可能”，关注个人通过参与团体活动不断增加的收益以及为了创造这种资源而对社会能力的精心建构。也就是说，社会网络不是自然给予的，必须通过投资于团体关系制度化的战略来加以建构，其用处体现为它是其他收益的可靠来源。[3]

在皮埃尔·布尔迪厄研究基础上，20 世纪 80 年代末至 90 年代中期

---

〔1〕 参见万美君：《社会保障发展历程及理论研究》，载《辽宁公安司法管理干部学院学报》2017 年第 3 期。

〔2〕 参见卜长莉：《社会资本与社会和谐》，社会科学文献出版社 2008 年版，第 72 页。

〔3〕 参见［美］林南：《社会资本：关于社会结构与行为的理论》，张磊译，上海人民出版社 2005 年版，第 14 页。

在社会学领域经美国社会学家詹姆斯·科尔曼(James Coleman)、美国哈佛大学教授罗伯特·普特南(Robert Putnam)的发展,形成了微观、中观和宏观三个层面的理论框架,由注重研究个人社会资本发展为注重研究组织、社区、区域甚至国家的社会资本。科尔曼的思想主要集中在1988年发表于《美国社会学杂志》的《社会资本在人力资本创造中的作用》论文和1990年《社会理论的基础》著作,注重从社会结构角度研究社会资本,认为社会结构的基础是社会关系,包含权威关系、信任关系和以规范为基础的权利分配共识等,是一种重要的资源也即社会资本。他认为"社会资本的定义由其功能而来,它不是一个单一实体,而是具有各种形式的不同实体。其共同特征有两个:它们由构成社会结构的各个要素所组成;它们为结构内部的个人行动提供便利。和其他形式的资本一样,社会资本是生产性的,是否拥有社会资本,决定了人们是否可能实现某些既定目标"。科尔曼对社会资本的存在形式做了具体分析,包括:义务与期望;信息网络;规范与有效惩罚;权威关系;多功能的社会组织和有意创立的社会组织等。[1] 美国哈佛大学教授罗伯特·普特南的社会资本理论的成果主要集中在《使民主运转起来:现代意大利的公民传统》《独自打保龄球——美国下降的社会资本》《繁荣的社群——社会资本和公共生活》等著作中,认为"社会资本是指社会组织的特征,诸如信任、规范以及网络,它们能够通过促进合作行为来提高社会的效率"。[2] 普特南的社会资本理论主要在于:主观方面,社会资本主要由信任、互惠和合作等一系列的态度和价值观构成;客观方面,社会资本体现于将家庭、社区、朋友、生活和工作联系起来的人际网络之中;后果方面,社会资本表现为社会关系和社会结构的一种特性,即有助于推动社会行动和把事情搞定。[3]

---

〔1〕 参见[美]詹姆斯·科尔曼:《社会理论的基础》,邓方译,社会科学文献出版社2008年版,第354页。

〔2〕 参见[美]罗伯特·普特南:《使民主运转起来:现代意大利的公民传统》,王列、赖海榕译,江西人民出版社2001年版,第195页。

〔3〕 参见[英]肯尼斯·纽顿:《社会资本与现代欧洲民主》,于宝英、索娟娟译,载李惠斌、杨雪冬主编:《社会资本与社会发展》,社会科学文献出版社2000年版,第387页。

(二)风险分担理论

“风险”(RISK),源于意大利语“RISQUE”,从词汇运用而言,风险被认为是危险或冒险,前者强调客观的、外部的风险实在,后者则强调风险是相对于特定的实践主体而言的。同时,冒险也包含着机会、机遇。以“切尔诺贝利事件”为契入点,风险概念进入公共世界的视野,同时也步入“风险社会”。工业现代性时期的风险表现在:工具理性的膨胀而导致道德理性萎缩的风险;工业生产的过度扩张而使资源日益枯竭的风险;技术至上而使人日益异化的风险等。风险社会学家贝克在《自由与资本主义》指出:“风险概念是一个很现代的概念,是个指自然终结和传统终结的概念。或者换句话说:在自然和传统失去它们的无限效力并依赖于人的决定的地方,才谈得上风险。风险概念表明人们创造了一种文明,以便使自己的决定将会造成的不可预见的后果具备可预见性,从而控制不可控制的事情,通过有意采取的预防性行为以及相应的制度化的措施战胜种种(发展带来的)副作用。”〔1〕贝克认为,财富分配以及不平等的改善与合法化是工业社会的核心问题,而在风险社会,必须将伤害缓解与分配作为核心问题。

贝克归纳了风险的特点,包括:一是风险造成的灾难不再局限在发生地,而是经常产生无法弥补的全球性破坏,因而风险计算中的经济赔偿无法实现;二是风险的严重程度超出了预警检测和事后处理的能力;三是由于风险发生的时空界限发生了变化,甚至无法确定,所以风险计算无法操作;四是灾难性事件产生的结果多样,使风险计算使用的计算程序、常规标准等无法把握。〔2〕 贝克以生态主义视角分析了所处环境认为,在风险社会里需要依靠全球公民社会、生态启蒙、绿色和平运动等方式规制风险。社会学家吉登斯(Giddens,A.)也是风险社会理论的倡导者和捍卫者,则认为生活政治和全球治理是解决风险问题的根本途径。吉登斯认为,随着科技的飞速发展,在高度现代化世界里,个人的自我保护意识增强了,风险源于人为不确定性带来的问题,主要体现在三个方面:一是启蒙运动引发的

〔1〕 参见[德]乌尔里希·贝克:《自由与资本主义》,路国林译,浙江人民出版社 2001 版,第 28 页。

〔2〕 [德]乌尔里希·贝克:《从工业社会到风险社会》,王武龙编译,载《马克思主义与现实》2003 年第 3 期。

发展所导致的人为不确定性,是"现代制度长期成熟的结果",是人类对社会条件和自然干预的结果。二是其发生以及影响更加无法预测,"无法用旧的方法来解决这些问题,同时它们也不符合启蒙运动开列的知识越多,控制越强的药方"。三是其中的"后果严重的风险"是全球性的,可以影响到全球几乎每一个人,甚至人类整体的存在。[1] 显然,持风险分担理论的学者认为,风险社会的秩序并不是等级式的、垂直的,而是网络型的、平面扩展的。风险社会的结构不是由阶级、阶层等要素组成的,而是由个人作为主体组成的,有明确地理边界的民族国家不再是这种秩序的唯一治理主体,风险的跨边界特征要求更多的治理主体出现并达成合作关系。[2] 显然,国家为了避免风险、转移风险或者分担风险,不仅需要民众提高识别风险和抗击风险的能力,更重要的是需要设计出和实行有效的避免风险、转移风险或者分担风险的制度,现代社会保障制度的建立作为工业化发展的最优的选择。

德国是社会保险的诞生地,最早建立了现代的社会保障制度。社会保障(Social Security),国际劳工组织界定为:社会通过一系列对付经济和社会风险的公共措施,为社会成员提供保护。1870年德国爆发严重的经济危机,导致工人阶级斗争的迅猛开展。工人强烈要求国家立法保障工人的基本生活。1881年威廉一世颁布皇帝《黄金诏书》,"社会弊病的医治,一定不能仅仅靠对社会民主党进行过火行为的镇压,同时也要积极促进工人阶级的福利",要采取若干"保护"的社会措施,推行社会改革。德国为了平衡社会各个阶级和阶层利益,认为社会保障制度具备潜在的整合利益集团的手段,将其作为国家政权建设的重要组成部分。俾斯麦通过与工人阶级和解来制约新兴的自由资产阶级,立足于君主政治,把德国的封建传统和新兴的社会融为一体,他认为"政府必须掌握这件事,不是作为慈善事业,而是有义务去提供点帮助"。俾斯麦政府1883年颁布了《疾病社会保险法》、1884年颁布了《工伤事故保险法》、1889年颁布了《老年和残障社会保险法》,系列法令的颁布标志着社会保障制度的形成。

---

〔1〕 参见[英]安东尼·吉登斯(Giddens, A.):《超越左与右——激进政治的未来》,李惠斌、杨雪冬译,社会科学文献出版社2009年版,第23页。

〔2〕 参见杨雪冬:《风险社会理论述评》,载《国家行政学院学报》2005年第1期。

德国政府建立社会保障制度主要出于政策策略的考虑：一是为了调和日益紧张的劳资冲突，推动工农业经济发展和对外扩张；二是为了缓和迅猛发展的工人运动对现行政权的冲击，把构建社会保障体系视为一种"消除革命的投资"。

社会保障制度的基本原理主要有三个：

第一，福利国家理论和福利经济学。19世纪末，德国新历史学派的施穆勒(Schmoller)、布伦坦诺(Brentana)等提出福利国家理论，认为国家除维护社会秩序和国家安全外，还有一个"文化和福利"的目的。英国经济学家庇古(Pigou)提出"个人的福利可以用效用来表示，整个社会的福利可以用效用来表示，整个社会的福利应该是所有个人效用的简单加总"。包含：国民收入水平越高，社会福利就越大；国民收入分配越平均，社会福利就越大。凯尔斯(Keynesian)在《就业、利息和货币通论》中对社会保障制度进行了实证分析和推理，成为第二次世界大战后西方国家制定经济政策和重建社会保障制度的理论依据。

第二，边际效用价值理论。维克塞尔(Wicksell)认为：虽然市场均衡价格无可非议；但依据交换结果会使财富加速向富人手中集中，使利益对立加剧，整个社会发展失衡。他的依据是边际效用递减规律所得出的等量货币对于穷人产生的效用远比富人产生的效用更大。边际效用理论，直接导致了收入和财富分配均等化的政策主张，国家通过累进税制和财政的转移性支付来调控宏观经济的波动，最终实现国民收入的再分配。

第三，马克思主义的社会保障学说。有两个观察角度：一是从收入和分配的角度，社会保障是以国家为主体，或扮演出场的先头角色，通过国民收入的分配和再分配，依法对社会成员的基本生活权利予以保障的社会安全制度。二是从社会经济的运行角度讲，社会保障是保证劳动力再生产顺利进行的手段，是社会稳定、协调发展的均衡机制。

社会保障作为事后补偿，是为将来可能出现的灾难提供补偿，社会保障并不能完全阻止险情的发生，但增加了人们对未来是可以人为控制的确信度，社会保障机制尽量维护社会成员生活的连续性与惯常性。

(三)利益相关者社会责任理论

世界银行将企业的社会责任定义为"对于企业在操作和运行过程中对于股东的责任"，认为一个有社会责任的企业必须充分考虑对于社会和环境的影响,并且在做出决策时必须平衡股东需要和利润之间的关系。[1]学者对企业的社会责任下的定义:“公司不能仅以最大限度地为股东们营利或赚钱作为自己的唯一存在目的,而应当最大限度地增进股东之外的其他所有社会利益。这种社会利益包括雇员利益、消费者利益、债权人利益及整个社会公共利益等内容。”[2]学界对如何建立企业的社会责任体系,主要观点有:第一,企业社会责任体系应该包括经济责任、政治责任、法律责任和文化责任等;第二,企业社会责任应该包括对企业内部的责任,对企业外部及其他企业的责任,对社会的责任和对环境的责任;第三,企业社会责任体系应该包括生产责任、交易责任、分配责任和消费责任。

利益相关者理论是在知识经济、网络经济兴起与发展的时代背景下得以发展,是以企业社会责任为基本出发点。利益相关者(Stakeholder)作为一个明确的理论是在1963年由斯坦福研究所(Stanford Institute)率先提出的,“存在这样一些利益群体,如果没有他们的支持,企业就无法生存”。[3]1984年,弗里曼(Freeman)在《战略管理:利益相关者管理的分析方法》提出了“利益相关者”理论,认为“相关利益是一种权利要求,是对自认是应得物或是应得权利的要求”,[4]将和企业有关联的人或群体都纳入利益相关者的分析框架下,但将所有的利益相关者作为一个整体来看待,企业无法实现高效的管理。学界将集体选择引入利益相关者的分类研究,分为内部利益相关者和外部利益相关者,参与企业集体选择的内部利益相关者享有企业的所有权;外部利益相关者不参与企业的集体选择,也能够直接影响企业目标的实现或者自身受到企业目标实现过程的直接影响。外部利益相关者,与企业没有直接的市场交换关系,但与企业之间具有社会利益关系。其中,“社会契约”在社会企业理论视域下是指企业与所在社会建立的所有契约,强调的是企业和社会的关系,契约达成的直接目的并非源于交

---

[1] See Deborah Doane, “Beyond Corporate Social Responsibility: Minnows, Mammoths and Markets”, In: *Futures* 2005, p. 37.

[2] 参见刘俊海:《公司的社会责任》,法律出版社1999年版,第38页。

[3] See Stanford Research Institute: “Internal Memorandum”, Accessed July 19, 2008, http://www.ruf.rice./edu/-odw/.

[4] See Freeman, R. E., *Strategic management: a stakeholder approach*, Boston, Pitman Press, 1984.

易活动的需要,而主要是基于社会规范的软约束力量。[1]

持"利益相关者"理论者认为,企业除了考虑内部利益相关者、基于交易关系的外部利益相关者的利益诉求之外,还应当依法经营、遵守社会成员共同认可的行为守则和道德规范,为基于社会利益关系的外部利益相关者服务,同时获取来自外部利益相关者的社会利益支持。基于社会利益关系的契约主要表现为一种由社会规范、习俗和信念所规定了的非正式的、隐形的契约形式,如企业应当积极提供就业机会、维护社区环境、遵守规范、与同行公平竞争等;政府也应当提供政策支持与服务、社区为企业的发展创造良好的环境、竞争者提供技术合作与知识共享等。与企业达成社会契约的外部利益相关者则主要涵盖作为社会经济管理者的政府、社区、竞争者、媒体等。因此,企业作为社会系统中不可分割的重要部分,是利益相关者的载体,企业对利益相关者的利益诉求必须作出反应。[2]

三、药品不良反应损害的救济模式

目前,世界上成功实施药品不良反应损害救济制度的有德国、日本、瑞典、美国和我国台湾地区。各国与地区情况不同,实施的救济模式也存在差异。其中,德国药品不良反应损害救济模式为责任保险与基金配合制度,日本及我国台湾地区药品不良反应损害救济模式为补偿基金制度、瑞典药品不良反应损害救济模式为社会保险制度、美国对疫苗不良反应损害救济模式为行政补偿制度。

(一)责任保险模式

瑞典作为高福利国家,采用了责任保险模式给予药品不良反应损害的受害者实施救济,对药品不良反应损害的受害者偏向用集团保险制度作为损害补偿方式,于1978年实施了药品保险制度。在瑞典存在两个不同保险制度,即1975年实施的病人伤害保险制度(Patient-injury Insurance)和1978年实施的药品保险制度(Pharmaceutical in Insurance Sheme)。两种保险制度都为非强制性的,但适用范围比较宽,涵盖了瑞典国内所有与医疗有关的医药产品有关的受害者。就药品保险制度而言,其适用范围所针对

---

〔1〕 参见王竹泉、咏梅、马广林:《利益相关者与企业价值增值创造和分享》,载《中国会计研究与教育》2006年第1期。

〔2〕 See Donaldson T., Dunfee, T. W., "Integrative Social Contracts Theory: a Communitarian Conception of Economic Ethics", *Economics and Philosophy* 11(1), 1995, pp. 85-112.

的药品不良反应,包括成分变质或第三方因素(如误诊所致)者,均可以请求救济,但是因为药物无效、轻微伤害、就医学及病人家属可合理忍受的情况、误用或违法使用所致伤害,不属救济范围。在给付方面,如果经由其他救济制度已获给付,则将予以扣除,给付金额有上限。每年有近1万件药品不良反应救济申请案例,大约有45%获得了救济给付。[1]

为降级执行费用,两个不同保险制度都不需要证明有过错才给予救济,只需存在因果关系。但在病人伤害保险制度中对过错性伤害可以进行诉讼求偿。[2] 病人伤害保险制度适用于医疗方面,不包括公共健康服务所致伤害;药品保险制度中若要获得救济,必须要证明伤害是受害者用药所致。救济内容包括病人所受伤害的救济及误工损失(非经济损失和经济损失)。1987年瑞典在此方面的救济总额大约是600,000美元,平均每个受害者获得救济金约为17,000美元,其中7000美元是按病人伤害保险制度获得给付,10,000美元是按药品保险制度获得赔付。[3]

受害人获得救济金非常迅速,一般情况下,从受到伤害后递交救济申请开始,大约4个月后即可获得救济,80%的受害者获得救济金仅需3个月。与诉讼求偿相比,不需要诉讼成功才能获偿,并节约了诉讼开支。救济金主要来自药品制造企业依据其市场占有率支付的保险费。由病人、医师或医院向保险公司提出,保险公司经调查后,由给付药物伤害委员会作出决定。具有争议的案子由给付案件审查会审查,如审查会中任一成员拒绝接受审查会意见,可以交付仲裁。病人除此制度获得救济之外,也可以保留司法诉讼的请求权,或向官方福利委员会申诉。[4]

(二)补偿基金模式

1. 日本

在对药品不良反应损害救济立法以前,日本对药物的缺陷造成的损害

---

〔1〕 See Patient Insurance(sweden). https://www.lof-forsaking.com/pdf/eng_a4.pdf.

〔2〕 See The Macfarlane Trust & no-Fault Compensation. https://www.socttish.parliament.uk/business /research/pdf_res_notes/rn01 -80.pdf.

〔3〕 See Malcolm Brahams,"The Swedish No Fault' Compensation Sysem for Medical Injures-Part 1",*New Law*,*Journal* 138,1988,pp. 14 -15.

〔4〕 参见李龙:《国外药品不良反应救济制度简述》,载《国际医院卫生导报》2005年第11期。

救济，适用《民法典》第709条：因故意或过失侵害他人权利，负因此而产生的损害的赔偿责任。依据该条规定，侵权行为的成立被认定时，发生受害人对加害人的损害赔偿请求权，在药品不良反应损害事件中对“过失”的认定存在难度，过失责任很难保护药品不良反应损害中受害者的权益。同时，此时欧美严格产品责任制度已经广泛适用，日本于1975年制定了《制造物责任要纲试案》，对缺陷、责任主体、制造物的范围、诉讼时效等都作了详尽的规定。该法规定，制造物因缺陷致人损害时，生产企业应当承担无过错责任。

1976年又制定了《预防接种法》，对于强制接种疫苗的受害者进行救济。此后，日本陆续发生了多起国民因用药发生药害事件，反应停和SMON事件的发生出现了多数人受损或死亡，由于药物事件波及受害者广泛导致诉讼费用过高，加之要认定国家批准药品的损害责任难度大，呼吁尽快设立特定的救济制度。1979年通过了《医药品副作用被害救济基金法》，其目的让成立的“药品安全和研究机构”综合办理医药企业的研究发展与药品损害事件的补偿业务，由药品生产企业发起，经厚生省认可而设立的法人组织，其所承办的业务除了药品不良反应损害补偿业务，还包括因使用血液制品受艾滋病感染的业务及1980年5月1日前使用SMON受害的业务。随后，1994年7月1日颁布、1995年实施了更加完善的《制造物责任法》，因制造物的缺陷造成受害者生命、身体、财产损害都适用该法。但是，对于药品副作用的救济，于《制造物责任法》之外另辟蹊径，修订了1979年的《医药品副作用被害救济法》，制定了《医药品副作用被害救济·研究振兴调查机构法》的独立救济基金制度。由医药品制造业者的筹措款与国家补助金对受害人实施支付，支付范围包括因医药品副作用导致的健康受损、功能障碍以及死亡时受害人或其近亲属所受的损失。

2. 我国台湾地区

我国台湾地区卫生主管部门于2000年6月2日起正式开始实施药品不良反应损害救济制度。2001年9月24日我国台湾地区捐助成立“财团法人药品救济基金会”，并经法院登记核准在案。药品不良反应损害救济制度的制定在2002年才完成，其宗旨在于对正确规范使用的药品，由于当时科技水平不可预见且无法避免而产生的药品不良反应损害，通过药品不良反应损害的救济制度，保障受害者、医疗机构及制药企业的权益。我国台湾地区在参考欧美国家解决药品不良反应损害事件的经验基础上,结合我国台湾地区具体实际情况,设计了药品不良反应损害救济制度。在制度设计时强调无过错补偿,使民众免除诉讼而迅速获得补偿。

我国台湾地区药品不良反应损害救济的基金主要是药品生产企业及药品进口销售商缴纳的征收金、滞纳金、代位求偿所得、捐赠收入、基金的利息收入以及其他有关收入。其中,药品生产企业及药品进口销售商交纳的征收金是最主要的组成部分。在主管部门规定的限期内,药品生产企业及药品进口销售商申报当年度估算销售额或上一年度销售额及相关资料,并按照上一年药品销售额一定比率,上缴征收金至药品不良反应损害补偿基金。交纳的征收金分两种情况:药品不良反应损害补偿基金总额不足3亿元新台币时,按照上一年药品销售额的为1‰交纳;基金总额超过新台币3亿元时,由主管部门衡量基金收支的实际情况,按照上一年药品销售额的0.2‰~2‰范围内调整交纳的比率。如果药品生产企业及药品进口销售商没有上一年度的销售额资料,则根据其当年估计销售额按比率缴纳征收金。当年估计的销售额与实际销售额有差异时,将于下一年退还或补缴其中的差额部分。如果药品生产企业及药品进口销售商的药品当年造成不良反应损害事件,并由基金支付受害者补偿的情况下,主管部门将会在下一年度调高其需要交纳的征收金比率至10‰,同进该项调整不受基金总额的限制。

(三)保险和基金结合的模式

德国因反应停事件促使了德国政府对缺陷药品致人损害进行立法变革。1973年德国卫生部首先提出立法草案,最初草案规定生产有缺陷药品的生产企业对药品不良反应损害要承担无过错责任,后几经修改,成为现今德国药事法危险责任与基金补偿互相配合的制度。

德国采用了保险和基金结合的模式,企业承担主要责任。德国在1970年就开始着手草拟德国药事法中的药品不良反应损害补偿责任的相关制度。该制度偏重于补偿,兼顾救助。其补偿仅限于因药品不良反应损害而造成的经济损失,不支持精神损害补偿,且该补偿有上额限制,目的是保护医药产业的发展及兼顾保险业承受能力与承保意愿。要求制药企业参加成立基金,并强制医药企业投保或提供金融担保,并且特别明示国家不负担提供补偿的义务。

（四）一般税收模式

以新西兰为代表。新西兰于1972年订立意外伤害补偿法，该法的宗旨即为对意外事故放弃司法诉讼，并采取统一标准进行补偿给付。对给付要件规定，无论加害人有无过失，所有意外事故所致身体伤害或死亡，皆可获得补偿。所谓意外事故，指未预期之身体伤害，包含医疗过程或药品引起的。其筹资方式为一般税收，一般税收筹集方式指全部的社会保险费用由政府从一般税收收入所获得的财政收入中开支。

1.《伍德豪斯报告》

1964年，新西兰为了能够加入国际劳工组织通过的《工伤事故津贴公约》，开启了对国内的工人赔偿法大规模的修改。于1966年9月任命了由最高法院大法官伍德豪斯（A. O. Woodhouse）、会计师和财务专家帕森斯（G. A. Parsons）和退休的劳工部部长波凯特（H. L. Bockett）三人组成的人身伤害赔偿调查委员会就工伤赔偿的法令问题进行调查研究。1967年12月，该委员会向新西兰政府递交了《新西兰人身伤害赔偿：皇家委员会的调查报告》（Compensation for personal injury in New Zealand：report of the royal commission of inquiry）。由于该委员会的主席是伍德豪斯先生，故该委员会被称为伍德豪斯委员会，该委员会提交的报告也被称为《伍德豪斯报告》。该报告勾画了新西兰意外补偿制度的蓝图，奠定了新西兰意外补偿制度的基石。提出了由政府主导的社会救助模式，应对意外人身伤害补偿。委员会认为国家利益是由每一个公民的贡献构成的，无论商业保险还是社会保障制度，所有的成本和各种形式的救助最终都是由公民自己负担的。既然国家利益最终是由社会中的每个人来分担，那么在公民丧失劳动能力的情况下，就应当由国家来统一承担责任。

《伍德豪斯报告》适用的原则包括：社会责任（Community Responsibility）、普遍权利（Comprehensive Entitlement）、彻底康复（Complete Rehabilitation）、真实补偿（Real Compensation）和运行高效（Administrative Efficiency）。

社会责任原则：《伍德豪斯报告》认为，“社会必须保护所有的公民（包括自由职业者）和家庭主妇免于遭受意外损害的负担，这既是国家的义务，也是国家的利益所在”。也就是说，现代化的社会其实是全体社会成员的劳动成果，社会因此要对那些愿意工作和劳动的人们承担责任，在他们因意外事故而丧失劳动能力时承担责任。

普遍权利原则,是指无论损害发生的原因,所有受害人均应基于统一的标准和程序向社会寻求损害补偿。

彻底康复原则,是指社会在承担受害人损害补偿义务的同时,应促进受害人的身体和职业康复。《伍德豪斯报告》认为,意外事故的预防和受害人的康复要比损害补偿更具有优先性。其目的在于,使受害者最大限度地恢复身体健康并在最短时间内恢复工作能力和回归社会。

真实补偿原则,是指对受害人在丧失劳动能力期间所遭受的收入损失进行补偿,而不能采用社会保障法中的统一比率原则作为补偿标准。适用该原则,一方面,任何身体机能障碍都属于受害人的损失,不管身体机能障碍是否会对受害人的收入能力造成影响;另一方面,禁止受害人获得重复补偿。

运行高效原则,是指设计精简赔偿体系的结构和组织,避免重复繁冗,同时损害补偿的确定、裁决程序和运行管理等每个方面都应该平稳而又有序;补偿基金的积累和分配应该迅速、连贯、经济且准确无异议。[1]

2. 意外补偿救济机制

《1971 年意外补偿法》(Accident Compensation Act 1972)作为新西兰第一部正式法案,并于 1974 年 4 月 1 日开始生效。同时为了完善该法案,新西兰在 1972 年至 1974 年出台了多部修正案,如《1973 年意外事故补偿修正案》《1973 年意外事故补偿制度修正案第二号》《1974 年意外事故补偿修正法案》。该法案第 5 条第 1 款规定:"任何在新西兰遭受意外造成人身伤害或者因遭受人身伤害而死亡的人,或者任何在新西兰之外遭受法案规定的意外造成的人身伤害或者因该人身伤害而死亡的人,不得依据任何法律或法令在新西兰的任何法庭提起任何直接或间接因为人身伤害或者死亡的损害赔偿诉讼。"该项规定明确了新西兰意外补偿制度适用于人身伤害领域。[2] 新西兰意外补偿制度的立法目的是补偿因意外而遭受人身伤害获得补偿。补偿范围包括:治疗伤害(Treatment Injury)、与工作相关的伤害(Work-related Personal)、机动车伤害(Motor Vehicle Injury)、意外事故造

[1] See A. O. Woodhouse, G. A. Parsons, and H. L. Bockett, *Compensation for Personal Injury in New Zealand: Report of the Royal Commission of Inquiry*, Wellington, Government Printer, 1967, p. 40.

[2] See Palmer, Groffrey, W. R. "Accident Compensation in New Zealand: the First Two Years", *The American Journal of Comparative Law*(1), 1977, p. 1.

成的人身伤害(Personal injury caused accidents)、精神伤害(Mental Injury)。

补偿内容包括金钱类补偿和非金钱类补偿等。金钱类补偿,即对所有依法可以获得补偿的申请者支付一定的金钱进行补偿,保证其生活质量不因伤害变差。其中,第一周薪金补偿和每周薪金补偿是对受伤的雇员进行的补偿,补偿金额与其收入相关;一次性总额补偿是对受伤的雇员进行的补偿,金额与其收入相关;一次性总额补偿是对遭受永久性伤害的受害人支付的金钱补偿;丧葬补助、幸存者补偿、子女照顾费用和幸存者每周补偿,是受害人死亡后,意外补偿公司对其伴侣或子女等人支付的金钱补偿。非金钱类补偿,即对所有依法可以获得补偿的申请者,应当给予他们康复救济,包括身体治疗,并针对不同的情况制定个人康复计划,内容主要是社会复原和职业恢复。金钱补偿和非金钱补偿并不是相互排斥的关系,根据受害人的具体情况,获得金钱补偿的同时也可以获得非金钱补偿。

3. 意外补偿制度的运行

意外补偿公司是新西兰意外补偿制度的运行主体,作为国有公司为所有的新西兰居民提供普遍的、24 小时无过错人身伤害补偿。意外补偿公司是新西兰政府设立的组织结构,董事会是其权力机构,负责意外补偿公司的正常运行,制定大的方针政策,参与政府对意外补偿制度的完善等工作,下设的五个委员会负责意外补偿公司的日常业务工作。包括:审计委员会、薪金委员会、服务传输委员会、伤害预防委员会及投资委员会。意外补偿公司的职能:(1)决定已提交的申请是否为《2001 年意外补偿法》所涵盖;(2)依据法律规定,为涵盖在《2001 年意外补偿法》内的受害人提供相关补偿;(3)收取各项税费并负责各账户的维系及运营;(4)协助受害人补偿案件的争议处理。

意外补偿公司的核心职能是收取各项税费并负责各账户的维系及运营。其资金来源为对雇主、个体经营者、机动车所有人征收的税费以及一部分政府拨款。且为达到专款专用的效果,设定独立账户制度。意外补偿制度的运行程序包括申请程序、审理程序以及争端解决机制。新西兰意外补偿制度表现社会福利性,主要在两个方面:一方面,意外补偿制度采取经验费率制,税费激励手段鼓励各缴纳税费人减少安全事故的发生,一定程度上提高了社会安全性;另一方面,每个账户的资金(无收入者账户除外)来自新西兰国民缴纳的税款,实质上是将意外伤害的损失承担社会化,让全社会一起承担现代社会的风险带来的损失。

在医疗领域,新西兰补偿制度采用了无过错补偿模式。在《2001 年意外补偿法》第 32 条规定,治疗伤害是指寻求或接受具有注册健康资格的专业人士(Registered Health Professionals)的治疗而造成的人身伤害。应综合考虑包括接受治疗者本身的身体状况和现实中治疗的临床知识在内的所有情况,认定该人身伤害是否属于治疗伤害。同时,也明确规定了治疗伤害不包括:因个人本身潜在的健康状况造成的伤害,医疗资源分配决定造成的伤害,或者因为不合理推迟同意接受治疗造成的伤害。并且治疗未达到预期的效果也不能认为是治疗伤害,临床试验也不能认为是治疗伤害。医疗伤害账号中的资金来源主要包括:其一,为对已经注册的提供医疗服务的医师或医疗机构或类似提供医疗的机构征收的税费;其二,为有收入者账户中的资金,该部分资金仅为有收入者的医疗伤害支付补偿;其三,为无收入者账户中的资金,该部分资金仅为无收入者的医疗伤害支付补偿。医疗伤害账户中的款项支付所有因医疗伤害的补偿。

基金运行模式为“现付现收制”(Pay-as-you-go),是指当年征收的税费专用于该年度的补偿申请,未来的补偿金支出不纳入当年的税费收取范围,这种交纳制度有利于税费缴纳义务人,可以降低其应缴纳的税费额度。新西兰居民在境内遭受治疗伤害的,应当予以补偿。根据《2001 年意外补偿法》第 22 条第 3 款的规定,2005 年 7 月 1 日之后,新西兰居民在境外遭受治疗伤害的,也应当予以补偿。

(五)行政补偿模式

美国对疫苗不良反应损害救济模式为行政补偿制度。在美国实行预防接种是公民的一项强制性义务。儿童在未接种规定的所有疫苗之前被禁止入学,除非拒绝接种的原因在医学、宗教或哲学上的能够被证实。[1]美国以判例形式确认了药品适用产品无过错责任原则和创造了经典的市场份额责任理论。1986 年制定了《国家儿童疫苗损害法案》(National Children Vaccine Injury Act),以成文法的形式规定了疫苗受害者补偿制度,使

〔1〕 See Rob Henson, “Inoculated Against Recovery: A comparative analysis of vaccine injury compensation in the United States and Great Britain”, *Tulsa Journal of Comparative and International Law*, 2007, p. 15.

因注射疫苗而致伤害、死亡的人除进行诉讼外，还可依照无过错责任制度进行求偿。受害者只需要证明该产品的缺陷所造成的损害，生产企业就应对损害承担无过错责任。

美国的《国家儿童疫苗损害法案》具有多元目标：一是使疫苗伤害和死亡者除诉讼外，另可依法案确定的无过失救济制度求偿；二是教育民众疫苗接种之危险与效益，并要求医师对接种者发生的所有可能的疫苗不良反应，向卫生人类服务部负责疫苗不良反应事故报告系统通报；三是为制造安全疫苗药物建立诱因。[1] 法案包括两部分内容。第一部分为国家疫苗计划，主要涉及国家免疫程序、疫苗改进与疫苗不良反应监测等；第二部分为疫苗损害赔偿计划，据此建立了联邦的疫苗损害赔偿制度。疫苗损害赔偿计划是一个无过错、非侵权的赔偿程序。受害者无须证明相关主体的过错，就可以获得赔偿。疫苗损害赔偿计划还是疫苗制造者的责任保障计划。根据法案，疫苗的受害者不得先行向疫苗制造者提起赔偿诉讼，受害者如果欲向制造者提起诉讼，必须先在《国家儿童疫苗损害法案》的框架下向疫苗法庭提起诉讼并取得裁决。受害者首先要向美国联邦法院提出赔偿申请，由美国卫生人类服务部秘书处对申请进行处理。联邦法庭将任命一名专家，由这名专家根据证据优势原则对申请书中受害者损害与接种疫苗之间的因果关系进行初步判定。为避免因果关系问题上的争议而导致赔偿时间的延长，《国家儿童疫苗损害法案》附有"疫苗损害列表"，列明了可受补偿的各种损害以及损害通常发生期间，受害者只要能够证明自身损害属于"疫苗损害列表"中所列举的情形，且该损害发生于"疫苗损害列表"记载的通常发生期间内，就完成了举证责任，此时损害被推定为是接种疫苗所致。举证负担随后转移到卫生人类服务部，由卫生人类服务部提出反证。如果受害者所受损害未在"疫苗损害列表"中列明，受害者仍可以通过证据优势原则以确定因果关系的存在，从而请求赔偿。法官必须尊重专家的裁决，仅有权对专家裁决中存在的武断、随意和滥用权利的行为进行监督和纠正。[2]

---

〔1〕 参见朱怀祖：《药物责任与消费者保护》，五南图书出版股份有限公司1997年版，第362页。

〔2〕 参见焦艳玲：《药品不良反应法律救济制度研究》，知识产权出版社2011年版，第308～309页。

为减少生产企业巨大的补偿责任而导致的风险,美国政府通过建立基金的模式分散疫苗生产企业的风险。美国在国库内建立专项疫苗损害补偿信托基金,强制补偿范围内的疫苗生产企业或向进口企业征收疫苗税,然后每月根据基金需要所作的估计值为基础从国库中疫苗税中进行拨款。基金来源依据生产者所销售的每支疫苗计算以征收费用,受害人在申请支付后,如果对补偿金额不满或遭到拒绝后,可在死亡 1 年内或受伤 1 年半之内向法院提起诉讼。赔偿范围包括未偿付的医疗费用、未来恢复的费用、收入损失以及对身体和精神痛苦的补偿,所有赔偿的最高上限为 25 万美元。

(六)诉讼模式

美国将药品不良反应损害与疫苗异常区分对待,药品不良反应损害采用侵权诉讼寻求救济,疫苗异常反应采用的行政补偿救济。作为判例法国家,DES 案例就是美国药品不良反应损害的经典案例,经历三审后,加利福尼亚州最高法院判定五家厂商依其市场占有率对受害者承担全部损害赔偿责任,该案件的判决确立了包括药品在内的产品责任诉讼中适用严格责任原则。同时,还创造了通过生产商所占有的市场份额进行责任分配。

药品的两面性,治愈性和毒副作用,患者的生命健康受到损害,也会引致公众对该药品的关注,个体的牺牲保护了公众的健康,社会必须设置相应的救济制度弥补个体经济损失。但是,在药品不良反应损害中适用产品严格责任原则,是不是最优方案,如患者、生产商、公共健康三者之间的利益如何平衡?学者认为,美国对药品不良反应给予侵权法救济,对药品生产商适用严格产品责任原则,加重了生产商的负担,破坏了各方主体之间的平衡。同时,诉讼救济模式存在一些弊端,如耗时长、程序烦琐、费用高昂、举证难等,难以及时填补受害者的损害。

早期,美国对疫苗伤害采取过失侵权救济方式,遭遇疫苗伤害的受害者要获得赔偿,必须证明疫苗生产商存在过错,使受害者几乎没有胜诉的机会。一方面,疫苗本身就被视为一种不可避免的不安全产品(an Unavoidably Unsafe Product);另一方面,法律规定,生产商可以主张发展风险抗辩,对不能预知的、非生产过程的疏忽或错误引起的伤害,生产商不承担责任。在实践中,疫苗受害者根本无法通过证明疫苗存在不合理的危险,而获得赔偿。为缓解该局面,法院提出了“没有告诫理论”(Failure to Warn

Theory),生产商必须对疫苗可能引起的副作用进行充分告诫,否则要对疫苗伤害承担责任。由于“没有告诫理论”没有统一的判断标准,不同法院持有观点“生产商有义务直接告知接种者或接种者的父母”或“生产商只要告知实施接种的医生或机构即可”,同案不同判的情形。结果就出现了,一方面巨额索赔使疫苗价格攀升,另一方面也使很多生产商纷纷退出疫苗生产行业。据统计,至1986年,美国全国仅有两家企业从事脊髓灰质炎疫苗的生产,仅两家企业和两个国家卫生部门生产百日咳、白喉、破伤风三联疫苗,全国疫苗供应非常低。[1] 为了改变这种境况,美国推出了国家儿童疫苗伤害补偿计划,确立对疫苗伤害者的无过错补偿制度。

综上所述,各国根据实际情况确立药品不良反应损害救济模式。采用保险模式,可以通过引入第三方保险公司,转移和分散药品生产企业的部分风险,也减轻了政府的责任。如德国政府在实施药品不良反应损害的救济时,不干预保险公司对资金的具体运转,只注重结果而非过程,只要在有受害人申请补偿时,用于补充的资金充裕即可,补偿金来源主要是投保金额及其运作收益,保险公司需要确定合理的赔付率等指标。采用基金模式,政府主要发挥监督作用,充分发挥政府的宏观调控作用,由基金机构负责药品不良反应损害救济制度的执行。采一般税收模式,由国家财政承担责任,药品生产企业没有任何压力,但不利于药品研发企业重视药品不良反应。也有美国将一般药品不良反应与疫苗异常反应区分对待,一般药品不良反应损害采用诉讼的模式寻求救济,疫苗异常反应政府给予行政补偿救济。

---

[1] See Lisa J. Steel, "National Childhood Vaccine Iniury Compensation Program: Is This The Best We Can Do For Our Children?" *Geo. Wash. L. Rev.* 63, 1994, p. 144.

第四章　瑞典药品不良反应损害的救济制度

以瑞典为代表。作为高社会福利国家，对于药品不良反应损害的受害者偏向于用集团保险制度作为损害补偿方式，于1978年实施了药品保险制度。采用非强制性的制度，其适用范围相当宽，只要是药品不良反应损害，包括成分变质或第三方因素（如误诊所致）者，均可以请求补偿，但因为药品无效、轻微伤害、医学及病人家属可合理忍受的情况、误用或违法使用所致伤害，不属于补偿范围。其补偿金是由药品生产企业依据其市场占有率支付保险费。

一、瑞典药品保险制度

瑞典作为高福利性国家，对药品不良反应损害的救济采集团保险模式。瑞典从1975年开始实施病人伤害保险制度，是一种自愿参加的救济制度，适用对象为与医疗照顾直接相关的人群。20世纪60年代，反应停事件引发的灾难性药害事件，促使瑞典建立药品损害责任制度，立法当局监管制药企业产品的责任，成立了特别药物产品责任委员会，专门讨论药品及其副作用导致的药品损害的责任问题。该委员会在其建议中提出让制药企业支付赔偿金。在这项工作进行期间，制药业与保险业及司法部之间就自愿保险解决措施进行了探讨，最终选择了自愿性药品保险制度的模式。

1978年7月1日，由制药企业组织正式成立药物保险协会(Swedish Pharmaceutical Insurance Association),该协会是为了保护其成员的利益而发展起来的非营利性组织,根据《药品相关损害的赔偿条约》(Undertaking to Pay Compensation for Drug-Related Ijuries)处理有关药品保险和协会内部的事宜。凡是有资格在瑞典从事药品生产或进口药品的企业,都可以成为协会的成员,并且需要签订《药品保险协会规章的协议书》交协会备案。药品保险协会代表其所有成员的利益,以集体保险方式与保险公司签订合约,由保险公司代为协会成员承担赔偿责任,保险费用则由协会成员企业共同承担。[1] 最初参与发起协会的公司有阿斯特拉、费如杉、卡比、里奥和法玛西亚等企业,现参会率已经接近100%。建立药品保险协会的目的是,由其向某一保险公司投保,该保险公司将以中立的方式处理赔偿及支付事宜。医药产业保险业团体之间订立了协议,结成联盟,共同承担风险。

(一)救济条件

瑞典的药物保险制度的适用范围广泛,不限于具有缺陷的药物,凡是属于与药物相关的伤害,成分变质的药物或者因第三人因素导致的伤害(因误诊用错药物),都可进行求偿。在《药品相关损害的赔偿条约》中明确了相关概念,使赔偿给付对象非常清晰。"药品",是指在赔偿范围内的药品,只供人类使用,且符合瑞典药品法的药品,并且是由药品保险协会成员且参与保险的企业提供的。依据《瑞典药品法》相关规定,在瑞典因使用处方药品或是于药房购买的药品治疗所致损害的受害者,同时也包括因临床试验药品和安慰剂造成损害的患者。如果发生不良反应损害的药品,不是由协会成员企业提供的,则赔偿事件不在该制度保险范围内。此时,受害者只能提交到法院诉讼或与制药企业私下协商。"药品损害"定义为"与药品相关的损害",包括以治疗疾病或卫生保健为目的而使用的药品,或临床试验用药品所导致的身体疾病或其他机体功能上的损害。凡是与药品相关的损害,包括药品成分变质、说明书存在缺陷、因第三人因素所致(误诊导致用错药物)导致的额损害,都可以请求赔偿。学者认为,《药品相关损害的赔偿条约》中的所列举的药品损害有所遗漏,如因药品缺乏疗效、故

---

〔1〕 参见唐慧鑫、孙骏:《浅析瑞典药品损害赔偿机制及其药品保险制度》,载《药物警戒》2006年第6期。

意不合理用药所致损害以及轻微损害的赔偿。[1]

凡是在瑞典国内因使用处方药品、药房购买的药品及临床试验用药品而遭受损害的受害者,无论其是否为瑞典公民、损害的发生是否在瑞典国内,均可获得赔偿。但是,如果损害是因受害者服用从国外获得的药品,即使该药品是由瑞典的药品生产商生产,就不在赔偿范围内。

瑞典的药品保险制度,适用于与药物有关的伤害,但赔偿不涵盖因使用自然疗法或顺势疗法药品所致的损害,也不对心理损伤进行赔偿,除非能够证明损伤是来自身体损伤的;同时对药物无效、轻微伤害、就医学及病人家属可合理忍受的情况、误用或违法使用所致伤害,也不列入赔偿范围。具体不给予赔偿的情况如下:

(1)由不属于瑞典药品保险协会成员的药品制造业者或进口者所提供的药品,以及受害人服用从国外获得的药品,则不在本条约适用范围内,即使该药品是由瑞典的药品生产商生产也不行。

(2)根据《医药产品法》,自然疗法药品、规定的外部使用药品(游离药物)和顺势疗法药品,导致的损害。

(3)不支持精神上损害的赔偿。

(4)药物缺乏疗效,过剂量使用,或以非药品用途为使用目的,导致的损害。

(5)在某些特别情况,药物的无害副作用,能够间接导致严重损害事件。如镇静药或催眠药能够降低驾驶员的反应能力,而发生交通事故。

(6)赔偿金不支付给由于洒落药品而滑倒或被药品包装割伤的情况。

(7)医疗提供者违反使用说明书或建议的规定而使用药品,不属于药品相关损害的赔偿,例如,缺乏必要的说明书,属于病人伤害保险。

(8)药品保险协会不对医疗并发症的后果承担赔偿责任,该症状是经合理诊断后,认为病人本身能够承受的,例如,已知一种药物能够产生严重的副作用,但是它是治疗某一严重疾病的必须药品。

(9)受害人使用的处方药品是由非处方权人所开具。包括两种情况:一种情况,受害人使用的处方药不是通过处方得到,如通过不合法的途径供应。

---

〔1〕 参见焦艳玲:《药品不良反应法律救济制度研究》,知识产权出版社2011年版,第208页。

另一种情况，药品确是依据处方购买，却由没有开方权的人所开处方。

(二)救济范围及给付

瑞典的药物保险的赔偿金的数额依据瑞典民法中制定的年度标准来确定，赔偿金的给付内容主要包括：

(1)疼痛补偿(Pain and Suffering)：虽然受害者可以通过一般的健康医疗保险对伤害引起的治疗费用或住院费用得到补偿，但受害者仍有权利就伤害所造成的疼痛和遭遇向药品保险申请补偿。

(2)附加费用补偿(Additional Expenses)：对因伤害所造成的其他费用，受害者有权利追求补偿，但是必须提供相关收据。

(3)收入损失补偿(Loss of Income)：保险公司对生病期间受害者的收入损失进行补偿。

(4)对造成身体缺陷或永久损伤者的补偿(Bodily Defect or Permanent Harm)：如造成永久性损伤，受害者有权申请身体缺陷或永久损伤的补偿。伤残的程度基于专门的标准判定。

(5)永久性的附加费用或不便(Permanent Additional Expenses or Inconvenience)：受害者有权对伤害造成的永久性的附加费用或不便申请补偿。

(6)长期收入损失的补偿(Loss of Income over an Extended Period of Time)：对长期收入损失，受害者也可以申请补偿，补偿通常是以定额形式或年金的形式给付。但是当不能确定受害者是否能继续工作的时候，保险公司将监测受害者的健康状况，直至其健康状况能够确认。

给付金额按照个人状况、药品、年度等定有上限。《药品相关损害的赔偿条约》规定了最高赔偿金额，对每个受害者，包括年金补贴在内最高可获得1000万克朗的赔偿，对于系列损害事件，即同一年内报告的所有受害者最多可获得2亿克朗的赔偿。保险公司所给付的费用，如果已经由其他救济制度给付的则必须予以扣除。[1]

(三)资金来源

瑞典的药物保险制度赔付资金主要来自企业的缴费。医药产业协会与保险集团公司签订协议，药品保险协会代表其所有成员的利益，由保险

---

〔1〕 参见宋瑞霖等：《完善中国药品不良事件救济机制研究》，中国法制出版社2011年版，第67~71页。

公司代为协会成员承担赔偿责任。药品保险协会成员企业需要每年向协会支付年度保险费和成员费，数额根据其自身的规模大小（市场占有率）而定。目前，最低的费用为25,000克朗及每一次临床试验25,000克朗。费用额度每年由协会董事会确定。

（四）申请程序

瑞典建立的药物保险制度，主要救济药物事故的受害者。企业可以通过两种方式购买药品保险：一是单一制药企业购买保险，保险费由企业自行承担；二是几家大制药企业联合购买集团保险，保费共摊、风险共担。受害者除可直接向药品保险公司递交申请外，也可以通过法院诉讼索求赔偿，前者是最简单、便捷的方式，后者则加重举证的负担。瑞典建立药物保险制度几十年以来，选择法院诉讼的寥寥无几。

图4－1为受害者申请药品损害赔偿的流程，受害者申请保险赔付的程序比较简便快捷，根据医疗记录填写申请表格，由保险公司进行审查。主要由保险公司的医疗评估人员和专业医生审查。在审查评估完毕后，保险公司将告知申请人是否有权得到赔偿金。如果申请人对药品保险公司的决议有异议，可以向药物伤害委员会申诉。药物伤害委员会成员由医药领域专家、

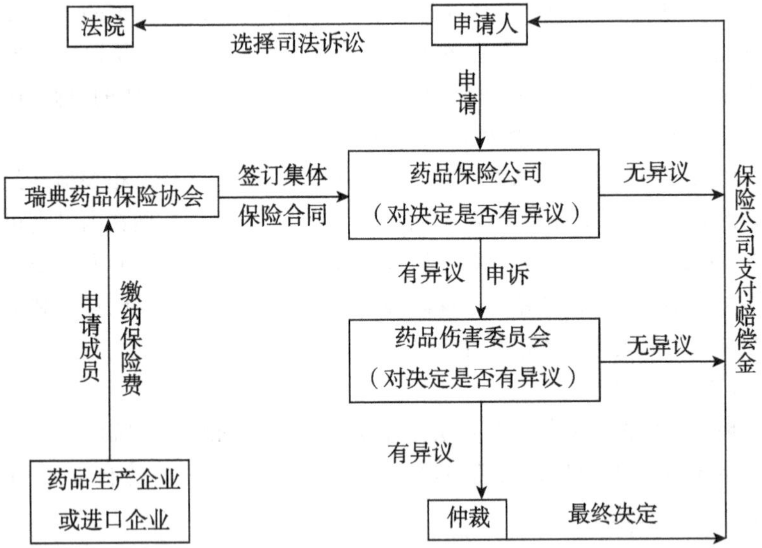

图4－1　瑞典药品损害赔偿的申请流程

业外人士和政府指派的法律专家代表组成。委员会的建议是参考性质的，但药品保险公司通常都采纳其建议。如申请人对药物伤害委员会的建议仍有异议，可以申请仲裁审议，仲裁审议为最终结果。另外，受害者除依据药物保险制度求偿外，仍可保留司法诉讼求偿权或向官方福利委员会申诉。

赔偿金申请有一定的申请时间限制，《药品相关损害的赔偿条约》规定自受害者知道损害事件发生时起，必须于3个月内向保险公司递交申请。此外，还有"绝对期限"的限制，即在受害者停止使用致害药物后的15年内申请，否则视为申请权利自动丧失。在申请递交并审议后，如申请人对保险公司的决定有异议，需在接到通知后的6个月内向药品伤害委员会申诉。同样，对申请仲裁的时间也有相应的限制，即为6个月，否则视为同意该决定。

二、瑞典药品保险制度的实施情况

瑞典的药品保险制度具有非强制性，药品生产商和进口商志愿参加药品保险制度，实践中几乎所有的药品生产商和进口商都已经申请为药品保险协会的成员，瑞典上市的所有药品都已涵盖在药品保险范围内。

（一）药品保险的案件受理情况

自1978年实施药品保险制度以来，到2005年年底受理的药品损害赔偿案件已达到近万件，且案件申请数量有递增趋势。从1996～2005年的10年间，向药品保险公司递交申请的案件累计数已有近6300份。其中，有2139份已经得到赔偿，赔偿金支付额累计已达到290,000,000克朗。图4－2为1978～2002年受理的药品损害赔偿案件数量的统计。

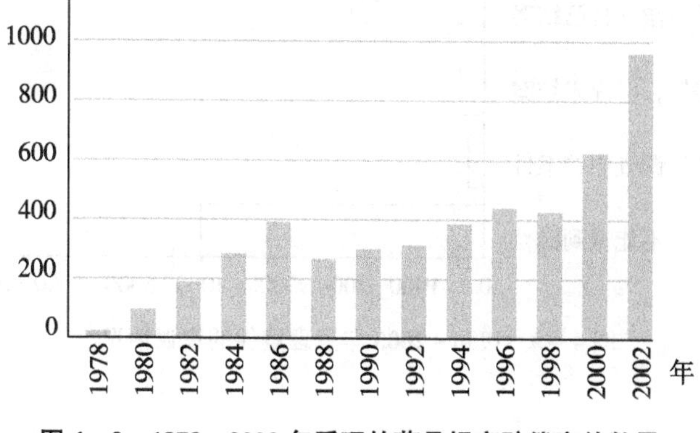

图4－2　1978～2002年受理的药品损害赔偿案件数量

(二)药品保险的理赔情况

在瑞典,药品损害分为系列药品损害和其他单个药品损害。系列药品损害,是指“由一种药品副作用所导致的多人损害”,该损害不应为一种已知的药品所产生的副作用。比如,艾滋病。在瑞典,药品保险的第一起系列损害起因于不知名的SSRI生化物质引发的副作用。在药品保险制度实施中,第一代避孕药引起的药品损害;基于血液制品传播的C型肝炎及艾滋病(80年代末期)的药害事件;第三代避孕药(90年代中期)药害事件;百日咳疫苗接种(90年代末期)药害事件,都引发多起受害者索赔的事宜。

在1996~2005年的10年,通过审议并给予赔偿的案件,按照损害器官来分,排在前几位的有,中枢神经系统占22%;泌尿系统17%;传染病16%;肢体损伤占12%。

(三)药品保险的案件审议周期

案件受理时间,是指自申请人递交申请表时起至收到是否给予赔偿金的决定的时间段。在瑞典,受害者可以自由选择药品保险或通过法律诉讼方式寻求救济。实践中,受害者更倾向于药品保险方式,药品保险的审理时间较法律诉讼短,程序简便。药品保险的审理周期由10年前的6个月缩短到现在的4个月左右,及时救济了受害者。图4-3、图4-4分别为1996~2005年受理案件的审议情况和审理时间。

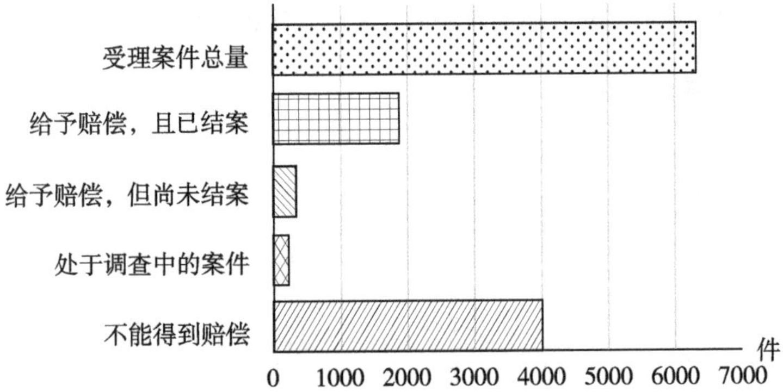

图4-3　1996~2005年受理案件的审议情况

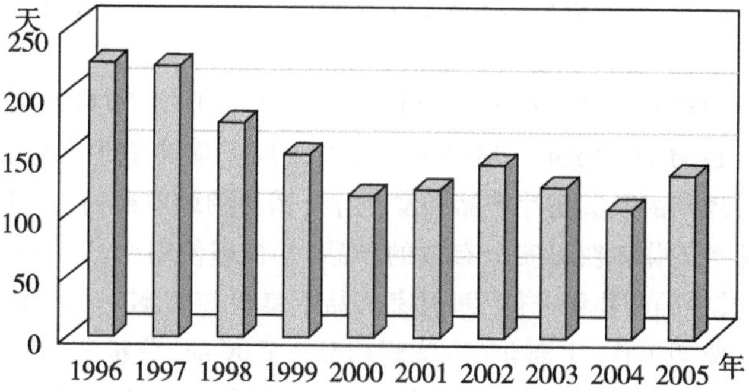

图 4-4 1996~2005 年受理案件的审理时间

瑞典药品保险制度的成功对北欧产生了深远的影响,芬兰、挪威、丹麦纷纷建立相似的制度。1984 年,芬兰按照瑞典模式建立了一种自愿保险;1989 年,挪威通过立法,强制药品生产企业实施药品保险;丹麦由政府支付强制药品保险,但药品生产企业需要对药品所存在的安全隐患要追溯保证,企业必须补偿政府对此前病人支付的药品损害赔偿金。

三、相关制度

保险制度是一种风险分散机制,药品不良反应事件的发生并不能直接阻碍药品生产者生存与发展,同时就消费者而言,一旦损害发生,也能及时获得救济。瑞典药品保险制度的良性运转还与其完备的药品不良反应监测制度和医疗保障制度紧密相连。从 1962 年开始,瑞典就通过各式各样的集体保险和强制保险构建了一个系统的社会保障体系,药品保险制度是其社会保障体系中的一个组成部分,比如在按照药品保险制度求偿时,须扣除通过其他保险制度所获得的赔偿。正因如此,实践中瑞典对药品不良反应的认定虽然宽泛,求偿者众多,但药品损害的赔偿案件几乎没有大额赔偿,并未造成药品保险支付的财务困难。[1]

(一)瑞典药品不良反应监测

1965 年,瑞典建立了药品不良反应(ADR)监测报告制度,1968 年加入 WHO 药品不良反应监测合作机会,是全球最早建立药品不良反应监测系

〔1〕 参见贺红强、翟方明:《论药品不良反应损害救济模式及中国的进路》,载《重庆医学》2012 年第 41 卷第 23 期。

统的国家之一,也是最早加入 WHO 药品不良反应监测合作计划的国家之一。

瑞典的药品不良反应监测机构设在其政府部门:瑞典的医疗产品局(Medical Products Agency,MPA)。MPA 隶属于瑞典卫生社会事务部,负责监督管理药品及其医疗产品开发、生产、销售的政府部门,其任务是确保公众和医务工作者获得安全有效的产品,并合理使用产品。MPA 下设 12 个部门,其中的药物警戒部,即国家药品不良反应监测中心负责药品上市后安全性监测工作,主要包括:监测药品不良反应、分析药品的风险效益比、提供药品安全信息、发布安全性警告、限制产品使用、要求产品撤市等。目前共有 30 余名工作人员,其中 10 余人为医生,其他为药师、秘书及辅助人员。医生负责病例报告的分析评价及发现信号工作。药师负责数据库的更新、维护及信息检索工作。每个月 MPA 有两名资深专家出席欧洲药品评价局(EMEA)药物警戒工作组为期 2 天的会议,讨论欧共体药物警戒问题。除国家中心,MPA 在 7 个地区的大学临床药理学院设立地区中心,其工作人员归属 MPA 管理,由 MPA 支付费用。每个地区中心有 1 ~ 2 名工作人员,通常是护士和药师。

瑞典药品不良反应监测系统的职责,包括药品不良反应数据的收集、整理、分析、评价;按要求向欧洲药品评价局、世界卫生组织的乌普萨拉中心(UMC)提交药品不良反应报告数据;与欧洲药品评价局、制药企业、医务人员、媒体进行有效的沟通和交流;从病例报告数据中发现信号并对上市产品采取相应的管理措施;促进药品不良反应报告工作;负责 EMEA 的决定在瑞典境内的执行。地区中心负责药品不良反应病例报告收集,包括:病例报告收集、整理、向国家中心报告;对本地区医务人员进行宣传、指导;对报告人进行反馈。

瑞典专门颁布了药品不良反应监测的法律、法规。瑞典药物警戒或上市后医疗产品安全性监测工作主要遵循欧共体的议会法规(Council Regulation)和议会法令(Council Directive)。按照欧共体法规 2309/93 和法令 75/319/EEC 要求,成员国必须建立国家药物警戒系统,收集、评价医疗产品的不良反应或副作用,必要时采取适当的行动。此外,欧共体委员会法规(Commission Regulation)540/95 要求药品的非预期不良反应出现新的不良反应必须报告,图 4 – 5 为瑞典药品不良反应报告的程序。

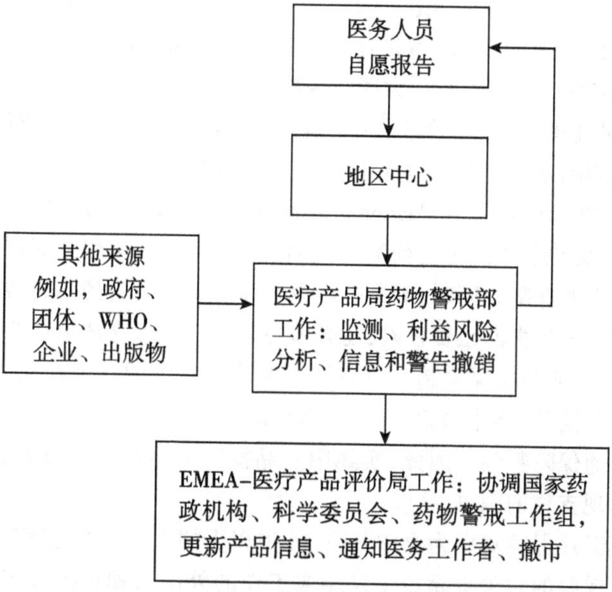

图4-5　瑞典药品不良反应报告的程序

在瑞典，药品不良反应病例报告的收集程序，由基层单位收集ADR报告后，将报告报给地区中心，经过地区中心整理、初步评价后，上报国家中心。地区中心对ADR病例报告进行初步处理后，报告给MPA药物警戒部，由一名药师专门负责将收集的病例报告按品种转给负责的医生，由医生进行分析和评价。药物警戒部每两周召开一次内部的病例讨论会，主要针对认为有意义的病例进行讨论。MPA每半年召开一次国家药品不良反应咨询委员会会议，对相关问题进行讨论。作为WHO药品不良反应监测合作计划成员国，MPA定期向WHO数据库提交数据。[1]

（二）瑞典医疗保障制度

瑞典现行的医疗保障具有医疗保障高福利性、公平性和适宜性。[2]

---

〔1〕　参见田春华、曹立亚：《瑞典药品不良反应监测系统》，载《药物警戒》2005年第2卷第3期。

〔2〕　参见贺红强：《瑞典医疗保障制度对我国的启示和借鉴》，载《中国卫生法制》2013年第21卷第1期。

瑞典全体公民都有包括养老、医疗、失业、伤残、生育保险在内的基本社会保障的权利，其中，医疗保障是社会保障最基本和重要的组成部分。从20世纪30年代起，瑞典逐步扩大医疗保障等福利措施，并且在卫生保健领域推行“全民健康保险”的政策。在1947年开始实行强制性医疗保险制度，这一制度的确立以国会通过规定本国公民必须参加医疗保险的法案为标志。[1] 1962年的保险法（National Insurance Act）中，就为全体国民因为疾病或伤害（无论发生原因为何）所产生的基本医药费用和工资损失提供了一个最基本的保障。同时，瑞典的雇主必须对职场发生的伤害或职业病强制投保雇主无过失赔偿责任险，还必须替其员工投保交通事故险及污染险等。因此，瑞典药品保险制度只是社会保险体系中的一个补充。在《药品相关损害赔偿条约》中规定，支付的药品损害赔偿金，要扣除已获得的社会保险和交通保险数额。因此，实践中药品损害的赔偿几乎没有大额赔偿，就不会出现支付的困难。[2]

瑞典医疗保障对象为全体公民，16岁以下的未成年人随其父母参加医疗保险。保险的对象也涵盖了在瑞典工作的外国人和在国外工作不足一年的瑞典人。医疗保险基金采取现收现付的模式：一般情况下职工个人按照其工资收入缴纳4.95%的社会保险税（其中的6%是用来支付医疗保险税）；用人单位则需要按照职工的工资收入负担32.82%的社会保险税（其中近1/3是用于支付医疗保健和病休补贴的费用）；自谋职业者根据自己的收入情况，要缴纳17%～30%的社会保险税。投保人享受医疗保险主要待遇包括：医疗保健费用、疾病津贴、牙科治疗补贴、药品费用及产妇津贴。

瑞典政府为了实现医疗保障的公平性，在各社区建立了基础的医疗服务机构及健康服务中心，各省、市政府根据本地具体情况自行确定这些中心和医疗门诊挂号的费用标准。为限制个人负担，瑞典政府规定了最高收费限制，住院费为每天80克朗。基本医疗费用根据各省的条件在100～200克朗。专家门诊可以收取额外费用，但不得超过300克朗。患者在一年内支付医疗费用达到900克朗后，从初诊开始的12个月内，可以免费就

〔1〕 参见刘荣、吕伟、于立安：《瑞典的医疗卫生保险服务探析》，载《云南行政学院学报》2011年第1期。

〔2〕 参见唐慧鑫、孙骏：《浅析瑞典药品损害赔偿机制及其药品保险制度》，载《药物警戒》2006年第3卷第6期。

诊。此外,对于处方医疗也有类似的限额规定,这样就使所有居民在 12 个月内所支付的医疗费最高限额即为 1800 克朗。而瑞典人的月收入最低为 1.3 万克朗,也就使医疗负担占其支出的比例不大。[1]

---

〔1〕 参见雷达:《瑞典:把医疗安全网覆盖到每一位公民》,载 https://world.people.com.cn/GB/14549/6909517.html.2012-08-14,最后访问日期:2019 年 11 月 5 日。

第五章　美国药品不良反应损害的救济制度

一、典型案例

（一）DES 安胎剂案

DES 安胎剂案（乙烯雌酚），DES 是一种人工合成激素，主要作用在于帮助孕妇预防流产，是美国药品不良反应损害的典型案例。美国食品与药品管理局（FDA）在 1941 年批准投放市场了一种保胎药，孕妇服用这种药后可以预防流产。在 1941～1971 年，全美共有一两百个厂家生产过这种药物。20 世纪 70 年代末期，美国的科学家发现 DES 有副作用，在服用者的下一代身上才会体现出来：它会导致服用过 DES 的孕妇产下的女儿患癌症，发病率高达 30%～90%。后来有成千上万的妇女因其母亲在妊娠期间服用 DES 而得了这种疾病。加利福尼亚州最高法院审判了辛德尔诉阿伯特实验室（Sindell v. Abbot Laboratories）一案，原告辛德尔的母亲怀孕期间服用了此药物，致使原告成年之后得了癌症，但由于年代久远，原告已无法证明她母亲所使用的是哪一家制药厂生产的 DES，原告和其他受害者以生产该药且市场占有率达 90% 以上的 5 家药厂为共同被告，起诉请求赔偿。

一审法院以原告无法提出证据证明其母亲服用了哪家药厂的药物为由，驳回原告起诉。二审法院将举证责任转移至 5 名被告，如被告无法证明原告的母亲服用的不是该制药厂的产品，便须依据各自所占的市场份额的大小来承担赔偿责任，市场份额成为衡量被告产品致害可能性大小的依据。法院认为，被告的市场份额越大，其卖药给原告母亲的可能性也就越大。5名被告均无法证明原告服用的DES不是本厂生产的，法院判决5名被告按照各自产品在市场上所占的份额对原告进行赔偿。最后法院认定5家药厂有过失，每家药厂须为损害的发生负全部赔偿责任。被告不服，上诉至加利福尼亚州最高法院，并提出工艺水平抗辩，加利福尼亚州最高法院驳回被告的工艺水平抗辩，判决各被告依其市场占有比例分担损害赔偿责任。

自从美国加利福尼亚州法院在Greenman v. Yuba Power Inc〔1〕案中确立产品严格责任原则以来，包括药品在内的产品责任诉讼一般都采用严格责任。在DES案中，加利福尼亚州最高法院否定了制药厂提出的工艺水平抗辩，并科以其巨额赔偿金，属于美国在药品不良反应损害赔偿中适用严格责任的典范。同时，法官根据药厂在市场销售的占有率，认定药厂的行为与损害存在因果关系，并按照市场占有率确定损害赔偿责任。以被告所占有的市场份额来确认责任的主体，具有当时需要实现的社会公正性：一般而言，生产厂商所占市场份额越大，所获利润越多，其作为责任主体应承担的赔偿数额也就相应越大。1980年，美国加利福尼亚州最高法院审理该案的Mosk法官指出：现有的产品责任理论和共同协力行为理论均不适用于DES诉讼，而应选用一种新的理论，即市场份额责任理论。Mosk法官以制造商在市场销售药物之占有率，认定制造商之行为与损害存在因果关系，并按市场占有率确定损害赔偿责任。使用该理论的理由在于，药物不良反应之损害，通常有延续性，有时药物造成之损害是几代人所无法避免的。在DES案中，原告虽不能确认具体的生产者，但可确认生产同种产品的生产者，则这些生产者都被确定为被告，任何一个被告只有证明自己的产品未被受害人（或其母亲）使用才能免责，否则即应承担赔偿责任。〔2〕最后，加利福尼亚州最高法院作出这个判例后，美国其他州法院在处理本州内的DES案件及类似DES的缺陷产品侵权诉讼时纷纷效仿，在全国确

---

〔1〕 See 59, cal. 2d 57, 27 eal. Rptr, 697, 377p. 2d 897(1963).

〔2〕 See Sindell v. Abbott Laboratories, Supreme Court of California 26 Cal. 3d 588, 163cal. Rptr. 132, 607 p. 2d 924(1980).

立了市场份额责任理论。由于这一理论以被告所占有的市场份额来确认责任的主体，因而具有实际意义的公正性。一般来说，生产商占市场份额越大，所获利润越多，其作为责任主体应承担的赔偿数额也就相应越大。后来，德国学者也肯认市场占有率责任理论可适用上述责任主体不明之案件。[1]

（二）拜斯亭案

拜斯亭是德国拜耳公司推出的治疗高血压的抑制素，1997年进入市场，2001年8月8日拜耳公司宣布将该药从全球医药市场撤出。自全球上市起至撤市时，全世界80多个国家有超过600万名患者服用过该药。1998年，美国食品与药物管理局（FDA）批准了拜斯亭进入美国市场。

美国俄克拉荷马州一位87岁老人的儿子第一个提起诉讼，老人去世前，曾服用三个星期的拜斯亭，其家人要求拜耳公司至少赔偿7.5万美元。美国约有70万人服用过拜斯亭，当时被称为“制药历史上最大的诉讼案之一”。在第一批不良反应报告出现后，FDA修改了拜斯亭的药品标签，在其包装上添加了警告信息，并向医疗专家陆续发出了两次安全警告，告诫医师不要给患者使用高剂量的拜斯亭，或者与吉非贝奇混用。到2001年，因服用拜斯亭而死亡的已达52例，仅仅美国的死亡报告就为31例，FDA督促拜耳公司撤市。2001年8月8日，拜耳公司从美国市场撤出。

（三）万络案

1999年5月21日，FDA批准默克公司生产的万络上市，是用以治疗关节炎的止痛剂，其良好的消炎效果因显著于同类产品的胃安全性[2]而大受欢迎，使用者一度达到数千万人，据报道仅2003年万络的销售额就高达25亿美元。万络在上市前经过了5000余人的随机双盲对照临床试验，但2001年8月22日，美国克利夫兰临床研究中心的专家报道了关于万络的一份研究结果，建议应该进行有关这类药物对心血管疾病影响的试验。[3]

---

〔1〕 参见叶正明：《国外药品不良反应损害救济制度述评及其对我们的启示》，载《时代法学》2005年第1期。

〔2〕 参见董怡：《从罗布罗非撤市看药品不良反应及其监测》，载《中国药物警戒》2005年第3期。所谓高的胃安全性，是指其作为新一类的非甾体抗炎药（NAIDss）既具有与传统产品相同的镇痛、抗炎、解热作用，不同的是它导致的肠胃溃疡、出血、穿孔、梗阻等不良反应明显低于传统NAIDss药物。

〔3〕 参见李行：《罗布罗非心血管事件始末》，载《中国处方药》2004年第11期。

2002 年,由 8000 人参加的旨在研究万络胃肠道安全性的试验证实了该药品的严重心血管不良反应。FDA 要求默克公司修改药品标签,添加了该药可能引发高血压和其他心脏病的警告。2004 年 8 月 25 日,FDA 药品安全办公室在法国波尔多召开的第 20 届药物流行病学和治疗风险处理国家会议上公布了对该药的研究成果,通过对 140 万份病历记录的研究,大剂量的万络服用者与不使用万络的人相比,患心肌梗死和心脏猝死的危险增加了 3 倍,服用罗非昔布可能已经引起了超过 2.7 万次的心脏病发作和心脏性猝死。研究公布后,默克公司于 2004 年 9 月将万络撤出市场。

美国得克萨斯州一名患者服用默克医药公司生产的镇痛药万络,2001 年 5 月心脏病突发猝死,患者遗孀一纸诉状把默克公司告上法庭。2005 年 8 月 19 日,得克萨斯州安格尔顿一家法院判决默克公司出于疏忽,把具有争议的关节炎镇痛药万络投入市场,对万络服用者罗伯特·厄恩斯特的猝死负有责任,责令公司赔偿死者遗孀卡罗尔·厄恩斯特各项费用 2.53 亿美元。法院裁决的 2.53 亿美元巨额赔款中包括 45 万美元经济损失赔偿(患者罗伯特·厄恩斯特生前是沃尔玛公司产品经理的薪水)、2400 万美元精神损失赔偿和丧偶补偿费,以及 2.29 亿美元惩罚性损失赔偿。

在万络案件中,法官确立了药品不良反应损害赔偿案件的赔偿范围,除了财产损害赔偿外还包括精神损害赔偿及惩罚性损失赔偿。默克公司作为制药公司,赔偿死者遗孀的费用包括:经济损失赔偿、精神损失赔偿及惩罚性损失赔偿。

二、美国的产品责任规则

美国没有建立专门针对药品不良反应损害救济法律体系,主要依据产品责任法规制度,如《侵权责任法》《联邦食品、药品和化妆品法》《统一产品责任示范法》等,包括药品在内的产品责任赔偿一般都采用严格责任制。

(一)美国的产品责任立法历程

根据美国《布莱克法律辞典》的规定,产品责任是指:"生产者和销售者对于因其制造和出售有缺陷的产品而使该产品的购买者、使用者及第三者遭受人身伤害或财产损失而进行赔偿的法律责任。"按照有关美国法律的解释,产品责任是一种侵权责任。受害人可以仅通过证明产品存在缺陷,并且这种缺陷造成了对受害人的损害,而无须证明生产者或销售者对缺陷的存在具有过失,即可请求给予赔偿。因此,美国的产品责任法是一种以严格责任为主要归责原则的特殊的侵权行为法。

美国的产品责任的立法表现形式多样,既有习惯法(common law),又有成文法(statute law),包括各州产品责任立法及判例,适用于各州的有关产品责任的规定、判例,也包括对司法实践有指导作用的产品责任示范法。但是,美国现在并无统一的联邦产品责任法。为了统一各州产品责任法,美国商务部于1979年1月公布了《统一产品责任示范法》(Model Uniform Product Lability Act),[1]作为专家建议文本,供各州在立法及司法中参考适用。此外,美国参议院商业科学和运输委员会下设的消费特别委员会于1982年公布的《产品责任法议案》以及美国法学会(The American Law Institute)编撰的《第二次侵权法重述:产品责任》(1965年版)[2]在统一各州的产品责任法方面也起到了重要作用。特别是1997年5月20日,美国法学会通过了新的产品责任法重述——《第二次侵权法重述:产品责任》,该法特别针对零部件、处方药品、医疗器械、食品和旧商品给予了特殊的规定。此外,于2000年美国法学会又制定了《第三次侵权法重述:责任分配》(Restatement of the Law Third, Torts: Apportionment of Liability)[3]做了进一步补充,标志着美国产品责任法的发展又进入了一个新阶段。

(二)美国产品责任法的归责理论

产品责任法的归责理论,是指缺陷产品的制造者或销售者承担赔偿责任的责任基础,即缺陷产品提供者依据何种法律关系承担责任。美国产品责任法归责理论经历了疏忽责任——担保责任——严格责任的发展过程。

1916年,美国纽约上诉法院通过审理麦克弗森诉别克汽车公司(Macpherson v. Buick Motor Company)案,首先运用侵权行为理论确定产品责任,并创立了疏忽责任原则。但是由于原告在以疏忽责任理论向法院提起诉讼时必须证明被告存在谨慎的注意义务并且未能尽到该义务,而这种举证的负担对原告来说过于沉重,因此美国在1932年巴克斯特诉福特汽车

---

〔1〕 参见国家技术监督局政策法规司编:《国外产品质量与产品责任法规选编》,中国计量出版社1992年版,第89页。

〔2〕 参见[美]肯尼斯·S.亚伯拉罕、阿尔伯特·C.泰特选编:《侵权法重述——纲要》,许传玺、石宏等译,许传玺审校,法律出版社2006年版,第45页。

〔3〕 参见[美]肯尼斯·S.亚伯拉罕、阿尔伯特·C.泰特选编:《侵权法重述——纲要》,许传玺、石宏等译,许传玺审校,法律出版社2006年版,第48页。

公司(Baxter v. Ford Motor Co.)案中将契约法上的担保责任引入到侵权法中,即只要产品提供者所提供的产品不具有明示或默示的品质担保,无论受损者是否为缔约的另一方当事人,都应该从提供人那里获得赔偿。后来这一理论获得进一步发展。20 世纪 60 年代,美国法院在审理格林曼诉尤巴电器公司(Greeman v. Yuba Power Products Inc.)案中,全面阐释了严格责任理论,认为只要制造商将其产品投放市场,又明知使用者对其产品不经验证就使用,只需要证明该产品的缺陷对人造成了损害,制造商就应对损害承担严格责任。严格责任体现了这样一种社会公共政策原则,即由经济条件决定的缺陷产品所致损害的费用,应当由将此类产品投放市场获得利润并且最有能力了解和控制缺陷产品损害风险的制造者来承担。

美国产品责任法的归责理论:

(1)疏忽责任

疏忽责任,是指产品的制造者或销售者在生产或销售过程中因主观上的疏忽导致产品有缺陷,而造成产品的消费者或使用者遭受损害应当承担的责任。作为一种侵权责任,产品缺陷的受害人以疏忽责任为理由寻求法律救济时,应负有举证责任,受害人必须证明以下事实:

第一,被告负有“合理注意”的义务。根据美国法律对“疏忽”的认定标准,认为如果产品提供者没有像“一个理智和谨慎的人”那样尽“合理注意”的义务,那么他就是疏忽的,应对这种疏忽造成的损害承担责任。由于这种制造者或销售者的“合理注意”的义务是法律所规定的,因此原告证明比较容易。

第二,被告没有尽“合理注意”的义务,即被告有疏忽之处。根据《美国侵权行为法重述》的规定,原告在证明这一事实时,可以从这样几个方面举证:首先,被告已经预见或可以预见的产品缺陷未给予必要的提醒或警示;其次,被告没有认真充分地检查产品的缺陷和质量,导致产品缺陷的存在;最后,被告的生产或设计不合理或有明显的危险,或达不到工业产品的通常标准。

第三,由于被告的疏忽,造成原告的损害,即证明损害与使用缺陷产品有因果关系。由于疏忽责任是一种独立的侵权责任,因此它不要求依据疏忽责任提起损害赔偿之诉的原告与作为被告的产品提供者之间存有合同关系,这给非产品买方的受害人提供了法律保护的依据。但是,由于现代科技的发展使产品的生产和销售日益复杂,要求受害人对产品提供者的“疏忽”进行举证也是异常困难的,因此美国法规定缺陷产品的受害人可以通过证明产品提供者违反某项关于产品品质、质量、检验、推销等方面的法律或法规来证明其存在疏忽;或者在一些特殊的案例中,美国法院判决依疏忽责任提起的产品责任之诉适用举证责任倒置,即由被告证明自己对某一损害事实的发生没有过错,否则就承担责任。这样从平衡救济的角度来克服疏忽责任制度本身的缺陷。因此,即便是在普遍采用严格责任的今日之美国,以疏忽责任为依据进行产品责任诉讼的案件也并没有消失。

(2)违反担保

担保责任是合同法上的责任,根据美国《统一商法典》的规定,卖方对其交付的货物的品质负有保证符合合同条款要求的义务。担保义务分为明示担保和默示担保,前者是由订立合同的双方意思表示一致所决定的,后者是由法律所规定的。由于明示担保通常是记载于合同之内,或者记载于产品标签、广告或使用说明书之上,特别是后者,对广大的消费者构成了一种广泛的品质担保。

(3)严格责任

严格责任,是指受害人只要能够证明产品有缺陷,产品的制造人或销售者就应承担赔偿责任的法律制度。严格责任最早是由美国创设的。1965 年《美国第二次侵权法重述》第 402 条 A 款具体反映了严格责任理论的基本精神,且 402A 节已于 1997 年被新颁布的《美国第三次侵权法重述:产品责任》所替代。

402A 节规定如下:

1. 凡销售任何有缺陷的产品而给消费者或使用者带来不合理的危险的人,对因此给消费者或使用者的人身伤害或财产损害负有责任,如果:

A. 销售者从事经营出售此种产品;

B. 预期转到消费者或者使用者手中时,其销售时的条件没有重大变化。

2. 即使有下述情况,仍适用前款规定:

A. 销售者在准备销售和出售其产品时已经尽到一切可能的注意;而且

B. 消费者或使用者没有从销售者手中购买产品以及与销售者没有任何合同关系。

此后,1979 年《统一产品责任示范法》、1982 年《统一产品责任议案》以及美国《统一商法典》都基本上采用了严格责任原则。一般认为严格责任就是侵权法上的无过错责任规则(Strict Liability in Tort)。

三、药品不良反应损害救济

美国将药品不良反应损害救济和疫苗异常反应补偿区分对待,药品纳入特殊产品的范畴,药品不良反应损害采用侵权诉讼得到赔偿。依据《侵权法》规定,销售者出售任何有可能给消费者本身或财产带来不合理、危险的产品,且产品自出售至消费者手中并没有发生实质性变化,那么销售者对因产品造成的消费者的人身伤害或财产损害负侵权责任。疫苗异常反应补偿则是根据1986年订立的《国家儿童疫苗损害法案》推行无过错补偿机制,受害人只需向法院提出补偿申请,证明其损害与疫苗直接或间接的关联性,经专门的疫苗伤害赔偿机构的医学专家认定后由法院做出赔付决定。

美国药品不良反应损害救济沿用产品损害的赔偿方式,以赔偿为主,兼有惩罚性质,主要包括人身损害赔偿和财产的损害赔偿,具体包括受害人治疗全过程的医疗费用、谋生能力的补偿、身体及精神损失补偿费用等及受到财产损害的直接经济损失。疫苗异常反应一旦被确认是致命的,就自动获得25万美元的赔偿,此外,还获得预期和实际收入差距损失赔偿及精神损失费。[1]

美国药品不良反应救济体制属于民事侵权赔偿和社会补偿体系的结合,其救济资金,一方面来自政府税收支持的社会保障资金,另一方面来自药品生产企业,各制药企业根据市场销售的占有率分担损害赔偿责任,市场份额越大,所获利润越多,其承担的赔偿份额也相应越大,制药企业则可通过投保责任险的方式分散损害风险,减轻压力。[2]

(一)法律规制

1.《美国联邦食品、药品和化妆品法案》

1938年颁布的《美国联邦食品、药品和化妆品法案》(常缩写为FFDCA,FDCA,或FD & C)是美国国会在1938年通过的一系列法案的总称,首次从法律上限定了药品的安全性,要求在1938年后投放市场的所有新药

〔1〕 参见何达、储藏、陈盛新:《美国对药品不良反应引发药害事件的赔偿及其启示》,载《中国药事》2009年第10期。

〔2〕 参见何达、储藏、陈盛新:《美国对药品不良反应引发药害事件的赔偿及其启示》,载《中国药事》2009年第10期。

产品应当在销售前证实供人用是安全的,保障用药的安全。该法案赋予美国食品药品监督管理局(FDA)监督监管食品安全、药品及化妆品的权力。催生该法案的主要原因之一是因为一种磺胺药物中所使用的溶剂二甘醇导致100多名病人死亡。该法案第2章第9条《制造商的保证》规定:“根据本法,只要经销商能与相应的批发商、制造商,或者他在美国居住的当事方签订保证书,证明这些物品不是本法规定意义上的掺假或错误标识物品,经销商就不会被起诉。在这种情况下,上述一方或各方,就要承担本法规定的、对经销商的起诉、罚款和其他附加处罚责任。”

2.《美国第二次侵权法重述》

《美国第二次侵权法重述》第402条A款规定:“(1)任何人出售任何有可能给使用者、消费者或其财产带来不合理危险的瑕疵产品的,如果(a)销售者是从事销售此种产品的人并且(b)在出售后产品实际达到预期的使用者或消费者手中而并没有发生实质性变化的,那么他对于因此而造成的最终使用者或消费者的人身伤害或财产损害应负侵权责任。(2)尽管(a)销售者在出售产品前和出售其产品时已经尽力所有可能的注意义务,而且(b)使用者或消费者并不是从该销售者处购得该瑕疵产品,或双方没有缔结任何合同,仍适用前款规定。”

第402条A款确立的规则是一种严格责任原则,在其第k条评述中,主要针对处方药品的产品设计瑕疵。其内容在讨论“不可避免的不安全产品”(Unavoidably Unsafe Products)时认为:“在现有的人类知识水平下,存在着一些产品,制造商难以保证这些产品对它们的预期目的和通常用途而言能达到完全安全。尤其在医药领域,这种情况更为普遍……这种产品,如果经过适当的售前准备、有合理的配套说明和警示,不属于瑕疵产品,也不具有不合理的危险性……同时,此类产品的销售者,具有资格认证,能够保证适当的售前准备和销售,并且做出了符合产品要求的适当警告,不应当对因使用该产品造成的不幸后果负严格责任人。”

因此,各国建立了药品分类管理制度,将安全性不易于控制的药品划分为处方药,特别是针对新药或处在试验阶段的药品,因为缺少足够的医疗经验,不可能保证这些药品的安全性或其成分的纯度。但是,对于已有医疗经验的药品,虽然在医学上已经认识到具有风险(正当理由),即使在生产、销售和警示上都没有过错,但对因药品的使用而发生的不良事件,生产者亦应承担严格责任。[1]

(二)赔偿制度

1. 惩罚性损害赔偿制度

万络案件确立了药品不良反应损害适用惩罚性损害赔偿制度,源于:一是加害人实施了一定程度的恶性行为;二是决定惩罚性损害赔偿额时,并非考虑受害人的损害,而主要以加害人不法行为时的行为样态为出发点。惩罚性损害赔偿制度具有对被告的制裁功能、预防类似事件再次发生的功能、促进受害人指责不法行为的功能和补偿受害人诉讼费用的功能。因此,建立和完善药品不良反应损害赔偿制度时,应该包括经济性赔偿(医疗费、误工费、住院伙食补助费等)、精神性赔偿(精神损害抚慰金)和惩罚性赔偿三种类别。

2. 界定药品质量缺陷和药品不良反应损害的法定标准

具有药品不良反应的药品虽是合格产品,但仍应归类于缺陷产品之列,原因在于:(1)生产者主观逃避法律责任可能性的存在;(2)在制定国家、行业标准过程中,生产者往往拥有较大的发言权,而消费者却未能参与意见;(3)标准的制定和修改是一个相对滞后的过程,以国家、行业标准作为认定法律责任主要依据的做法欠妥;(4)不符合国际惯例。美国《侵权法》规定了合格药品的不良反应属于药品缺陷,是"不合理风险",应当依法承担相应的赔偿责任,是不可避免的不安全产品。[2]

(三)实施机构

FDA是由美国国会授权,负责执行《联邦食品、药品和化妆品法案》和管理药品、医疗器械、保健品、食品及化妆品的联邦执法机构。该机构与每一位美国公民的生活都息息相关。在国际上,FDA被公认为是世界上最大的食品与药物管理机构之一。其他许多国家都通过寻求和接受FDA的帮助来促进并监控其本国产品的安全。其管理范围包括:食品、药品(包括兽药)、医疗器械、微生物制品、化妆品、动物食品和药品、有辐射的产品及其监督检验;产品在使用或消费过程中产生的离子、非离子辐射影响人类健

[1] 参见[美]肯尼斯·S. 亚伯拉罕、阿尔伯特·C. 泰特选编:《侵权法重述——纲要》,许传玺、石宏等译,许传玺审校,法律出版社2006年版,第51页。

[2] 参见杨悦、李野:《药品不良反应涉及的法律责任研究》,载《中国药房》2005年第17期。

康和安全项目的测试、检验和出证。根据规定,上述产品必须经过 FDA 检验证明安全后,方可在市场上销售。FDA 有权对生产厂家进行视察、有权对违法者提出起诉。对进入美国市场的各种食品、药品,FDA 也制定了相应的法规进行认证,并对认证的包装、标示以及检测、试验的方法都做了明确的规定。在具体的监管中,FDA 对具有潜在危害的或缺陷的产品采取召回程序,这是企业自动采用的一种召回行动。FDA 可以要求相关公司实施,并监督整个召回程序,还可以审阅公司报告、对零售和批发进行审计等措施,核实召回程序的有效性。如果生产或销售商不愿意发布通知,FDA 有权在每周一次的政府刊物上发布该公共通知和健康损害分类。FDA 的职能在于通过保证药品、生物制剂、医疗设备、食品供应、化妆品以及辐射产品的安全和功效来保护公众健康。还致力于促进药品食品在效用、安全性和价格上的改革,并帮助公众获得正确科学的信息。[1]

在美国的联邦法典第 21 篇专题中,界定了药品上市后不良反应,"任何药品用于人身时产生的不良反应事件,无论导致该事件的原因是否与药品有关。"这些事件包括:药品试验中使用药品引发的不良事件;意外或故意用药过量引起的不良反应;药品撤销引起的不良反应,以及任何其他意料中的用药行为失败。[2] FDA 负责监管美国药品不良反应,拥有一套完善的信息收集、信息评价、信息利用和信息发布机制。FDA 的机构主要包括三个部分:FDA 局长办公室、6 个产品中心和监管事务办公室,见表 5 - 1,FDA 各部门行使监管药品不良反应的分类。

表 5 - 1 药品不良反应监管中各部门职能一览[3]

监测环节	负责部门	职　　能
不良反应报告收集	ODS 的监管研究与交流中心	监管 MedWatch 不良反应信息收集系统

[1] See FDA's Mssion Statement, https://www. fda. gov/opacom/morechoices/mission. html.

[2] See CFR 21 314,80 Postmarketing reporting of adverse drug experiences.

[3] 参见曹立亚、郭林主编:《美国药品安全监管历程与监测体系》,中国医药科技出版社 2006 年版,第 146 页。

续表

监测环节	负责部门	职　　能
不良反应报告评审	ODS 的药品风险评价部	评估报告
	ODS 的医疗错误和技术持部	协助评估报告
	ODS 的监管研究与交流部	协助评估报告
评审后采取的措施	新药办公室(OND)	给药厂发信,要求其更改标签、撤市等
	协调办公室(Office of Complicance)	发警告信,强制管理等
对外交流	ODS 的监管研究与交流部	给医生等发最新信息

FDA 的药品不良反应监管体系是由报告信息收集、信息分析评审和信息利用三个环节构成。药品不良反应信息的收集,主要有两大渠道,一是 MedWatch 自愿报告系统,二是制药企业强制报告系统。前者供医疗专家和医疗产品使用者自愿提交药品不良事件报告,直接服务于药品不良反应监测的专业资料库。后者是指药品和生物制剂的生产者、销售者在获知不良反应发生时,必须提交法定形式的报告。FDA 通过对药品上市后的评审进行监管,推动公众健康。当评审报告显示药品确实存在安全隐患时,FDA 采取相应的措施,比如修改药品标签、药品包装添加警告信息直至召回、撤市等。

(四)责任主体

根据美国 1979 年《统一产品责任示范法》第 102、104、105 条的规定,产品的销售者及制造者为承担产品责任的主体,其中产品制造者是在产品出售给使用者或消费者之前,设计、生产、制作、组装、建造或者加工相关产品或产品组件的自然人或实体;还包括不是但自称是制造者的产品销售者或实体;此外制造者还包括主要经营产品批发、分销或者零售业务的产品销售者,但这些销售者局限于在销售前设计、生产、制作、组装、建造或者加工该产品的情形。所谓产品销售者是指从事产品销售业务的任何自然人或者实体,而无论交易是为了使用、消费或者再消费。销售者包括产品制造者、批发商、分销商和零售商,也包括产品的出租人和行纪人,见图 5-1。

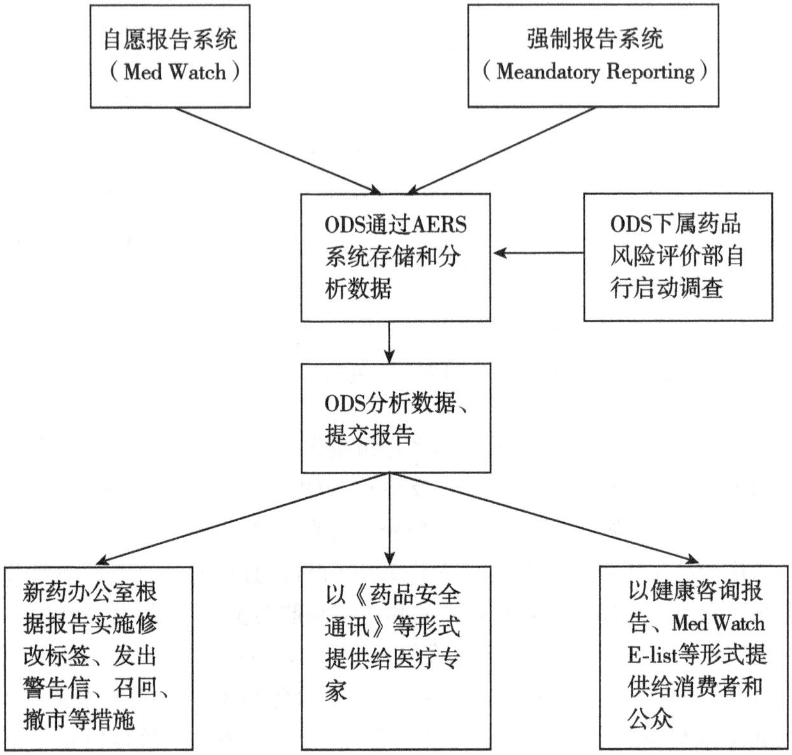

图5-1 药品不良反应监控流程〔1〕

美国法倾向于将产品责任的承担主体做扩大的解释,以便于保护消费者的利益。但是根据美国法的规定,并不是所有的责任主体都无例外地承担严格责任,而是针对具体的情况分别依据侵权行为法的过失责任和严格责任两个领域确定责任主体所应当承担的责任。

按照美国法律的规定,凡是人身或财产遭受缺陷产品损害的当事人,无论其是否与产品提供者订立产品买卖合同,都有权要求产品的制造者或销售者向其承担责任。也就是说,请求赔偿的主体并不局限于合同关系的对方当事人,任何遭到缺陷产品侵害的产品的使用者、消费者或第三者,都

〔1〕 参见何兵、昌君:《美国药品安全突发事件的预防与应对机制》,载《中国政法大学学报》2008年第3期。

构成产品责任的请求赔偿主体。

(五)举证责任

美国法认为当缺陷产品的受害人以严格责任为基础要求产品提供者承担损害赔偿责任时,必须证明:

第一,产品存在缺陷。《美国第二次侵权法重述》规定,受害人仅证明产品有缺陷也是不够的,还必须进一步证明产品的缺陷给消费者或使用者带来不合理的危险。

第二,产品出厂时缺陷已经存在。如果受害人无法以有效的方法证明产品的缺陷在出厂时业已存在,也可用自己按照产品的使用说明正确地使用了产品的方法反证缺陷在出厂前已经存在。

第三,损害与产品缺陷之间有因果关系。

(六)损害赔偿范围

根据美国国会1981年通过的《产品责任风险保留法案》(Product Liability Risk Retention Act)对产品责任的定义,"产品责任是由于人体伤害、死亡、心灵创伤,随之发生的经济损失或财产损失(包括由财产失去使用价值而造成的损失)等一系列损害赔偿",可见,产品责任损害赔偿的范围包括缺陷产品造成的精神痛苦、肢体痛苦和纯经济损失等任何损害,这些都可以要求损害赔偿。

美国对产品损害的赔偿采用全面赔偿(精神损失和财产损失)为主,兼有惩罚性的原则。根据《美国第二次侵权法重述》第904~908节的规定,赔偿责任包括:

第一,关于人身损害赔偿。根据美国1981年《产品责任风险保留法案》和《统一产品责任示范法》的规定,关于人身伤害的损害不仅涉及受害人的可预见性的医疗性支出,还对受害人因伤残、生病所遭受的痛苦、疼痛等予以补偿。具体包括:(1)受害人过去和将来必要合理的医疗费用;(2)受害人生计上的损失以及失去谋生能力的额补偿;(3)受害人肉体及精神痛苦的补偿等。如果因产品缺陷致人死亡,根据有关法律的规定,可由死者的遗嘱执行人或遗产管理人或死者的遗产继承人或受益人向产品提供者主张权利并获得赔偿。在司法实践中,美国法院对受害人人身损害赔偿判定的数额较大,往往大于实际支出的医疗费用及他的实际开支,并且对精神损害的赔偿额占赔偿总额的大部分。

第二,关于财产的损害赔偿。产品责任法上的财产损害通常是指缺陷产品之外的其他财产的损坏、毁灭,而对于产品本身则可依据买卖合同获得赔偿。财产损害的赔偿一般认为只是受到损害财产的直接经济损失,但1981年的《产品责任风险保留法案》已将不能投入运营、因机器设备被损坏不能投入生产等间接丧失的营业收入、列入财产损害赔偿的范围,并在一些法院的判例中获得支持。

第三,关于惩罚性损害赔偿。所谓惩罚性损害赔偿,是指侵权行为人恶意实施某种行为,或对行为有重大过失时,以对行为人实施惩罚性和追求一般抑制效果为目的,法院在判令行为人支付通常赔偿金的同时,还可以判令行为人支付高于受害人实际损失的赔偿金。惩罚性赔偿制度是美国产品责任法的一项重要制度。《统一产品责任示范法》第120条规定:"原告通过明显的令人信服的证据证明,由于销售者对产品使用者、消费者或可能受到产品损害的其他人员的安全采取轻率漠视的态度,致使原告受到损害。原告可以得到惩罚性损害赔偿。"惩罚性损害赔偿在美国被广泛地加以应用,但是由于其对于加害人而言并非一个必须加以给付的赔偿,因此对惩罚性赔偿金的适用,法院要综合考虑一些因素后,才能确定是否给予惩罚性赔偿以及金额数,包括:(1)在相关时间内,产品销售者的不当行为造成严惩损害的可能性;(2)产品的销售者对上述可能性的认识(察觉)程度;(3)不当行为对产品销售者盈利的作用;(4)不当行为持续时间和产品销售者任何隐瞒行为;(5)产品销售在不当行为被发现后采取的态度及行为,以及不当行为是否已停止;(6)产品销售者的经济条件或财务状况;(7)产品销售者由于不当行为,已经或可能受到的其他处罚的综合惩罚性效果;(8)原告所遭受的损害是否也是原告对自身安全采取轻率态度的结果。

四、美国的产品责任保险制度:风险分担机制

美国严格的产品责任制度和巨额的赔偿费用,促成美国的高保费,使企业无力承担购买保险。为了降低企业保险费用,提供更多可选择的保险机制,促进保险业的竞争,1981年美国国会通过《产品责任风险保留法》(Product Liability Risk Retention Act),允许产品生产者建立团体自我保险计划(称为风险保留团体,Risk Retention Groups,RRGs)或保险购买团(Purchasing Groups,PGs)来提高生产者的保险购买能力。20世纪80年代中期,由于受到美国各地不能获得或无力承担责任保险的商业人士和市政当局的困扰,国会对1981年产品责任风险保留法案做出修订以示应对,即《1986年责任风险保留法》(Liability Risk Retention Act of 1986),于1986年10月27日由里根总统签署立法。这次修订,主要针对RRGs和PGs的责任保险种类作了补充。

(一)风险保留团体

风险保留团体(RRGs)是以分散团体成员责任风险为目的而成立的法人公司或有限责任团体,并且至少获得50个州的任何一个州或哥伦比亚特区的许可或特许才可以作为责任保险公司进行运作。同时,风险保留团体还可以根据特殊的州政府法律作为一个产业或社团组织进行运作。

风险保留团体的成员限于从事类似业务,负担类似产品责任的企业。团体的所有者必须既是该团体的成员也是该团体的被保险人。在全资单一组织中,如果该团体的所有人是RRGs的成员或被保险人,那么可以允许间接或二次所有权的存在。禁止保险公司在RRGs中拥有所有者权益,除非该团体的所有成员均为保险公司。

(二)保险购买团

保险购买团(PGs)是以集体名义从保险公司或风险保留团体(RRGs)为该团体成员购买责任保险。与风险保留团体不同,保险购买团不是一个保险公司,购买团体可是任何人员,其成员也不用签署自己的保险项目。PGs并不要求有其法律组织机构,只要拥有相似的业务,面临类似的责任风险就可以自发组建机构,购买产品责任保险。

风险保留团体和保险购买团,他们的成员必须是从事相似的或有关系的行业,在这些行业里承担类似的责任风险。但是,根据《1986年责任风险保留法》,两者也存在区别,主要在几个方面:首先,从组织机构上看,风险保留团体(RRGs)必须是法人机构,通常是以保险公司形式存在;而保险购买团不是保险公司,对其合法机构没有特殊要求。其次,从业务运作上讲,保险购买团不同于风险保留团体(RRGs),不必要关心筹措资金或者安排再保险。而风险保留团体(RRGs)必须具备一定的抗风险能力,要求有最低的保险费用基础以及持续从事业务的能力,同时在成员数量上也有要求。最后,两者法律要求不同。根据《产品责任风险保留法》,风险保留团体(RRGs)需要编制可行性研究或运作计划,该研究或计划应包括团体打算提高的每级保险的覆盖范围、扣除金额、覆盖限制、费率和等级划分系统。可行性研究或运作计划必须由风险保留团体(RRGs)取得许可证的州及所有打算开展业务的州进行归档。同时,该法案要求风险保留团体(RRGs)对其获得许可的州以及所有打算开展运作的州的权限编制年度财务报告。此外,该法案特别免除风险保留团体(RRGs)参与州保证资金。如果风险保留团体(RRGs)破产,则被保险人和索赔人不受这样的基金保护。

显然,风险保险购买团的组建和运作比较简单,不需要资金投入,无须编制可行性研究,根据获得许可的州以及打算开展业务的州的通知就可运作,该通知必须表明购买团的名称以及所在地,打算买入保险的等级和类别,以及购买团打算买入的保险人。风险保留团体(RRGs)的组成以及获得资格的过程可能长达 18 个月,而购买团体的构成及运作大约只需 60 天。[1] 美国卫生部的评估报告认为,疫苗伤害补偿计划的贡献在于:第一,建立了一个方便快捷而又确定慷慨的补偿机制,稳定了公众的信心;第二,稳定了疫苗的成本,并保证了疫苗的有效供给。[2]

五、美国疫苗伤害救济制度简介

强制预防接种是国家基于防卫传染病的公益目的而行使公权力的行为,但预防接种不可避免存在一定比率的不良反应或因不良反应导致的受害者,对此为了使疫苗不良反应所致伤害或死亡的受害者得到及时的救济,美国政府于 1986 年出台了《国家儿童疫苗损害法案》,之后又制定“国家疫苗伤害赔偿计划”,使疫苗伤害、死亡者除进行侵权诉讼外,还可依无过失救济制度要求赔偿。对疫苗接种取消严格责任而采用无过失补偿制度。[3]

20 世纪 80 年代早期,关于 DTP(白喉、破伤风、百日咳)疫苗的严重副作用的药害事件,使得民众对疫苗的安全性提出质疑,也有大量的诉讼致使疫苗生产企业无力承担损害赔偿费用,威胁到了整个民族的健康。巨额

---

〔1〕 See https://www.delcode.state.de.us/title18/index.htm,最后访问日期:2019 年 12 月 28 日。

〔2〕 参见刘洪华:《我国疫苗伤害救济的路径选择和制度构想》,载《法学评论》2015 年第 1 期。

〔3〕 See Franklin and Rabin, *Tort law Alternativers*, p. 776. 转引自王泽鉴:《侵权行为法》(第 1 册),中国政法大学出版社 2001 年版,第 25 页。

索赔一方面使疫苗价格攀升，另一方面也使很多生产商纷纷退出疫苗生产行业。据统计，至1986年，美国全国仅有两家企业从事脊髓灰质炎疫苗的生产，仅两家企业和两个国家卫生部门生产百日咳、白喉、破伤风三联疫苗，全国疫苗供应非常低。[1] 医师行业、公共卫生组织、疫苗生产行业和民众都呼吁国会及时制定法律来救济因疫苗而致伤害的民众。

1986年，美国政府制定了《国家儿童疫苗接种伤害法案》(公法99~660)(The National Childhood Vaccine Injury Act of 1986, Public Law 99-660)，该法确立了对疫苗受害者的无过错补偿制度。疫苗受害者无须证明任何人对于疫苗伤害存在过错，就能及时有效地得到救济。1988年10月1日，美国国会通过并实施了"国家疫苗伤害赔偿计划"(National Vaccine Injury Compensation Program, VICP)，以设立基金方式为疫苗受害者提供补偿，基金的资金源于联邦税收、列入补偿计划的疫苗按每一剂量0.75美元征收的消费税和前两项资金的利息等收入。据统计，该基金具有雄厚的补偿能力，2005年，该基金拥有资金22亿美元，而基金平均每年需支出的补偿费为5000万美元至7500万美元。[2] 疫苗受害者可根据《联邦侵权赔偿法》提起赔偿诉讼。针对国家疫苗伤害赔偿计划(VICP)的立法，在美国法典(United States Code, U. S. C)标题42，第6A章公共健康服务部的第19小章"疫苗"中。

(一)美国疫苗伤害救济制度的构成要件

1. 国家疫苗伤害赔偿计划(VICP)

根据美国法典中关于疫苗的规定，人类健康服务部(HHS)建立一项国家疫苗项目(National Vaccine Program)，即通过在人体内免疫接种达到预防传染病的效果。作为一项联邦计划，VICP向那些被发现因某些疫苗致伤的人们提供赔偿。受害人通过向美国联邦申诉法院(The U. S. Court of Federal Claims)来索求赔偿，并由法院给予裁决。VICP主管机构为美国人类健康服务部(HHS)——卫生资源和服务管理局——卫生保健制度局的

---

〔1〕 See Lisa J. Steel, "National Childhood Vaccine Iniury Compensation Program: Is This The Best We Can Do For Our Children?" *Geo. Wash. L. Rev.* 63, 1994, p. 144.

〔2〕 See Lainie Rutkow, Brad Maggy, Joanna Zablotsky, Thomas R. Oliver, "Balancing Consumer And Industry Interests In Public Health: The National Vaccine Injury Compensation Program And Its Influence During The Last Two Decades", *Penn St. L. Rev.* 111, 2007, p. 681.

疫苗伤害赔偿处。在 VICP 中,涉及三个联邦政府部门:人类健康服务部(HHS)、司法部(DOJ)、联邦申诉法院(Court)。

2. VICP 救济的疫苗范围

VICP 所赔偿的疫苗种类包括:

· 白喉、破伤风、百日咳疫苗(DTP,DTaP,Tdap,DT,Td 或 TT)
· B 型流行性感冒嗜血杆菌疫苗(Hib)
· 甲肝疫苗(HAV)
· 乙肝疫苗(HBV)
· 流行性感冒疫苗[在每年的流感季节注射]
· 麻疹、腮腺炎、风疹疫苗(MMR,MR,M,R)
· 小儿麻痹症疫苗(OPV 或 IPV)
· 肺炎双球菌疫苗(PCV)
· 轮状病毒疫苗(RV)
· 水痘疫苗(VZV)
· 以上疫苗的任意混合
· 未来可能增加的其他疫苗。

表 5-2 为疫苗伤害表,其表中疫苗伤害表是获得"国家疫苗伤害赔偿计划"的赔偿所涵盖的情形,包括疫苗导致的伤害、残疾、疾病、身体不适和死亡,以及在疫苗使用后,出现这些伤害、疾病、残疾或身体不适和死亡发作或严重恶化的首次症状或表现所经历的时间。[1]

表 5-2 疫苗伤害

疾病、残疾、伤害或身体不适包括	疫苗施用后,发作或严重恶化的首次症状或表现所经历的时间
Ⅰ.白喉-破伤风-百日咳三联疫苗 DTP;百日咳疫苗 P;白喉-破伤风-百日咳/脊髓灰质炎联合疫苗 DTP/Polio;或其他含有全细胞百日咳细菌的疫苗,萃取的或局部细胞细菌,或特殊的百日咳抗原	
A. 过敏性反应或过敏性休克	24 小时

〔1〕《国家疫苗伤害救济计划》第 300aa-14 节。

续表

疾病、残疾、伤害或身体不适包括	疫苗施用后,发作或严重恶化的首次症状或表现所经历的时间
B. 脑疾(或脑炎)	3天
C. 休克性虚脱或低张力低反应虚脱	3天
D. 第(b)(2)小节规定的残余癫痫	3天
E. 任何在规定时间内发生的,上述疾病、残疾、伤害或身体不适的急性并发症或后遗症(包括死亡)	不适用
Ⅱ. 麻疹、腮腺炎、风疹或任何以前述内容为组分的疫苗;白喉 – 破伤风两联疫苗DT;破伤风和白喉疫苗Td;或破伤风类毒素	
A. 过敏性反应或过敏性休克	24小时
B. 脑疾(或脑炎)	15天(腮腺炎、风疹、麻疹或任何以前述内容为组分的疫苗);3天(DT;Td;或破伤风类毒素)
C. 第(b)(2)小节规定的残余癫痫	15天(腮腺炎、风疹、麻疹或任何以前述内容为组分的疫苗);3天(DT;Td;或破伤风类毒素)
D. 任何在规定时间内发生的,上述疾病、残疾、伤害或身体不适的急性并发症或后遗症(包括死亡)	不适用
Ⅲ. 脊髓灰质炎疫苗(非去活化性脊髓灰质炎疫苗)	
A. 瘫痪性脊髓灰质炎	
对非免疫缺陷性接受者	30天
对免疫缺陷性接受者	6个月
在疫苗关联的群体病例中	不适用
B. 任何在规定时间内发生的,上述疾病、残疾伤害或身体不适的急性并发症或后遗症(包括死亡)	不适用

续表

疾病、残疾、伤害或身体不适包括	疫苗施用后,发作或严重恶化的首次症状或表现所经历的时间
Ⅳ. 非去活化性脊髓灰质炎疫苗	
A. 过敏性反应或过敏性休克	24 小时
B. 任何在规定时间内发生的,上述疾病、残疾、伤害或身体不适的急性并发症或后遗症(包括死亡)	不适用

3. VICP 的救济对象

VICP 将救济对象分为:一是在 1988 年 10 月 1 日前死亡或受伤害者,受害者可不受时间限制提起诉讼,也可向该基金求偿,求偿申请须在 1991 年 1 月 31 日前提出;二是对 1988 年 10 月 1 日后因疫苗所致伤害或死亡,接种者须先向该基金求偿,之后才可提起诉讼。接种疫苗的患者或与接种疫苗有关的受害者只要怀疑受到损害或死亡都可以申请疫苗伤害救济。在“国家疫苗伤害赔偿计划”明确了,“疫苗伤害或死亡”,是指与一个或多个与《疫苗伤害表》所列的疫苗相关的疾病、伤害、身体不适或死亡,而不包括故意添加到疫苗中的杂质或污染物造成的疾病、伤害、身体不适或死亡。但是,如果受害者正进行民事诉讼,或者已经通过民事诉讼从生产者或者健康服务提供者处得到赔偿,则不能申请救济。

申请疫苗救济人的条件:

(1)接种疫苗本人;

(2)接种疫苗的儿童或伤残成人的父母,或者法定监护人;

(3)如果不是美国公民,也可以提出索赔;

(4)在美国之外接种疫苗的人也有权力获得赔偿。接种的疫苗必须包括在 VICP 中并且符合以下条件:

①伤者必须是在美国托管领土内接种的疫苗;或

②如果疫苗是在美国或其托管领土外接种的;a. 伤者必须是在美国军队服役的美国公民或美国政府工作人员,或此类公民的受抚养家属;或者 b. 伤者必须接种的疫苗是由建立在美国境内的疫苗公司制造并且在接种之日起后 6 个月内回到美国。

此外,要有权提起索赔,疫苗伤害必须达到:a. 在接种疫苗后已持续 6 个月以上;或者 b. 导致住院和手术;或者 c. 导致死亡。

4. VICP 的救济范围及限额

《国家儿童疫苗伤害法》规定的补偿条件是:第一,受害者使用了被列入疫苗伤害补偿计划的疫苗名单中的疫苗;第二,损害是疫苗伤害补偿计划所列举的情况;第三,损害是由所接种的疫苗所致;第四,接种疫苗加剧了先前的情形。

(1)对疫苗所致伤害者的救济项目包括:

①已经发生的及未来的医学检查费、护理费、机能恢复费用等相关费用(金额没有限制,基于疫苗所致伤害需要);

②疼痛和病痛偿付:最高 250,000 美元;

③收入损失;

④合理的律师费用和其他诉讼费或上诉人自我代理的诉讼费。

(2)对死亡者的救济包括:

①死亡抚恤金:最高 250,000 美元;

②合理的律师费用和其他诉讼费或上诉人自我代理的诉讼费。

(3)本计划授予的赔偿金不包括:

①刑罚的或惩罚性的损害赔偿;

②除上述支付外,受害人的非健康、教育或福利赔偿。

法案为疫苗受害者提供了非常慷慨的补偿,据 1990 年的一份统计,非死亡疫苗伤害案的补偿额通常为 68,921 美元至 400 万美元,法案颁布至 1990 年,有 8 例案例的补偿费高达 100 万美元,3 例案例的补偿费高达 200 万美元,最大的一笔补偿款高达 450 万美元。[1]

5. VICP 申请文件要求

在申请疫苗伤害救济时,需要的证明文件包括医疗记录及其他相关的证明文件,具体为:生前和出生记录;接种疫苗前的医疗记录;疫苗接种记录(如有);伤后所送医院/急诊记录;伤后门诊记录;疫苗不良反应报告制度(VAERS)表(如已递交);长期记录(根据伤情)。如果无法提供医疗记

---

[1] See William Dobreff, "The National Vaccine Compensation", *Mich. B. J.* 69, 1990, p. 806.

录,申请人必须解释无法提供医疗记录的原因。这样会导致医疗审查和索赔的处理延迟。为了确保受害者得到及时的救济,VICP 建议:当向法院和卫生与福利部提出索赔时,申请人应把以下的医疗记录和其他证明文件,交由疫苗伤害救济处主任转交。

医疗记录文件包括:

(1)生前和出生记录:母亲的出生前记录;分娩记录;出生证明;新生儿医院记录,包括医生/护士的记录和放射检查/化验结果;有最终诊断的任何住院治疗个人记录。

(2)接种疫苗前的医疗记录:临床记录(如健康儿童检查);私人医生检查;成长曲线图/化验/放射检查结果;咨询报告和评估;发育曲线图。

(3)疫苗接种记录(如有):产品批号;生产厂家。

(4)伤后所送医院/急诊记录:入院/出院简述;档案和体格检查记录;病情记录(包括医生/护士的记录);药物治疗记录;化验/放射检查/EEG 结果;流程表(呼吸护理/治疗);咨询报告和评估。

(5)伤后门诊记录:档案和体格检查记录;病情记录(包括医生/护士的记录);药物治疗记录;化验/放射检查/EEG 结果;临床记录;所有的诊断评估。

(6)疫苗不良反应报告制度(VAERS)表(如已递交)。

(7)长期记录(根据病情):学校记录;咨询报告和评估;教育测试记录;心理测试记录;公安/救护记录。

6. VICP 的申请时限

一般的疫苗伤害救济申请期限为:

(1)伤害事件:在疫苗伤害的首发症状 3 年内提出。

(2)死亡事件:在死亡发生 2 年内引起死亡的有关疫苗的伤害的首发症状出现 4 年内提出。

当《疫苗伤害表》中新增某种疫苗或某种伤害/疾病后,未达到一般诉讼期限的索赔必须在 2 年内提出,即从疫苗或伤害/疾病加入《疫苗伤害表》开始计算,《疫苗伤害表》变动前 8 年内发生的伤害或死亡提出索赔。

7. VICP 的申请程序

《国家儿童疫苗伤害法》规定了补偿程序:受害者或其监护人向联邦索赔法院提出申请;法院指派一位法官负责案件,并将申请材料发送给一位特别专家(special master)进行事实和法律上的研究,法官将根据特别专家的意见作出裁决。

VICP 通过严格的诉讼程序实现疫苗伤害救济工作。申请人首先需要提交一份索赔申请书，并填写法院的申诉案件登记表，包括以下信息：受害人姓名；致伤的疫苗品种；疫苗接种的时间；疫苗接种的城市和州或国家；伤害的类型；伤害的首发症状出现时间；伤害持续的时间。索赔要求还包括医疗记录和（或）其他适当的证明文件，以及 250.00 美元申请费。申请人为上诉人。具体的诉讼程序如下：

(1) 上诉人或上诉人的律师递交索赔申请的一份原件和两份副本及医疗记录、其他适当证明文件以及 250.00 美元申请费至联邦申诉法院。

(2) 上诉人或上诉人的律师递交一份包括医疗记录和其他适当的证明文件的索赔申请的副本至 HHS 的疫苗伤害赔偿处。

(3) 法院递交索赔申请和医疗记录的一份副本至 DOJ。

(4) HHS 复审索赔申请的医疗资料，并将复审结果递交至 DOJ 律师，该律师为 HHS 的代理人。

(5) DOJ 律师审查索赔申请的法律方面的内容后书写一份报告。

(6) HHS 和 DOJ 的复审合为一份报告，发送至法院和上诉人或上诉人的律师。

(7) DOJ 和上诉人或上诉人的律师通过起诉来决议索赔。

(8) 法院指定“特别专家”（Special master），来判决是否给予赔偿及赔偿额。

(9) 无论特别专家是否判决给予索赔，上诉人必须在最终判决作出之日起 90 天内，到美国联邦申诉法院法务助理处登记，以书面形式决定接受或拒绝特别专家的最终判决。

(10) 若上诉人不同意判决，可上诉到法院法官，若仍不服判决，可再上诉到联邦巡回法院，直至美国最高法院。

诉讼过程中，申请人可以不需要律师来提出索赔。但是，因为这是诉讼程序，多数人都选用律师。如果满足要求，不管是否得到疫苗伤害或死亡的偿付，VICP 将支付律师费用和其他有关索赔的诉讼费。VICP 将不支付自我代理的上诉人的费用，但只要满足要求，无论索赔是否得到支付，VICP 将支付他们的诉讼费。

(二)疫苗伤害赔偿责任信托基金

根据VICP计划,美国国库建立一项信托基金,即"疫苗伤害赔偿信托基金"(Vaccine Injury Compensation Trust Fund),主要针对1988年10月1日后接种疫苗而受伤害或死亡的救济而设立。基金的征收与运作,根据美国法典《国内税收法》之《信托基金法》而进行。

1. 基金的征收

根据美国《信托基金法》第9601节的规定,疫苗伤害赔偿信托基金具有稳定的资金来源,至少每月从国库中获得一次拨款,拨款总额是依据第4131节(有关对某些疫苗征收税款的规定)所征收疫苗税款的净税收计算的。

关于对疫苗的征税,根据美国《国内税收法》第32章第4131节对疫苗税收的规定,"应征税疫苗"(Taxable Vaccine)的生产者或进口者被强制性征收疫苗税,规定每销售一个接种剂量的疫苗缴纳75美分作为税收。其中,"应征税疫苗",是指在美国生产制造或进口的供消费者使用的下列疫苗:白喉疫苗,破伤风疫苗、百日咳疫苗,麻疹疫苗,腮腺炎,风疹疫苗,脊髓灰质炎疫苗,杆菌疫苗,乙肝疫苗,水痘疫苗。

2. 基金的管理

财政部部长是各项信托基金的总负责人,每年向国会报告前一财政年度内各项信托基金的财务状况和操作结果及下五个财政年度对其预期的财务状况和运作结果。

财政部部长有责任根据资金的判断,将信托基金中目前不用取出的部分作投资。且该投资只可投资于美国有息债券。通过卖出或赎回信托基金持有的债券而获得的利息或收益,应记入贷方并成为信托基金的一部分。[1]

(三)国家疫苗伤害救济制度的相关法规

第一部分　国家疫苗项目

第300aa-1节　建立

第300aa-2节　项目责任

第300aa-3节　计划

第300aa-4节　报告

---

〔1〕 参见《疫苗伤害赔偿信托基金法》第A小章【信托基金建立】第9510节"疫苗伤害赔偿信托基金"。

第300aa－5节　国家疫苗咨询委员会

第300aa－6节　拨款许可

第二部分　国家疫苗伤害赔偿计划

第a小部分　计划要求

第300aa－10节　计划的建立

第300aa－11节　赔偿请求

第300aa－12节　法庭权限

第300aa－13节　获赔资格与赔偿的确定

第300aa－14节　疫苗伤害表

第300aa－15节　赔偿

第300aa－16节　诉讼时效

第300aa－17节　代位

第300aa－18节　废止的第100～203号公法，第4标题，第4303(d)(2)(B)节，1987年12月22日，《美国法令全书》第101卷第1330～222页

第300aa－19节　儿童疫苗咨询委员会

第b小部分　附加的补救办法

第300aa－21节　提起诉讼的权利

第300aa－22节　责任标准

第300aa－23节　审讯

第c小部分　在美国确保一个更安全的儿童疫苗接种计划

第300aa－25节　信息记录和报告

第300aa－26节　疫苗信息

第300aa－27节　更安全的儿童疫苗的指令

第300aa－28节　制造商记录保存和报告

第d小部分　总则

第300aa－31节　公民的诉讼

第300aa－32节　司法审查

第300aa－33节　定义

第300aa－34节　计划终止[1]

---

[1] See https://www.washington watchdog.org/documents/usc/,index.html，最后访问日期：2019年12月28日。

第六章　德国药品不良反应损害的救济制度

德国1981年出台的《联邦国家责任法》,意在国家责任领域建立统一规范的体系,但德国宪法法院以"联邦无立法权"为由宣告该法无效,使国家责任的内容和体系,仍然是一种依靠法官造法和判例的"日益增长的混乱"。显然,该体系虽以损害赔偿请求权和补偿请求权为两大支柱,但也将损害后果的请求权,以及基于社会福利国家目的上的补偿请求权、计划保障给付请求权纳入其中。[1]

德国的药品不良反应损害救济机制为保险模式。德国要求药品生产商必须自行为其购买商业保险或提供金融担保,并且德国政府没有为企业提供该类保险的义务。若保险中包含有再保险合同,则该保险公司必须在欧盟或欧盟经济区内,并符合2009/138/EC的规定。[2]

一、典型案例

(一)反应停事件

20世纪60年代的反应停药害事件(Thalidomide

---

〔1〕 参见刘飞:《德国公法权利救济制度》,北京大学出版社2009年版,第128~136页。

〔2〕 参见邹宜誼、陈云、柳鹏程等:《德国和日本药品上市许可持有人制度下的药品损害事件风险管理研究》,载《中国药事》2018年第3期。

Disaster,沙利度胺),是德国发生的药品不良反应致人损害的典型案例。沙利度胺最早是由德国格仑南苏制药厂开发,1957 年首次被用作处方药。沙利度胺推出之初,科学家认为它能在妇女妊娠期控制精神紧张,防止孕妇恶心,并且有安眠的作用,在临床作为镇定安眠药应用于妇女妊娠呕吐治疗,被誉为"孕妇最理想的选择"。先后在日本以及欧洲、大洋洲、南美洲、非洲等 17 个国家上市使用。但是,自 1956~1963 年在使用过沙利度胺的 17 个国家中发现海豹肢畸形儿有 1 万余例,其中,德国 6000 多例,日本 1000 多例。

直至 1961 年一位澳大利亚妇产科医生 William McBride 怀疑畸形儿的出现与反应停有关,致信 Lancet 杂志,提出一些胎儿出生畸形可能与妇女妊娠期间服用沙利度胺有关。德国汉堡的 Widukind Lenz 医生也发现,孕妇怀孕期间服用反应停与新生儿畸形甚至没有四肢或内脏(海豹肢畸形)具有极大关联,并与 K. Knapp 于 1962 年在《德国医学周刊》上撰文披露研究结果:畸形儿的成因是服用反应停。对持续不断的质疑,尽管在 1961 年收到了超过 1600 例的相关报告,格兰泰有限公司一直没有作出有效应对,直到 1961 年 11 月 16 日公司收到 Lenz 医生的报告 10 天后才将反应停撤市。后经长期流行病学调查研究及动物实验,证明海豹肢畸形是由于患者的母亲在妊娠期间服用治疗妊娠反应药物沙利度胺所致。畸形儿近半数陆续死亡,虽然生存下来的婴儿智力正常,而因孕妇服用反应停死亡的胎儿无法统计。随后,受害者家庭与格兰泰公司展开了漫长的诉讼。1970 年 4 月 10 日,受害者家庭与格兰泰公司达成和解,放弃了赔偿请求,由格兰泰公司将赔偿金捐给"残障儿童慈善基金"。同时,受害者的父母声明不再对格兰泰公司提起诉讼。

由于反应停事故源于德国,对德国政府造成了很大的冲击。在发生反应停事件之前,德国在处理产品责任问题时更多的是适用过失侵权责任原则,《德国民法典》第 823 条【损害赔偿义务】规定:(1)因故意或者过失不法侵害他人生命、身体、健康、自由、所有权或者其他权利者,对他人因此而产生的损害负赔偿义务。(2)违反以保护他人为目的的法律者,负相同的义务。如果根据法律的内容并无过失也可能违反此种法律的,仅在有过失的情况下,始负赔偿义务。反应停事件如果适用过失侵权归责原则,则受害人的损失无法得到弥补,涉事的药品是经政府批准生产上市流通,生产商主观上并不存在过失。最后由生产商和政府协力以基金赔偿的方式,解决了因服用此药而遭受损害的受害者和来自国内外受害者的高额赔偿请求。

德国药品管理的相关立法中并没有包含对药品有效性和安全性进行检测的义务,而仅仅要求登记,药品无须经过联邦卫生部检测,除非药品使用了其有效性不为“一般熟知”的原料,从而在报告中注明药品已经查明副作用的类型和程度。反应停事件对德国政府冲击非常大,促使政府在药品管理中注重药品的有效性和安全性。在1964年之前,在德国新药申请上市仅仅须进行医学实验无须临床试验,自1964年以后,新药申请上市必须经过临床试验,制药者必须书面保证,药品已经按照现有的医学知识进行了充分和谨慎地检测。

面对反应停受害者的救济,德国政府着手对药品致害的民事责任作出规定。在该事故发生之前,德国在处理产品责任问题时更多的是适用过失侵权责任原则。促使德国在1976年制定了《药物伤害法》,规定生产有缺陷的药物的生产者对此应承担严格责任,开启了欧洲关于药品责任的立法进程。按照当时的《德国民法典》第823条受害人难以证明过错,也难以证明因果关系。实践中,严格责任制度给药品制造业者带来了巨大的压力,遭到了制造商的抵制,公共政策既要保证新药开发不限于停滞,同时也要保证消费者权益,后来经过利益衡平,在责任的承担上修改为无过错责任规则与赔偿基金并行制度。

此后为进一步规范药品生产、保护消费者权益,德国新的《药品管理法》(Drug Law),于1977年12月16日颁布,1978年1月1日生效,该法是德国产品责任法的特别法,该法的特点在于:一是规定了制造商的严格责任。一旦发生药品责任诉讼时,药品的经营者(制造商、销售商)不能因为已经获得政府批准或许可,以及遵守德国药典标准的规定而影响其承担民事或刑事责任。二是德国产品责任法的特别法。在《德国产品责任法》第15条规定:“在药品责任法施行地区,提供须经许可登记,或依法规命令免经许可登记,指定为人类用之药品给消费者服用,而由于该药品之使用致人于死或伤害身体或健康者,不适用商品责任法之责任;依其他规定之责任不受影响。”同时,确立了药品不良反应的严格责任制度,即使药品的经营者已经获得政府的批准和许可并且遵守德国药典的标准规定,一旦发生药品责任诉讼时,同样需要其承担民事或刑事责任。但是,对赔偿额规定上限限制;赔偿方式则由药物制造业者提供基金,并强制制造业者投保,由保险公司或者金融机构保证支付。

《药品管理法》第16章“药品致损的责任”明确规定了药品不良反应救济的适用范围、补偿标准、救济程序等内容。德国的《缺陷产品责任法》第15条规定：“(1)如果某人的死亡、人身或健康伤害是由于服用某种人用药品所致，而销售该药品的地区应当适用药品法，并且需要发给许可证或者根据法令可以免发许可证，则不适用本法的规定。(2)其他法令规定的责任不因适用本法而受到影响。”该法在实施的过程中经历多次的修订，2002年德国《第二次损害赔偿法修改法》进一步推动了药品责任领域的立法进程，《德国药品法》的内容也日臻完善。

《德国药品法》第84条规定：“由于药品之使用致人于死，或严重伤害其身体健康，有下列情形之一时，将该药品行销于本法施行区域之药商就此所生损害对于受害人负赔偿责任；(1)该药品在依指示之方法使用时，有超出当时医学知识可以接受之范围以上之有害结果，且其原因系存在于研发或制造领域内；(2)该损害系因不符合当时医学知识所应有之标示、专业信息或使用的信息而发生。”[1]德国药品法将药品缺陷分为研发缺陷、制造缺陷和指示缺陷。药品不良反应是第84条所规定的第一种情形，药品的使用造成超出当时医学知识可以接受之范围以上的有害结果，属于药品研发缺陷。德国的药品法设定了最高赔偿限额，第88条规定赔偿义务人责任为：“(1)于致人死亡或伤害的情形，其资本化之一次性赔偿数额最高为50万马克，或年金赔偿之数额每年不超过3万马克；(2)于同一药品导致多数人死亡或伤害的情形，除受第一款所规定之限制外，其资本化之一次性赔偿数额最高为2亿马克，或以年赔偿之数额每年不超过1200万马克。”[2]

（二）拜斯亭事件

拜斯亭是德国拜耳公司推出的治疗高血压的抑制素，1997年进入市场，自全球上市起至撤市时，全世界80多个国家有超过600万名患者服用过该药。该药品在上市前的实验和评审中，并未发现任何危险因素，但上市后不到一年就有第一例死亡报告。

拜斯亭(Lipobay)是拜耳公司生产的一种降血脂特别是降胆固醇的药

---

〔1〕　参见朱怀祖：《我国应建立“药物消费者灯塔”》，载我国台湾地区《医药新闻周刊》1997年第2580期。

〔2〕　See Taschner /Frietsch, aao. §15Rn. 36ff. 转引自黄茂荣：《债法总论》(第2册)，中国政法大学出版社2003年版，第36页。

品，药品名是西立伐他汀钠片，适用于原发性高胆固醇血症、混合高脂血症、高胆固醇血症以及高甘油三酯血症。吉非贝齐药物主要用于降血脂中的甘油三酯，如果患者胆固醇和甘油三酯指标均高，就有可能合用这两类药物。横纹肌溶解是一种罕见的潜在威胁生命的不良作用，临床发生概率在三万分之一以下，可伴发于所有常见的降脂药物。首发症状为肌肉无力、疼痛，最严重的可能引起肾脏损害。

作为德国最大制药企业的拜耳公司，早在一个世纪前，就以发明和最先生产阿司匹林而闻名世界。拜耳公司于 1997 年将拜斯亭推向市场，属于该公司在全球比较畅销的产品，全球销售额达到 6.36 亿欧元，世界大约有 600 万名患者曾服用过拜斯亭。

最初，拜耳公司认为，出现致人死亡的事件，在于患者在使用拜斯亭的同时，还使用了降低甘油三酯的药物吉非贝齐。德国联邦药品和医疗产品局负责药品安全的部门官员乌尔里希·哈格曼也指出，病人死亡原因可能是服用拜斯亭后引起的副作用，“仅仅是一种怀疑”，至于患者死亡的真正原因，尚有待科学家做最后结论。发生拜斯亭事件后，德国卫生部长乌拉·施密特当即下令，对此事进行调查。德国联邦药品和医疗产品局发现，拜耳公司存在着严重的知情不报的问题：早在 6 月 15 日，该公司就得到报告，拜斯亭存在严重的副作用，但公司一直没有公布，直到 8 月 10 日，即拜耳公司宣布停售拜斯亭两天后，拜耳公司才将此报告对外界公布。对此结果，德国政府十分震惊。德国卫生部副部长克劳斯·施罗德就表示，拜耳公司此举是“不能接受的信息策略”，该公司将由此面临“一系列后果”。他说：“我们希望一个公司，能对人们的健康高度负责，以高度的敏感及时提醒他们（存在的危险）。”根据德国有关法律，制药企业必须在得到结果后的 15 天内，就该药物严重的副作用或与其他药物合用可能发生的危险作出汇报。如果违反这一点，该公司将面临 5 万马克的罚款。但施罗德也表示，对拜耳公司来说，这点赔款是远远不够赔偿受害者的。

但是，拜耳公司坚持拜斯亭与死亡之间只是“一种推测”，也就是药物与损害之间不存在因果关系，没有直接的证据。

二、药品致损的责任

据统计，因反应停而出生的畸形儿在全世界可能达到 1 万多例，在德国大概有 4000 多例，其中一半已经死亡，还不包括因孕妇服用反应停死亡的胎儿。受害者与格兰泰公司展开了漫长的诉讼。1970 年 4 月 10 日，受害者与格兰泰公司达成和解，放弃了赔偿请求，由公司将赔偿金捐给“残障儿童慈善基金”，受害者的父母也声明不再对格兰泰公司提起诉讼。[1] 1961 年的药品管理法并没有包含对药品有效性和安全性进行检测的义务，制药企业将药品的相关信息在管理机构进行登记，药品上市之前也无须经过联邦卫生部检验，除非药品使用了其有效性不为“一般熟知”（Allgemein Bekannt）的原料，从而在报告中注明药品已查明副作用的类型和程度。1964 年以后，药品上市必须经过临床试验，制药企业必须书面保证，药品已经按照现有的医学知识进行充分和谨慎地检测，但对涵盖的范围并没有明确，因此受害者很难证明其因果关系。1976 年德国颁布了《药物伤害法》，规定生产有缺陷的药物生产者必须承担严格的法律责任，避免了在类似反应停的灾难出现时受害人救济无门的情况，但是药品制造产业承受了巨大的压力。为了平衡消费者权益和医药产业发展，德国进一步修订了《药物伤害法》并于 1978 年 1 月 1 日颁布了《药品法》（Arzneimittelgesetz-AMG），作为德国商品责任法的特别法，确立了药品不良反应的严格责任制度，即使药品的经营者已获得政府的批准和许可并且遵守德国药典的标准规定，一旦发生药品责任诉讼时，同样需要其承担民事或刑事责任。其中，《药品法》第 16 章“Liability for Damages Caused by Medicinal Products”明确规定了药品不良反应救济的适用范围、补偿标准、救济程序等内容，确立了严格责任与赔偿基金并行制度。针对药品不良反应损害救济建立了责任保险和基金相结合的救济机制，即在政府政策引导和监督下，以强制医院企业向保险公司投保的形式来筹集药品不良反应的救济基金。在发生药品不良反应损害时，由保险公司对受害人的人身伤亡、财产损失，在责任限额内予以赔偿的制度。[2]

德国是最早将药品从一般商品中分离出来，对其进行专门责任立法的国家，德国《药品法》也是欧洲最早的一部关于产品责任的专门立法，其内容不仅涵盖药事行政，更兼及药品责任的构成、损害配置以及药品责任保险制度。《德国药品法》第 17 章规定了药品致损的责任。为受害者提供了

---

〔1〕 参见朱怀祖：《药物责任与消费者保护》，五南图书出版股份有限公司 1997 年版，第 41 页。

〔2〕 参见朱向珺、李瑛：《德国药品不良反应救济制度的分析》，载《中国医药指南》2014 年第 31 期。

额外的请求权基础,依据其他法律法规产生的侵权责任和合同责任不受影响。第 84 条规定了药品致害时,制药企业应当承担危险责任。其中,第 84 条 a 款规定了受害者针对制药企业的知情请求权;第 85 条规定了与有过失;第 86 条规定致人死亡时的损害赔偿范围;第 87 条规定了身体受害时的损害赔偿范围;第 88 条规定了损害赔偿的最高限额;第 89 条规定了定期金;第 90 条已经被废除;第 91 条规定了其他责任。即其他法令如果对损害赔偿义务人规定了比第 84 条范围更大的责任,或者规定其他人应对损害负责的,这些法律规定不受影响。第 92 条规定对于本章科处的损害赔偿责任,当事人不得预先排除或者限制。第 93 条规定了数个赔偿义务人;第 94 条规定了担保预防措施,其中第 94 条 a 款规定了地方法院的管辖权。

(一)缺陷的界定

《德国药品法》第 84 条确立了药品致害的危险责任,且是受限制的非纯粹危险责任。第 84 条规定:如果因为使用在现行法律范围内为消费者提供的、需经强制性销售许可核准或依法免于销售许可的人用药品,导致死亡或者身体或健康受到重大伤害,在现行法律范围内把药品投放市场的制药企业必须为所致损伤对受害方进行赔偿。有下列情形时,赔偿的责任成立:(1)按照药品的既定用途使用时,该药品产生了有害影响,该有害影响超过了当时医学知识的允许范围并且源于药品开发或生产过程;或(2)该损伤系因不符合当时医学知识的标签、专家信息或使用说明导致。[1]

---

〔1〕《德国药品法》第 84 条【危险责任】(1)如果因使用一种人用特定药品,该药品在本法适用范围内被交付给消费者,且该药品必须经过批准或依据法令无须批准,导致人的死亡、身体或者健康受到严重损害的,在本法适用范围内将药品投入流通的制药企业就受害者所受损害负赔偿义务。赔偿义务仅发生在:①按照规定的使用方式,药品具有致害作用,这种致害作用超越了(现有)医学知识允许的合理程度,或②损害的发生是因为未按照(现有)医学知识进行标示、提供专业信息或使用说明。(2)被使用的药品,根据个案中的具体情况,适用于导致损害发生的,即推定损害因药品造成。这种导致损害发生的适格性,依据已经使用药品的成分和剂量,按规定使用药品的方式和持续时间,与损害发生在时间上的关联性,损害状况和受害者在使用药品时的健康状况,以及在个案中支持或否定致害因果关系的其他一切事实情况加以判断,依据个案中的具体情况,其他事实也能导致损害发生的,推定即不适用。如果同时使用其他药品,依据个案中的具体情况也能够导致损害发生的,即不属于上述不适用推定的其他事实。除非因使用其他药品,基于致害因果关系欠缺以外的其他原因,依据这些规定,请求权将无法产生。(3)如果具体情况表明,药品的致害作用并非源于研发和制造领域,制药企业依据第 1 款第 2 句第 1 项所负有的赔偿义务即被排除。

根据该条的规定，药品缺陷实质上是指产品没有提供必要的安全。同时，德国药品责任法将药品的缺陷分为：研发缺陷、制造缺陷和指示缺陷，其中研发缺陷实践中主要是指设计缺陷。药物制造缺陷与药物指示缺陷的判断标准都比较明确，只有药物设计缺陷的判断比较困难，涉事药物都是符合药品生产标准和质量的，只有在发生群体事件的药害事故之后，才能经实验证明，往往都会导致出现人们预料之外的严重不良反应并造成严重的损害事实。[1]

（1）设计缺陷，是指药品研发时应当依据当时的最新科学技术水平，保证药品的使用安全，如果生产者违反此种义务没有达到安全标准，药品即存在设计缺陷。比如，在泻药中加入伤害肝脏的添加剂即属于此类。不过，生产者往往可能采取了所有的预防措施后，药品仍然可能存在无法掌握或无法预见的设计缺陷。因此，有时可能难以借此证明生产者过错。

（2）制造缺陷，是指生产者负有义务统筹并监控生产过程，保证生产者的药品没有缺陷。制造缺陷往往基于医学和技术问题而无法避免，由于产品制造过程不可能绝对安全，故即使生产者尽到最高的注意义务，采取经济上合理的监管措施，仍然也可能会出现存在制造缺陷的漏网之鱼。也就是说，如果生产者采取了所有的合理措施，没有任何义务违反，则不承担此种过错责任。为了避免具有设计缺陷和制造缺陷的药品投入流通，司法实践还要求生产者承担提供检验确定的义务，即在某些情况下，生产者应当对采取的某项保证药品安全的检验或其他措施进行详尽记录，必要时标注在药品说明书上。

（3）指示缺陷，是指生产者负有义务，通过完整充分合适的使用说明和警示保证产品使用安全，包括如何无害使用药品，以何种方式使用药品等等。如果生产者提供的使用说明存在缺陷或者没有对药品的致害性质进行足够的警示，药品即存在指示缺陷。如果不能制造不存在风险的药品，生产者就负有义务，就风险进行妥当指示来保护消费者。指示应当足够清晰易懂，一旦有损害可能之严重怀疑，即应予以合理警示和提示。生产者已经并预见到的危险，并希望消费者避免以不合理地方式导致危险出现，

---

〔1〕 参见朱怀祖：《药物责任与消费者保护》，五南图书出版股份有限公司 1997 年版，第 21 页。

生产者即负有提示义务。也就是说,生产者提示义务的对象并不限于按照规定使用药品可能产生的风险,还包括一般熟知和明显的误用代理的风险。因此,指示义务的程度与可能发生的危险以及生产者的认知密切相关。

在 Estil 案件(BGH NJW 1972,2217)中,尽管生产者已经注明“动脉内注射此种麻醉剂应予避免”,但是法院仍然认定生产者违反了指示义务,因为相对于动脉内注射可能带来的巨大风险和患者可能蒙受的严重损害,说明书上的警示并不充分,其没有包含动脉内注射可能导致截肢的后果。值得注意的是,即使主管机关事先审核了药品说明书,认定警示和说明符合了安全法制的要求,也不意味着药品即不存在指示缺陷,生产者并不因此而免责。因为主管机关的事前审核并不一定充分,可能实际上没有达到安全法制和责任法的要求,认为患者的安全最为关键。

虽然责任成立要件不包括药品具有缺陷,但在《关于修改损害赔偿法规定的第二法案》(以下简称《修改损害赔偿二法》)引进举证责任倒置之前,依据第 84 条第 1 款规定,受害人必须举证致害原因产生于制造或研发领域,故该项规范通过致害作用的不合理性仍关注于药品的缺陷性(Fehlerhaftigkeit)。因此,有可能出现一方面药品具有缺陷,同时制药企业本身又违反了交往安全义务的情形(具有过错的行为),从而受害人既可要求制药企业依据第 84 条承担危险责任,也可要求其承担过错责任的生产者责任。因此,在《修改损害赔偿二法》对第 84 条修正,将药品缺陷的证明责任转移至制药企业。对缺陷的证明,生产者责任采取了举证责任倒置。患者证明药品在投入流通时即存在缺陷,且法益损害是因为缺陷造成,即推定生产者违反了客观的安全保障义务,具有过错;生产者则只有证明自己没有违反义务,没有过错才能免责。就指示缺陷而言,原则上仅针对事前的指示缺陷适用举证责任倒置,依据投入流通时的知识判断不存在缺陷,但是依据投入流通后的知识判断药品具有指示缺陷的,不适用举证责任倒置。

(二)缺陷产品责任

德国联邦议院根据联邦德国《基本法》第 76 条第 2 款规定:在联邦领域内建立等值之生活关系,或在整体国家利益下为维护法律与经济之统一,而以联邦法律规范为必要者,联邦有立法权。并于 1988 年 4 月 29 日第 588 次会议上通过。同年 6 月 9 日,联邦政府提交联邦议会,经由议会批准,于 1990 年 1 月 1 日实施生效。该项立法的主要依据是欧洲共同体理事会于1985年6月25日通过的《关于成员国间统一缺陷产品责任法律和行政管理规定的准则》。根据这一"准则",欧洲共同市场内部对于消费者因瑕疵产品所受人身与财产损害的不同保护及其自由商品流通应需统一和促进。而且,成员国有义务至迟于1988年8月1日发布此"准则"的转换立法。

《德国缺陷产品责任法》共19条,依次对"产品责任""产品""产品缺陷""产品制造人""多数赔偿义务人""责任减轻""死亡赔偿义务之范围""人身伤害赔偿义务之范围""年金损害赔偿""最高责任额""财产损害自持""时效""请求权消灭""产品赔偿义务不可变更""药品责任""过渡条款""法规发布""柏林条款""生效"等作了规定。

这是联邦德国第一次专门就产品责任较为全面的立法,并由此正式确立了无过错责任原则。该法规定,除了实际产品制造人之外,所有充作产品制造人,以及由第三国引进产品者乃至交货人都负赔偿义务。而承付之义务包括人身与财产两方面的赔偿义务。此外,产品制造人于该法制定颁行之后亦不必然就发生风险负责,但药品领域不在此列;人身伤害的最高赔偿不超过1.6亿马克。精神痛苦赔偿等级以过失责任为基础。农业自然产品以及未经初级加工的自然产品不属于瑕疵产品责任法意义上的产品。

(三)确立了严格的归责制度,排除科技抗辩事由

在严格的归责制度之下,大多数国家都主张发展风险免责,又称为发展缺陷或发展风险(Development Risk),即产品的制造者无须为当时的科技条件所不能发现的缺陷所致损害承担责任。由于反应停的事件,德国采取不同主张,在药品责任法中明确否定了药品发展风险作为责任的免除事由,即使在药品的危险性无法为现有医学知识查明的情况下,制药企业仍然要对损害承担责任,故消费者因药品危险性而遭受的损害,并非不幸的灾难,消费者仍得向制药企业主张损害赔偿责任,从而无须要求制药企业对损害的发生具有可预见性。[1]

法律不强行赋予制药企业承担因发展风险引起的任何义务,但在消费者获得药品之后,制药企业对药品负有观测义务,即对药品将来可能发生

---

〔1〕 参见黄茂荣:《债法总论》(第2册),中国政法大学出版社2003年版,第36页。

的危险和使用的后果进行监控，一旦出现危险即必须做出警示或者将药品召回。在药品责任重，生产者必须从医学界搜集有关药品的各种信息和报道，对药品的效用、副作用、相互作用和禁忌症进行分析，并对此做出反应。也就是说，生产者应对使用者及其行为进行后续跟踪观察，继续评估药品的副作用，对市场上的药品进行监控，就大众尚未知悉的危险进行通知（严重危险的怀疑即可，不要求确定的危险）。当出现严重危险的时候，召回药品不应考虑生产者的经济利益。

德国的药品损害责任是以消费者权利保护为核心的责任制度。在德国《药品法》第84条明确规定了药品损害的严格责任原则，最大限度地保护消费者的利益，特别是对遭受药品研发缺陷所致的重大意外不良反应损害。在《德国基本法》第2条明确规定：每一个人都享有生存、身体不受伤害和不受妨碍地发展自己人格的权利。从立法的理念，意味着药品制造商必须竭尽所能保证新药的安全有效，即使是药品已经获得政府批准上市，只要有法律规定的损害事实发生，制造商就要承担责任，这样才能促使药品制造商更有效地控制药品的质量、安全，使信息和财力处于弱势的受害人获得赔偿。

德国的《药品法》是《商品责任法》的特殊法，对于风险的抗辩也不同于《商品责任法》。《药品法》明确规定，受害人只有在滥用药品导致的损害时，生产商才可以依据《德国民法典》第254条主张抗辩，也就是说药品制造商不能以当时的科技水平所不能发现缺陷主张免除责任。

《德国民法典》第254条【共同过失】规定：(1)被害人对损害的发生负有共同过失的，应根据情况，特别是根据损害在多大程度上是由当事人的一方或者另一方造成的，来确定赔偿义务和赔偿范围。(2)即使被害人的过失仅限于对债务人既不知也不可知的、有造成异常严重损害的危险怠于提醒债务人注意，或者怠于防止或者减少损害时，也同样适用前款规定。于此准用第278条的规定。

《德国民法典》第278条【履行辅助人的过失；重大过失】规定：债务人对其法定代理人或者其为清偿债务而使用的人所犯过失，应与自己的过失负同一范围的责任。

而《商品责任法》是可以科技风险作为归责原则的抗辩，因此德国药品责任已经突破了一般意义上的严格责任。立法者基于反应停事件的教训，意识到如果在穷尽所有制药工业技术后，仍然不能避免药品使用者的损害，应当给予药品使用者进一步的保护。因此，《德国药品法》认为，药品存在发展风险意味着药品是有缺陷的，即使在当时的科技条件下不能发现此种缺陷，但一旦此种缺陷造成损害事实发生，药品制造商应承担责任。在药品责任领域确立以消费者保护为核心，将消费者的生命、健康、安全作为首要考虑的问题，也能够同时刺激药物的生产者、科研机构尽最大可能改进药品配方设计，提高药物的安全性、可靠性，将危险消灭在未然。

（四）因果关系的认定

受害者与药品具有因果关系，即致人损害的危险得以实现。但是，因果关系的证明无须相当性因果关系（Adäquate Kausalität），危险责任的成立无须相当因果关系，即危险责任的成立无须对结果具有预见性，而是着眼于药物危险的实现。这种因果关系一般依据自然科学规则来检验，以查明使用药品是否构成危险发生的条件。第 84 条的因果概念性可以通过表面证据（Prima-facie-Beweis）证明，只要受害者能够提出暂时性因果关系的表面证据即可，证明使用药品与损害间存在一种典型的因果关系历程（Typischer Verlauf）。就被告须反证存在一种非典型的因果关系而言，因果关系证明可能存在一定的困难，必须区分损害结果是否为疾病的自然过程造成，还是使用药品造成的。

2002 年以前《药品法》规定制造商对缺陷药品承担严格责任，但受害人需要提供证据以证明其所受侵害与其所用药品之间存在因果关系。对药品安全信息掌握，制造商与受害人存在巨大的差异，受害人很难获得这些信息资料，因此在诉讼中受害人往往难以证明药品与损害之间的因果关系。为了改善受害人的法律地位，加强对受害人的保护。2002 年修正案在第 84 条第 2 款引入了有限的因果关系的推定规则，如果个案情况下使用某种药品能够造成损害，则推定损害是由该药品引起的；但是，如果根据与个案有关的情况，另一个事实能够造成损害，则该推定不适用。[1] 关于因果关系的证明责任通过因果关系推定（Kausalitätsvermutung）得以减轻，因果关系推定的依据来自环境责任法中的因果关系推定规则。2002 年修订后的《药品法》对药品侵权责任做出了两项重大变动：一是实行举证责任倒

---

〔1〕 See FMH. Medicinal Products Act [EB/OL]. (2016 - 04 - 04) [9/18].

置;二是规定受害人对制药企业和政府机构享有知情权。第 84 条第 1 款规定,如果事实证明药品已经产生损害,则受害人可以要求生产商和药品监管机构披露全部或部分关于药品疗效方面的信息,除非该信息依法必须保密或者是为了保护药品生产商和第三人的既有权利,否则,药品生产商和有关管理机关必须披露相关信息。[1] 第 84 条第 3 款,药品生产者要想免除赔偿责任必须证明该损害原因不是由于药品开发和生产所致。[2]

立法者的出发点是将客观事实具体化,从而再个别化分类调整。于是,因果关系推定就成为一项阶段化的过程,首先是查明,按照具体的客观事实,药品是否适合损害发生,此种因果关系是否可能存在。也就是说,仅仅证明使用药品一般能够造成损害的发生(eine bloβe generelle Schadenseignung)并不足以推定因果关系,而是要在个案中结合具体情况来证明损害是使用药品造成的,这种适格性必须可信,且排除其他原因致害的可能性。

(五)延长赔偿请求权时效,保障受害人权益

目前,产品责任法一般都采用双重时效规定,即权利人的诉讼时效和生产商的责任时效。《德国药品法》中权利人的诉讼时效采取了延长时效的制度。

第 90 条【诉讼时效】规定:(1)根据本法第 84 条指出的索赔,诉讼时效应为 3 年,从有权获得赔偿的人实际意识到伤害、使其有权提出索赔的情况和损害责任方的身份之日 3 年内;尽管有此规定,索赔在损害发生 30 年期限后失效。(2)如果损害责任方和损害受权方对赔偿额标准的协商在进行中,时效期应延缓,直到当事人中的一方拒绝继续协商。(3)在其他方面,适用民法中关于诉讼时效的规定。该条采取的延长诉讼时效的做法,主要基于实践中药品的毒副作用是一个长期的积累过程,如果按照一般产品的赔偿请求权时效,受害人的权利救济就会落空。

(六)确立药品责任保险和基金赔偿制度

《德国药品法》规定的损害赔偿原则是最高限额的无过错责任原则,且

---

〔1〕 参见刘海鸥:《德国 2002 年侵权行为法改革》,载《法律文化研究》2006 年第 1 期。

〔2〕 参见[德]沃尔夫冈·多伊布勒、朱岩:《德国损害赔偿法的改革》,载《中德法学论坛》2002 年第 5 期。

没有明确的区分财产损害与非财产损害,并不能对精神损害、痛苦和其他非物质损害请求赔偿。在药品损害实行了利益衡平的损害救济制度,药品作为危险物品乃是人类生活所必需,如果由于科技因素的限制,所导致的损害以及损害赔偿金额事先难以预见,不采取责任限制,会掣肘企业的发展风险,进而会影响医药科技进步,甚至可能使人类面临新的疾病而束手无策。因此,德国药品法在药害损害赔偿责任的严格责任制度之下,采取了不可预见的损害与可预见的责任之间实行一种衡平,既确保了消费者的权利同时也兼顾了社会整体利益。

第 88 条【赔偿额上限】规定:损害责任方的责任为:(1)于致人死亡或伤害的情形,其资本化之一次性赔偿数额最高为 100 万德国马克,或者年金赔偿数额每年不超过 600 德国马克;(2)若因同一药品致多方死亡或受伤,除受第一款所规定的限制外,其资本化之一次性赔偿数额最高为 2 亿德国马克,或以年金赔偿之数额每年不超过 1200 德国马克。若发生第 2 小节第 1 句话的情况,赔偿给多个受害方的多项赔偿额超过制定的最大金额,个人赔偿额应按指定的最高限额,于上述赔偿总额的比例相应减少。

第 89 条【以年金形式的赔偿】规定:(1)因收入能力中止或减退的赔偿和因受害方需要的增加而进行的赔偿及按照第 86 条第 2 款应提供给第三方的赔偿,应通过年金在将来支付;(2)民法第 843 条第 2 例第 4 款的规定和民事诉讼法第 708 条第 8 项的规定,亦比照适用;(3)如果责任方被判处支付年金时,受权方未判得保付单,即使责任方的资金情况严重恶化,受权方仍然可以要求得到一份保付单;在相同情况下,可以明确要求判决中增加保付单。

自 20 世纪 60 年代西方消费者运动以来,在产品责任领域已经开始逐步实施强制性的责任保险制度,尤其在涉及消费者生命健康的食品和药品责任领域,责任保险制度更为关键。责任保险制度实质上是一种分散损害的方式,具有两个优点:一为使被害人的救济获得较佳的保障;二为加害人不致因大量损害赔偿而陷入困难或破产。

第 94 条【保险准备】规定:(1)制药企业必须保证其能够实现因使用其投放市场的、经强制销售许可,或依法免予销售许可的人用药品导致损害的赔偿给付(保险准备)。保险准备应达到第 88 条第 1 款的指定总金额,并必须符合以下规定之一:A. 从现行法律范围内授权从事该业务的保险公司取得的第三方保险;B. 由国内信贷机构或任何欧洲共同体成员国之一或达到欧洲经济区协议的国家的信贷机构发出的免责或担保义务。(2)如果保险准备由第三方保险形式提供,于 1967 年 6 月 30 日最后修订的 1908 年 5 月 30 日保险合同法的第 158c 条至第 158k 条,将同样适用。(3)信贷机构必须在保证保险准备在需要支付时都能得以实施的情况下,保险准备才能以信贷机构使用免责或保证义务形式提供。对于免责或保证义务,保险合同法的第 158c 条至第 158k 条同样适用。(4)符合保险合同法第 158c 条第 2 款规定的主管机关为第 64 条规定执行监督的主管权力机关。(5)德意志联邦共和国和联邦德国没有义务提供第 1 款规定的保险。

责任保险制度实质上是一种分散损害的方式,其具有两个优点:一为使被害人的救济获得较佳的保障;二为加害人不致因大量损害赔偿而陷入困难或破产。[1] 自 20 世纪 60 年代西方消费者运动以来,在产品责任领域已经开始逐步实施强制性的责任保险制度,而事关消费者生命健康的食品和药品责任保险更为立法所关注。德国针对药害的基金赔偿制度,后来得到很多国家或地区的效仿。[2]

三、实施机构

德国药品不良反应的损害赔偿必须通过诉讼途径获得,因此法院的赔偿判决是获得赔偿的前提。赔偿金的给付则由药品经营企业或其投保的保险公司支付。为了保障药品不良反应受害者能及时得到补偿,德国卫生部下属的联邦药品与医疗用品研究所还会对其进行监督。

1994 年 7 月 1 日,德国成立了独立的联邦药物和医疗用品研究所(Bundesinstitut fuer Arzneimittel und Medizinprodukte, BfArM),该所接替了前联邦卫生局药物研究所的工作,其中需要登记并评价药物不良反应报告,并根据阶段计划采取预防措施,对药品不良反应实施监督职责。

药品不良反应如果可能导致撤销药品批准或对批准内容做重大修改或导致采取其他安全措施,BfArM 将决定有无必要撤销批准,或者决定在什么条件下可继续使用,并拟订分期计划,付诸实施。对药品不良反应的

---

〔1〕 参见王泽鉴:《侵权行为法》(第 1 册),中国政法大学出版社 2001 年版,第 8 页。

〔2〕 参见叶正明:《简析德国〈药品法〉》,载《湖南行政学院学报》(双月刊)2009 年第 6 期。

监督具体做法包括：根据医学、药学和毒理学评价，将药品不良反应的详细资料转化为改变药品批准内容的具体措施，并且该措施由药品不良反应的特性和重要性决定。

BfArM 在 1994 年实施的防止药品不良反应的主要措施有：(1) 审查人血和人组织药物制品病毒污染的安全标准；(2) 调查动物源性药物传播海绵状脑病的病原体的危险；(3) 重新评价含蒽样植物有效成分的药物，特别是泻药；(4) 采取措施，防止含醋酸环甲氯地孕酮药物的不良反应；(5) 评价使用含奥美拉唑药品的危险；(6) 评价含对乙酰氨基酚药品的危险。

同时，作为药品不良反应个例报告的结果，对大约 20 种有效成分的 67 种药品的产品资料做了修改，主要涉及给药的方式。

四、救济程序

《德国药品法》确立了以消费者权利保护为核心的责任制度，同时也兼顾社会整体利益，在公共政策考量下，建立了利益衡平的药品损害救济制度。针对药品不良反应损害救济构建责任保险和基金配合的救济制度，即在政府政策引导和监督下，以强制药品生产商向保险公司投保的形式筹集药品不良反应损害的救济基金。在发生药品不良反应损害时，由保险公司对受害人的人身伤亡、财产损失，在责任限额内予以赔偿的制度。[1] 药品不良反应损害的受害者向州法院提起诉讼后，法院根据《药事法》对诉讼进行审理，如符合药品不良反应损害救济法范围，则判决给予受害者进行赔偿。对于赔偿的给付，则由该制药企业投保的保险公司，或者按照制药企业与有关信用机构的约定承担赔偿责任。出现多方赔偿义务主体，应承担连带责任或按份责任，赔偿义务和赔偿范围应当根据各自对损害的作用来决定。[2]

当药品不良反应损害发生时，受害人可要求获得赔偿金。赔偿金包括受害人的治愈成本、因受害人死亡或工作能力暂停而减少的金钱损失，或在受害期间应需求增加而减少的收入、受害人的丧葬费用及其他合理的经济补偿。若受害人存在法律范围内的被扶养人，且因受害人受害而无法维

---

〔1〕 参见朱向珺、李瑛：《德国药品不良反应救济制度的分析》，载《中国医药指南》2014 年第 31 期。

〔2〕 参见朱向珺、李瑛：《德国药品不良反应救济制度的分析》，载《中国医药指南》2014 年第 31 期。

持生活,则企业也应承担相应义务。此外,考虑到企业的承担能力,德国还规定了赔偿金的上限:当受害人仅1名时,每起事件最高赔付额为每年3.6万欧元或总计60万欧元;当死亡或受伤的受害人为多人时,每起事件的最高赔付额为每年7.2亿欧元或总计120亿欧元。当多名受害人的应赔偿金额超过了最高限额时,按比例赔付每名受害人。一旦赔偿金额被支付完成,所有损害责任将自动消灭。损害请求时限为受害人认知损害且知晓赔偿义务人起3年内,损害发生30年后自动消灭。[1]

(一)药品损害责任:“绝对责任”“疏忽责任”

《德国药品法》第84条【绝对责任】规定:如果因为使用在现行法律范围内为消费者提供的、需经强制性销售许可核准或依法免予销售许可的人用药品,导致死亡或者身体或健康受到重大伤害,在现行法律范围内把药品投放市场的制药企业必须为所致损伤对受害方进行赔偿。有下列情形时,赔偿的责任成立:(1)按照药品的既定用途使用时,该药品产生了有害影响,该有害影响超过了当时医学知识的允许范围并且源于药品开发或生产过程;或(2)该损伤系因不符合当时医学知识的标签、专家信息或使用说明导致。

《德国药品法》第85条【疏忽责任】规定:如果受害方的过失促成了伤害,适用民法第254条。

《德国民法典》第254条【共同过失】规定:(1)被害人对损害的发生负有共同过失的,应根据情况,特别是根据损害在多大程度上是由当事人的一方或者另一方造成的,来确定赔偿义务和赔偿范围。(2)即使被害人的过失仅限于对债务人既不知也不可知的、有造成异常严重损害的危险怠于提醒债务人注意,或者怠于防止或者减少损害时,也同样适用前款规定。于此准用第278条的规定。

《德国民法典》第278条【履行辅助人的过失;重大过失】规定:债务人对其法定代理人或者其为清偿债务而使用的人所犯过失,应与自己的过失负同一范围的责任。

不同于《德国商品责任法》,《德国药品法》明确否定了将药品发展风

---

〔1〕 参见邹宜諠、陈云、柳鹏程等:《德国和日本药品上市许可持有人制度下的药品损害事件风险管理研究》,载《中国药事》2018年第3期。

险作为责任免除的事由。

(二)救济范围及限额

《德国药品法》对于药品损害赔偿范围限于死亡、身体健康受损,不支持精神抚慰赔偿。且死亡给付清楚规定,赔偿应包括死亡人所抚养的第三方的抚养费用。而本身或健康受损的赔偿除了医疗费用之外,尚包括受害人因该损害所致暂时性或永久丧失或减少的劳动能力,或因此所增加的必要费用。给付方式可以是一次性给付,也可以是以年金形式给付。同时,为了保护医药产业的发展及兼顾保险业的承受能力与承保意愿,对于药品缺陷所导致的损害赔偿,无论是死亡给付或是身体健康损害给付,都设定了最高赔偿限额。

第86条【死亡损害责任范围】规定:(1)死亡:如发生死亡,应赔偿试图挽回死者的花费以及偿还死亡方因收入能力中止、减退或因生病期间需要的花费增加而遭受的金钱损失,损害责任方还要进一步赔偿丧葬费用。(2)赔偿第三方:发生伤害时,如果死亡方对第三方依法负有或应当负有供养义务,并且该第三方因为死亡方的死亡被剥夺了得到赡养费的权力,损害责任方应赔偿第三方,保证其得到死亡方在应有寿命内应提供的供养费。如果发生伤害时,第三方在母体还未出生,损害赔偿也应执行。

第87条【身体健康损害责任范围】规定:如果一方身体受到伤害或健康受到损害,应补偿治疗费用以及偿还受害方因收入能力暂时或永久中止、减退或由此造成其需求增加而遭受的金钱损失。

第88条【赔偿额上限】规定,损害责任方的责任为:(1)于致人死亡或伤害的情形,其资本化之一次性赔偿数额最高为100万德国马克,或者年金赔偿数额每年不超过600德国马克;(2)若因同一药品致多方死亡或受伤,除受第一款所规定的限制外,其资本化之一次性赔偿数额最高为2亿德国马克,或以年金赔偿之数额每年不超过1200德国马克。若发生第2小节第1句话的情况,赔偿给多个受害方的多项赔偿额超过制定的最大金额,个人赔偿额应按指定的最高限额,于上述赔偿总额的比例相应减少。

(三)请求权时限

《德国药品法》对受害者诉讼赔偿的请求权作出了时间限定:规定受害人无论是否认知其请求权及确定其责任主体,在损害发生且认知其请求权及确定责任主体时起3年内有效,并在损害发生后30年请求权终止。但是,基于药品的毒副作用是一个长期的积累过程,将权利人的诉讼时效采取了延长时效的制度。

第90条【诉讼时效】规定:(1)根据本法第84条指出的索赔,诉讼时效应为3年,从有权获得赔偿的人实际意识到伤害、使其有权提出索赔的情况和损害责任方的身份之日3年内;尽管有此规定,索赔在损害发生30年期限后失效。(2)如果损害责任方和损害受权方对赔偿额标准的协商在进行中,时效期应延缓,直到当事人中的一方拒绝继续协商。(3)在其他方面,适用民法中关于诉讼时效的规定。

(四)资金来源

德国对药品不良反应的赔付手段采用了责任保险和信用担保手段。德国制药企业在其药品上市期间应担保其有能力在发生药品不良反应事件之后负担法定的赔偿金额。为保证该担保的可靠性,《德国药品法》规定仅有两种担保方式:(1)由制药企业投保,向各保险公司投入责任保险;(2)由制药企业与当地金融机构或欧盟成员国的金融机构或属于其他国家但与欧洲经济区定有合约的金融机构约定,由该金融机构承担或提供保证,并且特别明示国家不负有承担提供赔偿的义务。

对于赔偿的给付,主要由药品生产者所提供的基金来履行。该赔偿基金主要有两种形式:一是生产者向有权经营保险业务的保险公司投保责任保险;二是由生产者与金融机构约定,由金融机构承担以免除赔偿义务人的赔偿责任或对赔偿义务人提供保证。如果赔偿基金的提供是以与金融机构的约定来执行,则金融机构对预期可能产生的赔偿请求应保障有能力在前述赔偿基金范围内履行义务。针对出现多方赔偿义务主体的情形,应区分连带责任或按份责任,赔偿义务和赔偿范围应当根据各自对损害的作用来决定。

第94条【保险准备】规定:(1)制药企业必须保证其能够实现因使用其投放市场的、经强制销售许可,或依法免于销售许可的人用药品导致损害的赔偿给付(保险准备)。保险准备应达到第88条第1款的指定总金额,并必须符合以下规定之一:A.从现行法律范围内授权从事该业务的保险公司取得的第三方保险;B.由国内信贷机构或任何欧洲共同体成员国之一或达到欧洲经济区协议的国家的信贷机构发出的免责或担保义务。(2)如果保险准备由第三方保险形式提供,于1967年6月30日最后修订的1908年

5月30日保险合同法的第158c条至第158k条，将同样适用。(3)信贷机构必须在保证保险准备在需要支付时都能得以实施的情况下，保险准备才能以信贷机构使用免责或保证义务形式提供。对于免责或保证义务，保险合同法的第158c条至第158k条同样适用。(4)符合保险合同法第158c条第2款规定的主管机关为第64条规定执行监督的主管权力机关。(5)德意志联邦共和国和联邦德国没有义务提供第1款规定的保险。

(五)诉讼的救济程序

德国对药品不良反应的救济是必须通过药品责任诉讼进行。药品不良反应受害者向州法院提起诉讼后，法院根据《德国药品法》对诉讼进行审理，如符合药品不良反应救济范围，则判决给予受害者进行赔偿。

因此，德国的责任保险与基金相配合的药品不良反应损害救济制度不仅有效地解决了药品不良反应损害赔偿的时效性问题，保障了受害者的人体健康和生命安全，维护了社会稳定。而且，通过保险分担企业的经营风险，不仅使企业从解决药品不良反应损害纠纷解脱，投入更大的精力研发、改进产品质量，同时还可极大缓解药品生产企业、医疗机构和受害者之间的矛盾，最大限度地维护了药品生产企业的合法权益，有利于医药行业的发展。

第七章 日本药品不良反应损害的救济制度

日本的药品不良反应损害救济机制为基金模式，由日本厚生劳动省下属的药品医疗器械综合机构负责运营。当受害者遵照处方或医嘱使用药品出现预期外的不良反应损害时，且具体的法律责任及责任承担人不明确时，受害者可向政府申请基金。救济基金的来源包括政府拨款和企业缴费两部分，是否发放及发放的标准则由厚生劳动省决定。[1]

一、案例分析

日本可以称得上是在20世纪饱受药品不良反应之苦最为严重的国家。在1960～1970年，日本相继出现了5起严重的药品不良反应事件。其中，由肠胃药奎诺仿(Chinoform)引发的亚急性脊髓视神经症(也简称为斯蒙病，SMON)，仅厚生省就有1.1万多人深受其害；1959～1962年震动欧洲的反应停事件，也在日本大量发生；在1965年因含有ampoule的感冒药引起的休克死亡事件，治疗肾炎的药物氯喹引起角膜炎导致失明的事件以及氯霉素副作用事件等在日本都引起了极大的反响。

---

〔1〕 参见邹宜諠、陈云、柳鹏程等：《德国和日本药品上市许可持有人制度下的药品损害事件风险管理研究》，载《中国药事》2018年第3期。

（一）典型案例

1. 反应停事件

由德国的格兰泰公司研发的反应停，于1958年由大日本制药公司以具有安眠、防止孕吐作业的药品开始销售，1960年还作为胃肠药而广泛使用，此后在日本就出生了一些四肢畸形婴儿，反应停事件是日本最早的大型药品致害的事件。1958～1963年在日本有936名四肢畸形婴儿出生，截至1981年在日本生存的受害者还有309人。1961年11月18日勒茨（Lenz）医生在小儿科学会上发表了反应停药物是造成四肢畸形婴儿的原因。在此之前勒茨医生曾经向德国的格兰泰公司提出警告但遭到否决。11月26日，格兰泰公司在欧洲各地接连不断地召回反应停药剂，12月5日大日本制药公司也收到了格兰泰公司的警告，然而日本厚生省和大日本制药公司的协议，"如果召回市场上的有用药品会引起社会的动荡和不安"，结果反应停药品仍没有撤离日本市场。1962年2月2日《时代周刊》刊登了反应停药品致害的报道，而2月1日日本厚生省还批准亚细亚制药公司的反应停药剂的制造许可。同年5月18日，日本朝日新闻报道了格兰泰公司的反应停药品致害事件，为了防止因报道引起的社会混乱，销售反应停的各制药企业主动停止该药物的销售。1964年受害者的家属提起诉讼，直到1974年才以和解告终，长达10年的漫长诉讼以地方法院的裁决获胜。

2. SMON事件

SMON，因服用肠胃药甲酸奎宁（Chinoform），下半身出现神经麻痹行走困难，随后还会出现视力减退，导致全盲者居多。1955年开始出现患者，但因患病原因不明，故将该病起名为SMON，仅厚生省就有1.1万多人深受其害。当时认为，亚急性脊髓视神经病是传染病，日本内科协会提出隔离患者，相继各地开始出现对该病患者的歧视，认为与患者直接地接触能被传染就连医生都敬而远之，患者及其家属也遭到学校、单位、亲属以及社会的排斥。患者及其家属为此而苦恼，亚急性脊髓视神经病患者或家属自杀事件也接二连三地被报道。

1969年厚生省成立了亚急性脊髓视神经病调查研究会，在1970年5月东京大学的田村善藏先生从患者的绿尿中查出肠胃药中有"奎诺仿"的成分。自后，亚急性脊髓视神经病患者开始减少。1970年亚急性脊髓视神经病患者近1万人参加了诉讼，受害者以奎诺仿生产厂家，国内进口业者以及批准制造该药的国家为被告,向各地法院提起损害赔偿请求诉讼。从1978年3月1日的金泽地方法院判决开始,全日本9个地方法院相继作出了判决。在753名原告中,有556名被认定为患者,最高的赔偿金为2996万日元(前桥地方法院判决),最低的为1652万日元(金泽地方法院判决)。其中,金泽地方法院判决中认定国家与制药公司构成共同侵权行为人,国家作为不真正连带债务人承担40%责任,制药公司承担60%责任。而东京地方法院判决未全部肯定国家责任,却认为国家与制药公司虽不构成共同侵权行为人,但是国家基于管理的疏忽,也应承担一部分责任,因此二者的债务处于不真正的连带债务关系上,认定国家的责任为全部义务的1/3。直到1979年该诉讼案以原告确认书和解而告终。

3. 氯喹诉讼

在因服用了治疗肾炎的药物氯喹而遭受其副作用导致角膜症并引发失明的患者对制造公司、国家、医师及医疗机关提起的请求赔偿诉讼中,第一审东京地方法院于1982年2月1日判决认可了原告的主张,认定制药公司在医药品的制造、进口、销售等领域的调查研究、副作用的警告等方面存在严重的义务不履行,是重大的职务执行上的过失。认定了国家为确保医药品安全负有调查义务和调查权,以及事后在判明副作用的场合下更正其有用性的权限,厚生大臣存在这些权限的不履行、不行使以及职务上的义务违反,国家应承担过失责任,但认为国家与制药公司的责任关系不是共同侵权行为。该案上诉后,第二审东京高等法院1988年3月11日判决对制药公司责任的认定基本与一审相同,但以厚生大臣的作用是监护性的,医药品的副作用回避义务主要在制药公司等理由否定了国家的过失。

4. 非加热血液凝固因子制剂导致艾滋病事件

血友病是日本发生率较高的一种疾病,据统计约有5000多人患有血友病。该病主要是由于人体内血液凝固基因先天不足与健康者相比血液难以凝固的疾病。日本早期的医学界通常用为患者补充血液凝固基因的方法来治疗。所需的血液凝固基因,是从捐血者的血液中提取的,经过浓缩后制成一种干燥的血液制剂,通过注射的方式将其输入病者的血管。随着医学技术的进步和捐血卖血者的增多,提取、制成一种非加热的浓缩血液制剂并投入临床使用。但是,艾滋病毒隐藏在捐血者、卖血者的血液中,作为原料被引入血液制剂,继而被注射进血友病患者的血管。为治疗血友病而使用的血液制剂被指出有病毒污染的疑惑,却被相关部门漠视最终导致众多血友病患者感染上了艾滋病。

1981 年 6 月,美国的国家防疫中心发现了第一例艾滋病患者后,次月又发现了第一例血友病患者感染艾滋病。这个消息立刻传遍世界医学界,在血友病多发的日本,医学界也注意到这一现象。1982 年 11 月,帝京大学教授安部英在东京血友病之友协会开会时,指出利用血液制剂治疗血友病有感染艾滋病的危险。1983 年 6 月,日本厚生省组织了一个专门研究艾滋病及其对策的研究小组。7 月,在帝京大学医院第一例血友病患者因感染艾滋病毒死亡。据统计,血友病患者 5000 人中约有 1500 人感染上艾滋病,其中 592 人(2006 年 9 月止)因艾滋病而死亡。国家当时没有尽早利用安全的国内血浆,也没有尽快采取用加热血液制剂替代非加热血液制剂的办法,对受害者置之不理。1989 年 5 月,空前的药品致害艾滋病诉讼案件是由非加热血液制剂感染上艾滋病的受害者为了追究国家和制药企业的责任向东京地方法院和大阪地方法院提起诉讼。1995 年 10 月东京地裁和大阪地裁劝告和解,1996 年 3 月 29 日以原告确认书和解而告终。在同案件的审理期间,“药害艾滋病”事件已得到社会广泛认知从而直接推动了 1988 年 12 月日本艾滋病预防法的成立。

5. 药品致害肝炎

日本原绿十字公司 1964 年至 1972 年,日本厚生省批准先后开始制造、销售两种血液制剂并将其运用于临床。当时的生产方式是积蓄众多人的血浆混合进行提炼,由于血浆来源被污染直接导致血液制剂的污染。据统计,当时使用制剂的 28 万人中可能约有 1.6 万 ~ 3 万人感染了 C 型肝炎。1981 年厚生省就接到了血液制剂导致的感染肝炎病例报告,并未对其展开调查。1986 年 9 月至 1987 年 4 月,青森县三泽市 8 名产妇因使用一种制剂而感染了 C 型肝炎。

事件发生后,经过 15 年的调查,厚生省于 2002 年 8 月发布了《关于因纤维蛋白原制剂而感染 C 型肝炎的调查报告书》,将 C 型肝炎的大规模感染归结为当时对 C 型肝炎知识和检验方法的不足,并未对 C 型肝炎患者提供任何的实质性救济措施。2002 年 10 月 21 日,东京 13 名、大阪 3 名肝炎感染者以国家(日本政府)和三家制药企业为被告,分别向东京地方法院和大阪法院提起损害赔偿诉讼。2003 年 4 月,10 名患者以国家和两家企业为被告,向福冈地方法院提起总额 6.27 亿日元的损害赔偿请求。随后,又有患者在名古屋和仙台地方法院提起诉讼,从而形成了在五个地方法院同时与国家及制药企业展开诉讼的态势。此后,参与到诉讼中的患者人数不断上升。2006 年 5 月,在各地方法院起诉的原告在东京集会,成立了全国原告代表团。争议在于:制剂的危险性及其在治疗方面的有效性;政府的责任,即厚生省批准制剂时是否能够预见其危险性,批准是否违法;使用制剂与感染肝炎的因果关系。自 2006 年 6 月开始,五个法院相继作出的判决旨意和结果相差各异。2008 年 1 月 11 日,日本国会通过了旨在对所有患者进行整体救济的《药害肝炎救济法》。该法案规定,向因两种制剂而感染 C 型肝炎的患者按照症状支付不同金额的给付金;给付的对象是法院认定的、与国家达成和解协议的原告。给付金申请的期限是法律实施后的 5 年内。同时,《药害肝炎救济法》规定,原告必须经法院认定存在使用血液制剂事实,并与国家达成和解协议、才能获得给付金,因此诉讼成为患者获得国家救济的必要条件。法案通过后,提起诉讼的人数迅速增加,至 2008 年 10 月,起诉总人数已经达到了 1222 人(其中 506 人已经达成和解)。2008 年 1 月 15 日,在厚生省积极推动下,全国原告团及其律师团在东京与厚生省大臣正式签订合意书,确定了使用制剂与感染肝炎之间的因果关系的认定方式、防止再次发生同类事件的对策、国家的责任及谢罪等。[1]

6. 小柴胡汤

小柴胡汤在日本一直被用于肝脏保护作用的药品。1991 年 4 月,日本厚生省向医师、药剂师下达了警示注意小柴胡汤引起间质性肺炎的副作用的通告。1992 年也有报道小柴胡汤和干扰素合用引起间质性肺炎,厚生省又再次下达了禁止小柴胡汤和干扰素合并使用的通告。1997 年厚生省再次发布通告,停止投用小柴胡汤。随后出现了死亡病例,厚生省发布了禁止使用小柴胡汤与干扰素并用的紧急安全性信息。

(二)立法的回应

法院在审理 SMON 中,采取了举证责任倒置,认为医药品属于必须安全的产品,如果其处于危险状态,一般而言其制造者是存在过失的,因此产

---

〔1〕 参见范愉:《群体性侵害事件的多元化解决——三鹿奶粉事件与日本 C 型肝炎诉讼案的比较研究》,载《法学家》2009 年第 1 期。

品有缺陷时可以推定制造者的过失。在SMON病诉讼中,法院以厚生大臣在批准医药品的制造上,懈怠了对奎诺仿的安全确认为由,追究了国家的过失责任。SMON案件、氯喹诉讼两则案例引致国民因使用药品致身体受到伤害甚至死亡的后果,为了保证国民能及时获得合理的赔偿,日本制定了《医药品副作用的救济金法》(后改名为《医药品副作用的被害救济——研究振兴调查机构法》)。该法规定对于医药品副作用,即使制药公司没有过失或尚未认定侵权行为责任的场合下,也要向药品副作用而受到损害的消费者支付各种补偿金。从保障消费者利益的精神出发,强调无过失救济,使消费者免予烦琐的诉讼就可以迅速获得救济。[1]

法院在审理非加热血液凝固因子制剂导致艾滋病事件时,日本的制造物责任法尚未出台,双方争议焦点:过失责任的认定;研发危险的抗辩;举证责任。1995年出台的《日本制造物责任法》和裁判机构关注到了,在认定研发危险抗辩时,不能以制造商和业内人士的见解进行判断而要以可能获得的世界最高水准的科学、技术为标准来判断才更为妥当。在药害事件中,医药品商应以最高的医药学水准,负有确保医药品的安全义务。[2] 在《日本制造物责任法》第3条,规定了以制造物的缺陷为要件的无过错责任原则,免除了受害者的举证责任。[3]

日本立法机关通过制定《药害肝炎救济法》加速了对药品致害肝炎事件的处理,其意义在于:其一,通过立法统一处理的原则和方式,保证了处理的正当性和民主性,避免了司法裁量的不确定和不统一;其二,有利于保证对所有患者进行整体救济,并以政府的补偿救济替代了损害赔偿,保证了处理的公平性和全面性;其三,立法确定由法院审理确认受害人身份及其与使用制剂的因果关系等事实,作为取得补偿金的前提,保证了事实认定的准确性,有利于防止救济的滥用。[4]

---

〔1〕 参见[日]水木晴美:《论日本药品致害的责任问题》,载《沈阳师范大学学报》(社会科学版)2012年第5期。

〔2〕 参见[日]水木晴美:《论日本药品致害的责任问题》,载《沈阳师范大学学报》(社会科学版)2012年第5期。

〔3〕 参见[日]水木晴美:《论日本药品致害的责任问题》,载《沈阳师范大学学报》(社会科学版)2012年第5期。

〔4〕 参见范愉:《群体性侵害事件的多元化解决——三鹿奶粉事件与日本C型肝炎诉讼案的比较研究》,载《法学家》2009年第1期。

二、相关法律规定

对药品不良反应损害实施救济立法之前，日本对制造物的缺陷造成的损害救济，适用其《民法典》第709条：因故意或过失侵害他人权利，负因此而产生的损害的赔偿责任。但由于欧美产品责任制度的影响以及过失责任主义于消费者权益保护的缺失，日本在1975年制定了《制造物责任要纲试案》，该法对缺陷、责任主体、制造物之范围以及时效等都有详细地规定。同时，1976年订立了《预防接种法》，对于强制接种疫苗的受害者进行救济。在20世纪60～70年代的5起重大药品不良反应事件导致高额的诉讼费用，及认定国家批准药物责任的难度，都对保护消费者的权利提出了挑战。于1979年通过了《医药品副作用被害救济基金法》，其目的是让成立的"药品安全和研究机构"既办理受害救济，又推广新药研发。该机构是生产者出于社会责任而由民间发起的，经厚生省认可而设立的法人组织。

随后日本于1994年7月1日颁布、1995年实施了更加完善的《制造物责任法》，因制造物的缺陷造成受害者生命、身体、财产损害都适用该法。但日本针对药品副作用的救济，于《制造物责任法》之外另辟蹊径，修订了1979年的《医药品副作用被害救济基金法》，制定了《医药品副作用被害救济·研究振兴调查机构法》的独立救济基金制度。由医药品制造业者的筹措款与国家的补助金对受害人实施支付，支付范围包括因医药品副作用导致的健康受损、功能障碍以及死亡时受害人或其近亲属所受损失。

三、实施机构

日本药品不良反应损害救济的主管机构是药品和医疗器械综合管理机构(PMDA)，包括14个部门和一个办公室，是一个独立的管理机构，主要负责日本医疗产品的管理。

(一)药品和医疗器械综合管理机构(PMDA)的发展历程

日本在1974年反应停事件和1979年SMON综合征(亚急性脊髓视神经神经病)药害事件得到诉讼和解的背景下建立了ADR救济基金后，救济事务一直由药品安全和研究机构(OPSR/Kiko)处理。

经过20多年的发展，根据2001年日本内阁会议通过的特殊法人合理化重组计划，OPSR与药品和医疗器械审议中心(PMDEC)、日本医疗器械促进协会(JAAME)合并,形成了一个统一管理药品、生物制品及医疗器械的机构,即药品和医疗器械综合管理机构(PMDA),并于2004年4月1日成立并开始服务,日本PMDA负责审查药品和医疗器械的上市申请、上市后的安全实施,并为药品不良反应等受害者提供健康损害救济。PMDA提供的健康损害救济包括:药品不良反应救济;生物制品感染救济;亚急性脊髓视神经病变患者救济;艾滋病毒抗体阳性者和艾滋病患者救济;通过指定产品感染丙型肝炎的患者救济。

ADR救济申请,可由受害人直接向PMDA提出,由PMDA转送厚生劳动省(MHLW)下设的药品事务与食品卫生委员会,无须其他中介机构。PMDA根据委员会的审议决定支付受害人救济金。如果受害人对案件的审议决定不满意,可以在自申请人知道审判结果的2个月内向厚生劳动省申请重新审议。递交的救济申请文件包括:申请表格、诊治医生的处方和诊断书,可由医生协助完成。[1]

(二)PMDA的主要职责

PMDA的主要职责包括药品、生物制品的副作用救济、药品和医疗器械的审评及上市后的安全性评价。

救济,包括:医药品副作用被害救济,致传染性疾病的生物制品的救济,SMON病人的救济,HIV阳性和AIDS病人的救济。

审评,包括:根据《药事法》进行药品和医疗器械的审批,指导药品临床试验,GCP、GLP、GMP的审查。

上市后的安全性评价,包括:收集、分析和提供安全信息,促进药品和医疗器械的安全使用。

促进研发:制药工艺与增加产出的基础研究。

(三)PMDA关于医药品和生物制品救济服务体系

药品和医疗器械是人们预防、治疗疾病,维护身体健康的必需品,所以使用的药品必须是安全的、有效的、合理的剂量是保障安全的关键,但并不是完全能阻止药品不良反应和其他不良健康事件的发生。PMDA就是日本政府建立药品不良反应损害救济体系(Adverse Drug Reaction Relief Sys-

[1] 参见孙骏、唐慧鑫、马爱霞:《日本药品不良反应损害救济制度的建立与实践》,载《药物警戒》2007年第4期。

tem)和致传染性疾病的生物制品救济体系(Biological Product-derived Infectious),对由于使用药品和其他医疗措施所产生的药品不良反应、感染和疾病给予一定的救济。

1. 药品不良反应救济体系

该体系对因使用药品而导致疾病、残障及死亡的不良事件提供救济,包括患者在医院和诊所开的处方药品和患者在药店购买的药品。该体系所救济的导致不良事件的药品,是指在1980年5月1日及以后经合理使用的药品,但是抗癌药和免疫抑制剂除外。

2. 致传染性疾病的生物制品救济体系

那些包括来自人或动物等生物实体的成分和物质的药品和医疗器械,可能会包括一些感染源,如病毒菌素,虽然现在已采取了一些安全措施,但由于目前科技水平的限制,不可能完全地避免其对人的健康所带来的危害。因此,PMDA于2004年4月1日引入传染性疾病的生物制品救济体系,该体系对合理使用生物制品致传染而引起的疾病、残障等不良健康事件提供救济。同时,对阻止感染进一步扩大所采取的措施、给病人带来的附加的感染病,也属于救济的范围。

四、救济程序

药品作为维护人类健康和福祉必不可少的产品,即使治疗方法正确,也无法完全避免药品不良反应损害。因此,对于治疗疾病过程中,药品造成的不良反应等健康危害,提供技术的救济是必要的,以此为目标,PMDA建立了药品不良反应损害救济基金制度,见表7-1。

表7-1 日本药品不良反应损害救济基金制度〔1〕

研究项目	内　容
基金来源	MAH(一般缴纳金,附加缴纳金)、政府补助、社会财团捐助等
适用对象	受害者遭受的伤害必须严重到一定的程度,如疾病、残疾及死亡 普通救济:医药品、再生医学产品、生物来源产品

〔1〕 参见陈云、任磊等:《MAH制度下日本药品不良反应损害救济基金制度研究》,载《中国药事》2017年第12期。

续表

研究项目	内　　容
救济业务	委托救济:SMON、HIV 特别救济:C 型肝炎
救济排除	对于法定接种、赔偿责任、特殊情况下超量使用、特殊疾病药物使用者、轻度药物副作用损害或不适,这 5 种情况给予排除
支付范围	医疗费用、医疗津贴、残疾生活补助费、残疾儿童养育费、死者子女养育年费、一次性补助费、丧葬费共 7 项。不包括精神慰抚金
支付标准	因发生原因、类型和时间而异,PMDA 每年公布支付标准
申请流程	救济的申请由受害人提出,死亡的受害人由家属提出申请,不同的支付种类、期限不同

(一)救济给付适用对象

按日本的《医药品副作用被害救济·研究振兴调查机构法》规定,凡在本国医院、诊所或药店购买的药品(1980 年 5 月 1 日之后),只要在正常条件下使用而产生副作用导致疾病(达到住院治疗的程度)、残障(日常生活显著受限)及死亡的人群,即可获得相应的救济。因此,能够获得 ADR 救济的条件,包括:(1)合格的药品;(2)在正常用法、用量下使用;(3)患者所遭受的伤害必须达到一定程度。

药品作为医疗中不可缺少的必需品,药品对于维持并增进国民的生命健康贡献巨大,药品作为特殊产品具有两面性,在使用的时候既要考虑到药品的有效性和安全性,也不可忽视对其副作用的预见性有一定限度,也就是就目前的科学水平而言,完全避免副作用的发生是非常困难的。对于因副作用引起的损害,依靠民法来追究赔偿责任是很困难的。依据《独立行政法人:药品和医疗器械综合机构法》,针对尽管正确使用药品,但是由于发生的副作用仍然引起健康损害的患者,通过发放各种救济金实现迅速救济受害者的目的而建立的一种公共制度。在《药品副作用受害救济制度Q&A》中明确规定了哪种程度的伤害能够获得救济。

第一,达到住院治疗的必要程度:医药品的副作用引起的疾病达到必要入院治疗的程度,由于特殊原因在家里自行治疗的情况也是救济的对象;对于未达到住院治疗的必要程度,而住院治疗的,不在救济范围内。

第二,日常生活显著受到限制:该制度中的障碍状态是症状规定的状态或者状态不固定到初诊日后的一年半之后的状态,障碍的状态有两级。(1)1 级的障碍:日常生活完全不能自理,如两眼视力在 0.04 以下等;(2)2 级的障碍:日常生活受到一定限制,如两眼视力在 0.08 以下等。

(二)救济给付适用的药品范围

日本立法对获得 ADR 救济的药品做了严格地限制。申请救济的药品是指经劳动省(MHLW)许可的药品,包括处方药和非处方药(OTC)。列入 PMDA 公布的《非救济对象药品一览表》中的药品不在救济范围之列,其中包括 110 种抗恶性肿瘤药、免疫抑制要、100 种动物用药、生产专用药品、体外诊断用药。

(1)癌症和其他特殊疾病使用的医药品,MHLW 指定的抗恶性肿瘤剂、免疫抑制剂,共计 110 种。

(2)人体不能直接使用的,没有药理作用的,副作用损害被发现的可能性不能考虑到的医药品,共计 100 种。包括:动物用医药品;制造专用医药品;出口用医药品;杀虫剂、杀鼠剂;杀菌消毒剂;体外诊断用医药品;卫生材料等(纱布、火棉胶、熟石膏、脱脂棉、橡皮膏等)。

(3)为确保可操作性,该法另设立不列入救济范围的情况包括:

①法定预防接种者。对于法定接种疫苗导致的健康损害,可从其他的公众救济体系获得救济,但对于自愿接种疫苗产生的药品不良反应适用该救济制度。

②对于健康损害,药物生产者及销售者应承担明确的赔偿责任。

③因生命急救目的超过通常使用剂量导致的损害,而其发生已预先可知。

④主管机关所要求的特殊疾病药品使用者(癌症和其他特殊疾病使用的医药品为 MHLW 指定的药品)。

⑤药品副作用的损害程度轻微或受害者因不适当使用药品所致损害。

⑥对不属于药品不良反应救济体系内的药品所致的损害。

(三)救济给付范围

PMDA 救济业务范围比较广泛,涵盖 ADR 救济、致传染性疾病的生物制品的救济,SMON 患者的救济以及 HIV 阳性和获得性免疫缺陷综合症(AIDS)患者的救济,且各项救济不同在一个体系,便于管理。针对 ADR

救济，给付金有医疗费用、医疗津贴、残疾生活补助费、丧葬费等共 7 项。各项给付内容根据住院及院外治疗方式、残疾程度等而有所区别。相对而言，无论是给付范围还是给付金额，救济力度都比较大。[1]

需要注意治疗疾病的救济金类型，包括：(1)医疗费用。是指病人的实际治疗费用，申请自受害人的医疗费用的支付之日起 2 年内有效；(2)医疗津贴。是指除医疗费用以外，治疗疾病的费用。

给日常生活带来严重不便的残疾的救济金类型，包括：(1)残疾生活补助费。是指对于超过 18 岁，遭受一定程度残疾的患者的生活费用补偿；(2)残疾儿童养育费。是指对于 18 岁以下，遭受一定程度残疾的患者，给予其抚养者的补偿。

死亡的救济金类型，包括：(1)死者家属补助费。是指家庭主要成员去世后，死者家属重新生活的费用补偿；(2)死者家庭一次性补助。是指家庭非主要成员去世后，死者家属的费用补偿；(3)丧葬费。是指为死者举行葬礼的费用。其中，精神抚慰金未列入赔偿范围。

(四)救济金的来源及给付的额度

2004 年 5 月 31 日，MHLW 和 PMDA 发布了关于筹集金征收业务的通知，规定新成立的 PMDA 实行征收副作用救济金、感染症救济金及安全对策筹集金等业务，并对救济金的征收计算方法在《关于筹集金征收业务的规定》《日本药品副作用救助准备金申报交纳手册》中做了详细介绍。对 ADR 损害所需的医疗费及相关救济费用，主要是由药品生产企业支付。药品生产企业、销售商每年 4 月 1 日至 7 月 31 日向日本医药品机构进行申报、缴纳。

日本是创设独立救济基金制度的代表性国家，依据颁布的《医药品副作用救济 · 研究振兴与调查机构法》，对因药物正当使用而产生副作用所致基本、残疾及死亡的人群实施救济。ADR 救济金的主要来源有：

(1)药品生产企业缴纳，分为一般缴纳金及附加缴纳金，用于基金的发放。一般缴纳金，是所有在日本上市药品的生产厂家按规定都必须缴纳的现金，以生产者上一年度药品销售量为基础，按厚生省所规定的基础交易

---

[1] 参见张枫、徐晓媛：《日本与我国台湾地区药品不良反应损害救济基金制度的比较及对我国的启示》，载《中国药房》2017 年第 22 期。

额捐款率计算所得金额为缴纳额；而附加缴纳金，则为造成具体伤害的药品生产厂商按规定额外缴纳的现金。因此，企业除了缴纳医保缴纳金，还需要缴纳附加缴纳金。

（2）政府的补助，约为 ADR 被害救济事务费的 1/2。国家对该机构的事务费用进行一定的拨款补助，政府拨款主要用于补贴基金的运营事务。在药品不良反应损害救济体系中，一半的行政事业费用都来自政府补贴。

（3）财团的捐助，根据 PDMA 的报告数据显示，一般缴纳金的征收比率为 0.3/1000，附加缴纳金数额约占救济金总额的 25%；政府补助额为救济事务费用的 50%。

基金征收比率依据救济制度的实践和需要而每年另行制定，至 2003 年以来，征收比率控制在 0.3/1000，并有增加的趋势。PMDA 每年底进行综合评估，保证具有一定的储备资金，也为责任储备（Liabilty Reserve），保证该责任储备能应付下一年度的救济申请额。因此，从目前形势来看，ADR 救济基金没有出现赤字现象，具备一定的抗风险能力。同样，救济金的给付数额，根据发生的原因、救济金种类和发生的时间不同，PMDA 每年都会公布该年的给付标准，见表 7－2。

表 7－2　日本药品不良案由救济给付类型及标准[1]

单位：日元

救济给付类型	详细内容	给付标准
医疗费用	除受害者健康保险担负的金额之外，仍需由受害者自行承担部分	
医疗补贴	1 个月内去医院就诊次数(3 天以上/3 天以内)	每月 36,300、每月 34,300
	1 个月内住院天数(8 天以上/8 天以内)	每月 36,300、每月 34,300
	兼有住院治疗及医院就诊	每月 36,300

〔1〕 参见张枫、徐晓媛：《日本与我国台湾地区药品不良反应损害救济基金制度的比较及对我国的启示》，载《中国药房》2017 年第 22 期。

续表

救济给付类型	详细内容	给付标准
残障养老金	1 级残障	每月 229, 700
	2 级残障	每月 183, 800
残障儿童养育年金	1 级残障	每月 71, 800
	2 级残障	每月 57, 500
死者家属养老金	养老金的支付期限是 10 年	每月 200, 900
	死者家属一次性补助	7, 232, 400
	丧葬费	206, 000

（五）申请救济的流程

药品不良反应或感染受害者向 PMDA 提出救济申请，死亡患者由其家属提出申请，PMDA 收到申请后进行形式上的审查，再向 MHLW 请求审议，MHLW 向药品事务和食品卫生委员会进行咨询，该委员会给予 MHLW 建议，并将审议结果告知 PMDA，PMDA 向健康损害受害者支付救济金。如果受害者对案件的审议决定不满意，可以在自申请人知道审判结果的 2 个月内，向 MHLW 申请复议，见图 7－1。

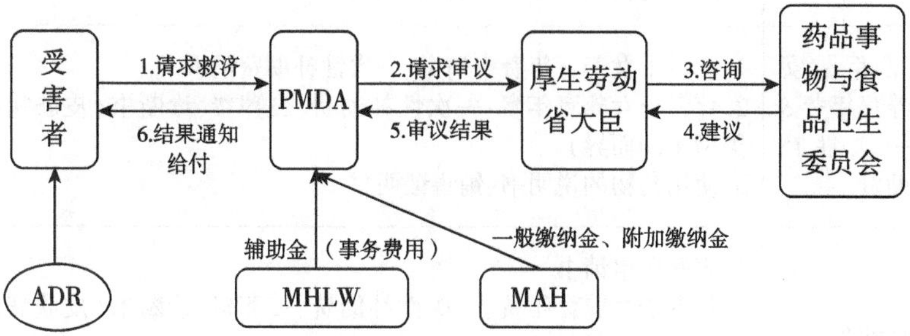

图 7－1　日本药品不良反应损害救济的申请流程〔1〕

〔1〕 参见陈云、任磊等：《MAH 制度下日本药品不良反应损害救济基金制度研究》，载《中国药事》2017 年第 12 期。

1. 申请文件

申请救济金的文件包括：申请表格、诊治医师的处方和诊断书。药品不良反应受害者或其家属直接向 PMDA 提交申请救济文件，也可以由医生协助完成。申请者应当要求治疗医生出具必要的药品不良反应的医疗证明和处方凭证，并将这些证明材料与填写的申请表一起交至 PMDA。申请表和医疗证明等所有表格，可以应健康损害患者或其家属的要求，免费从 PMDA 获得，必要的文件还可以从指定的网站下载，包括：医疗费、医疗津贴申请指导及诊断书；遗属抚恤金、遗属一次性抚恤金、丧葬费诊断书；伤残儿养育抚恤金申请介绍等，见表 7 – 3。

表 7 – 3　申请文件

支付范围	要求的文件
医疗费用 & 医疗津贴	1. 医疗费用及医疗津贴申请书 2. 医疗费用及医疗津贴、诊断书(皮肤病的类型不同而异) 3. 使用药物的说明、销售证明书 4. 就诊证明书
残疾生活补助费 & 残疾儿童养育费	1. 残疾生活补助费申请书及残疾儿童养育费申请书 2. 残疾生活补助费诊断书、残疾儿童养育费诊断书(视觉残疾，听力、平衡机能，运动、感觉功能，肝、肾、血液、造血系统功能，迟延性脑障碍、精神损伤，呼吸系统，其他不同样式的诊断书) 3. 使用药物的说明书、销售证明书
死者子女养育年费 & 一次性补助费	1. 死者子女养育年费申请书、一次性补助费请求书 2. 死者子女养育年费、一次性补助费、丧葬费、诊断书(皮肤病的类型不同而异) 3. 使用药物的说明书、销售证明书
丧葬费	1. 丧葬费申请书 2. 死者子女养育年费、一次性补助费、丧葬费、诊断书(皮肤病的类型不同而异) 3. 使用药物的说明书、销售证明书
未发给的求助	1. 未发给救助申请书 2. 请求支付类型要求的文件

2. 申请人及申请时限见表7－4、表7－5。

表7－4　救济基金申请人的要求〔1〕

支付范围	申请人
医疗费用	若受害人在提出申请之前死亡,应该按优先顺序提出申请
医疗津贴	若受害人在提出申请之前死亡,应该按优先顺序提出申请
残疾生活补助费	因副作用成为残疾人的受害人(18岁以上)
残疾儿童养育费	因副作用成为残疾人的监护人(受害者18岁以下)
死者子女养育年费	受害人副作用后死亡按遗嘱中最优先顺序申请
一次性补助费	若受害人在未提出申请之前死亡,应当由受害人家属按优先顺序提出申请
丧葬费	若受害人在未提出申请之前死亡,应当由受害人家属按优先顺序提出申请

表7－5　申请时限

给付种类	申请人	请求时限
医疗费	受医药品副作用引起的疾病治疗的本人;本人在未请求时死亡的,由其家属中的最先顺序继承人请求	医疗费的给付对象作出支付行为的2年内
医疗津贴	同上	请求行为作出的下个月开始计算2年内
残疾生活补助费	受医药品的副作用引起的残疾本人	没有请求期限限制
残疾儿童养育费	由受医药品的副作用引起的残疾人的养育人请求	没有请求期限限制
死者家属补助费	由受医药品的副作用导致死亡者共同生活的家属按照继承顺序请求	死亡后5年以内;如果死亡以前医疗费、医疗津贴、残疾生活补助费、残疾儿童养育费已经决定给付的情况下,死亡后2年内

〔1〕参见陈云、任磊等:《MAH制度下日本药品不良反应损害救济基金制度研究》,载《中国药事》2017年第12期。

续表

给付种类	申请人	请求时限
死者家庭一次性补助	同上	同上
丧葬费	由受医药品的副作用导致死亡的死者进行殡葬祭祀者申请	同上

五、实施现状

自1979年建立药品不良反应损害救济制度以来,日本在弥补药品损害及促进药品研发方面取得显著成效,其救济制度的法律法规体系日趋完善,组织管理机构也日趋健全。

(一)药品不良反应损害救济制度实施的基本情况

1. 救济申请及案例审理的基本情况

根据PMDA的年度报告显示,自1979年建立药品不良反应损害救济制度起到现在,日本已经接收到ADR救济申请案件近万份,在受理的案件中,已经有90%的案例审议完毕,其中有80%左右的申请可以得到救济金。

PMDA救济业务范围比较广泛,涵盖ADR救济、致传染性疾病的生物制品的救济、SMON患者的救济以及HIV阳性和AIDS患者的救济。为了便于管理,各项救济分处于不同的体系。ADR救济的给付范围包括:医疗费用、医疗津贴、残疾生活补助费、残疾儿童养育费、死者子女养育年费、一次性补助费、丧葬费共7项。各项给付内容根据住院及院外治疗方式、残障程度等而有所区别。到目前为止,支付的ADR救济金已到达几百亿日元,其中给予残疾者和死者的救济,即障碍年金、遗族年金和遗族一时金所占比重比较大,分别占到总支付额的40%、35%和38%左右。随着ADR救济制度的完善,救济金申请的案件数量和支付数额也呈现明显的递增趋势。

对于ADR救济金申请案件,审理周期是从机构接收到救济申请时起到厚生劳动省的药品事务与食品卫生委员会的审议决定告知申请人为止所需要的时间长度。审理周期长短依据个案的复杂程度而异。从统计数据来看,案件的审理周期大概在10个月,尤其是在2004年成立药品和医疗器械综合管理机构后,专职负责ADR救济工作,不但没有受到案件申请数量增加的影响,反而每年的审议案件数量上涨,审理周期缩短,工作效率显著提高。

2. 救济申请的药品不良反应损害类型

根据救济申请案件的资料显示,申请救济的ADR损害发生的身体器官主要集中在皮肤组织(Skin and Appendages Disorders)、肌肉骨骼(Musculo-skeletal Disorders)、肝胆(Liver and Aall Disorders)和全身性系统反应(General Syetemic Disorders)。占到案例总数的2/3,见表7-6。

表7-6　药品不良反应损害等级划分标准

等级	总体情况	具体标准
一级	日常生活不能自理的程度或障碍状态	两眼视力之和为0.04以下。 两只耳朵听力水平100分贝以上。 两个上肢或下肢机能有显著障碍。 不能坐或者站。 身体的机能障害或需要长期静养,或更严重,日常生活不能自理(包括以上)。 精神障碍(包括以上)。 身体功能的障碍与精神障碍(包括以上)
二级	日常生活受到显著限制程度或障碍状态	两眼视力之和为0.08以下。 两只耳朵听力水平90分贝以上。 平衡功能或者语言功能有显著障碍。 咀嚼功能存在障碍。 一个上肢或下肢机能有显著障碍。 不能走路。 身体的机能障害或需要长期静养,或更严重,日常生活受到显著限制,或者在日常生活中有显著限制(包括以上)。 精神的障碍(包括以上)。 身体功能的障碍或者精神障碍(包括以上)

3. 涉及药品分类

根据统计数据显示,在所有申请救济的案件中,包括单一药品和联合用药所导致的不良反应,涉及的药品以中枢神经系统用药和抗生素类药品较为显著,涉及这两类药品的救济案件,占到申请案件总量的一半以上。

(二)药品不良反应损害救济基金的运作

1980～2005年ADR救济金支付类别,见图7－2。

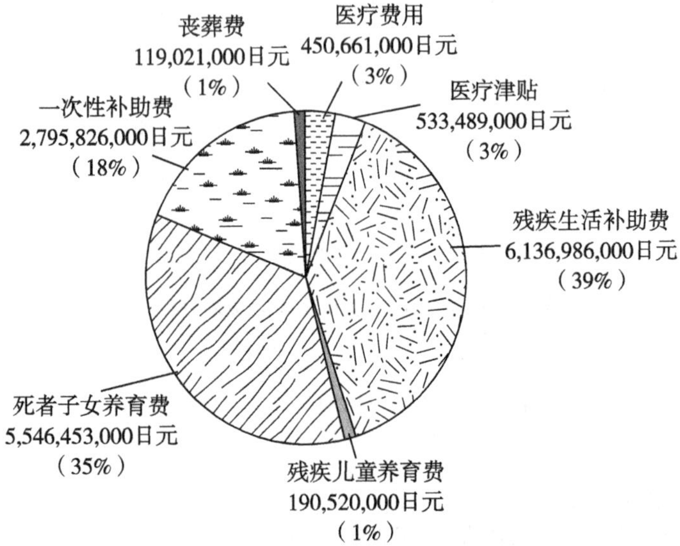

图7－2　1980～2005年ADR救济金支付类别

1. ADR救济基金征收情况

为确保ADR救济基金有可靠的经济来源用以支付救济金,日本通过立法规定药品生产企业需要每年缴纳一定的征收金,包括药品上市许可所有者和药房制剂许可所有者。企业缴纳基金,分为一般缴纳金及附加缴纳金。一般缴纳金,是所有在日本上市药品的生产厂家按照规定都必须缴纳的资金,金额是以生产者上一年度药品销售量为基础,按照厚生劳动省所规定的征收比率计算所得金额;而附加缴纳金,则为造成具体伤害的药品生产厂商按规定额外缴纳的资金。根据统计数据显示,ADR救济基金缴纳额呈现明显上升趋势;基金征收比率,是依据救济制度的实践和需要而每年另行制定的,自1979年以来征收比率都控制在0.3/1000。

2. ADR救济基金的抵御风险能力

PMDA作为药品不良反应损害救济业务机构,每年年底都需要有一定的储备资金,称为责任储备。该责任储备应该能够应付下一年度的救济申请额,到目前为止,该责任储备金额已经达到2000亿日元,足以支付救济金,具备一定抗风险能力。

3. 救济基金的支出

到目前为止,支付的ADR救济金总额已达到约200亿日元,其中给予残疾者和死者的救济,即残疾生活补助费、死者子女养育费、一次性补助费所占比重比较大,分别占到总支付额的40%、35%、15%。随着ADR救济制度的完善,救济金申请的案件数量和支付数额也呈现明显的递增趋势,见表7-7。

表7-7 各项ADR救济金支付情况〔1〕

支付项目	2001年	2002年	2003年	2004年	2005年
总额(日元)	1,022,185,000	1,055,985,000	1,204,243,000	1,262,647,000	1,587,567,000
已审案例中给予救济的案例数量(件)	352	352	465	513	836
医疗费用(日元)	22,541,000	21,050,000	34,813,000	51,722,000	78,527,000
医疗津贴(日元)	33,406,000	30,654,000	35,388,000	42,711,000	70,073,000
残疾生活补助费(日元)	483,316,000	504,134,000	552,869,000	592,028,000	653,143,000
残疾儿童养育费(日元)	12,226,000	17,352,000	16,991,000	17,810,000	40,639,000
死者子女养育费(日元)	261,287,000	279,203,000	335,829,000	412,167,000	502,468,000
一次性补助费(日元)	201,668,000	195,070,000	217,148,000	137,041,000	228,708,000
丧葬费(日元)	7,742,000	8,522,000	11,205,000	9,167,000	14,010,000

〔1〕 数据统计于《2005年PMDA年度报告》。

(三)药品不良反应损害救济基金的社会服务功能

1. 咨询服务

PMDA 作为 ADR 损害救济业务机构,除了进行救济业务外,另行需要安排全职人员进行咨询服务。比如,设立免费电话咨询热线,为救济申请事宜提供咨询服务。PMDA 在全社会范围内开展咨询服务业务,给予救济申请人帮助,有助于药品不良反应损害救济制度的顺利实施,提高社会民众对救济制度及药品不良反应相关知识的认识,也有助于提高临床用药的安全性。

2. 健康福利服务

为了能够成功地推行药品不良反应损害救济制度,PMDA 除了进行救济支付以外,另外开展了一些研究项目。调查研究严重的、罕见的药品不良反应,为药品监管提供参考。

PMDA 成立后,积极与各科研机构合作,开展研究项目。比如,2004 年开展了针对 ADR 救济受益者的实地调查研究项目,研究如何提高受害者的生命质量(QOL),以及如何给予受害者必要的救济服务。2005 年,PMDA 开展了"眼部功能障碍的诊断研究",目的是建立一套新的审评标准,使得患有严重眼部疾病的患者和干眼病患者得到正确的诊断。PMDA 收集、分析了 140 例案例,并试图为有严重眼部疾病的患者建立视觉敏锐度的测试方法,为视觉障碍的临床诊断提供参考。

第八章　我国台湾地区药品不良反应损害的救济制度

依据我国台湾地区的“药害救济法”第1条规定：“为使正当使用合法药物而受害者，获得及时救济，特制定‘本法’；‘本法’未规定者，适用其他有关规定之规定。”其第3条对“药害”“合法药物”“正当使用”“不良反应”“障碍”“严重疾病”作出了明确的界定。第4条规定：“因正当使用合法药物所生药害，得依‘本法’规定请求救济。”我国台湾地区卫生主管部门依据“药害救济法”设立了药害救济机制。

一、药害救济及配套制度

反应停事件波及我国台湾地区多名患者。1997年我国台湾地区发生了数起使用抗生素引起的药物不良反应事件，次年又发生了血友病患者因使用遭到污染的血浆制剂而感染HIV病毒，导致政府与民众开始关注药害事件。我国台湾地区将药害与药品不良反应损害进行了区分，对药品不良反应的损害的救济仅限于对严重的药品不良反应损害。为了使药品不良反应损害导致的死亡、残障或严重疾病者，获得迅速救济，我国台湾地区的卫生主管部门参考日本、德国解决药害事故的立法经验，分阶段地建立救济制度。在制度制定过程中，考虑到因医药科技发展的局限性且无法预防防范所产生的药害事件，希望能够通过建立药害救济制度，来保障消费者、医疗机构以及制药企业的权益。同时,考量药害事件发生的原因复杂,举证困难,患者通过诉讼途径求偿,对其的救济不仅缓不救急,对于医疗机构和医药制造企业的声誉也造成不良影响,而药害救济制度是一种非诉的救济途径,引入了消费者保护法的精神,强调无过失救济,使民众免予陈情,免予诉讼,使民众迅速获得救济。

(一)"药害救济法"

药害救济制度的规划设立和完善经历了三个阶段:

1. 第一个阶段:公布"药害救济要点"

1998 年 10 月 13 日公告并于 1999 年 1 月 12 日实施了"药害救济要点"。在该"要点"中,由卫生主管部门成立审议小组,并委托我国台湾地区"临床药学会"成立药害救济审议小组及药害救济金管理小组,进行药害案件的审查给付、救济金捐赠等。我国台湾地区行政主管部门下设的卫生主管部门参考了发达国家的立法例,对药害救济进行"无过失救济制度"的规划,采取两阶段方式进行。"药害救济要点"实施后,在当时并非强制规定业者参加,而是有 140 余家西药业者以类似互助会之性质主动参加要点的试行。[1]

2. 第二个阶段:完成药害救济制度的制定

2001 年 5 月 31 日公布"药害救济法",自 2001 年 6 月 2 日起实施。约 500 家厂商一律强制参加药害救济制度。"药害救济法"全文 28 条,分总则、药害救济基金、药害救济业务、行政救济、罚则及附则 6 章。其理由在于:近年来我国台湾地区陆续发生数起民众因用药致身体受伤害,甚至死亡之不幸事件。例如,民众因使用抗霉菌药"疗酶舒""适扑诺"而导致重病住院及不幸死亡,因其所受危害与其所服药品之相关性不明确,无法实时获得适当赔偿。受害民众及相关厂商在因果关系难以确认之下,均于陈情及诉讼之过程中,遭受肉体上之极大苦痛与精神上之甚多折磨。对于正当使用药品,而因当时医药科技无法预见且预先防范所产生之药害,目前德国、日本及瑞典等国,均通过药害救济机制,以保障消费者、医疗院所及制药业者之权益。其中,德国及日本,系立法强制所有之药品制造及输入

[1] 参见何亮仪:《论药品责任、药害救济与药品回收制度》,"国立"成功大学 2005 年硕士学位论文,第 64 页。

人者参加药害保险之运作,唯因该保险制度具有保护制药业者及消费者福祉之功能,故其虽非具有强制性,但大部分之药商均乐于参加。又鉴于受害者之求偿如仅有诉讼一途,基于药害事故责任认定之复杂性与困难性,对受害者不仅缓不济急,对厂商、医疗院所之声誉及损失亦难估计。参考先进国家解决药害事故之立法经验,并配合地区内环境现状,拟具"药害救济法"草案。[1] 在"药害救济法"通过后,于2000年10月27日公布"药害救济给付标准",2001年3月16日公布"药害救济基金收支保管及运用办法",2001年4月30日公布"药害救济申请办法"等一系列配套规定。[2]

1999年至2011年5月,我国台湾地区药害救济累计赔偿的药物救济金中76%赔付给死亡病例,17%赔付给残疾病例,7%赔付给严重疾病病例。赔付案例中可疑药物前10位分别是别嘌醇、卡马西平、苯妥英钠、利福平、异烟肼、吡嗪酰胺、双氯芬酸、复方新诺明、拉莫三嗪和头孢唑啉。药害救济的大部分争议来自超说明书用药。2011年5月,我国台湾地区卫生主管部门修改药害救济制度,规定某些因超说明书用药而发生的药害事件(符合当时医学伦理及适应症者)可以申请药害救济。比如,卡马西平导致的严重不良事件一直是我国台湾地区药害救济的主要问题。我国台湾地区卫生主管部门一直在资助一项关于卡马西平致Stevens-Johnson综合证与HLA-B×1502基因型相关性的研究。根据该研究,2008年我国台湾地区卫生主管部门对卡马西平说明书内容进行修改,建议医生在处方卡马西平前对患者进行HLA-B×1502基因型测试。[3]

3.第三个阶段:完善药害救济制度

自2001年6月开始先后公布了相应的规定。

"药害救济法"的通过和完善,使药害救济制度有了法源基础,开启了药害救济的非诉请求的大门,也表明了维护大众用药权益的决心。

---

[1] 参见"台湾立法主管部门"第四届第二会期第十二次会议议案关系文书,第一一五六号,政府提案第六八七八号,第76页。转引自蔡佩君:《药害救济法浅析》,载《台湾本土法学杂志》2000年第14期。

[2] 参见何亮仪:《论药品责任、药害救济与药品回收制度》,"国立"成功大学2005年硕士学位论文,第65页。

[3] 参见曾艳、王育琴:《2011年台湾药害救济与药品安全国际研讨会简况》,载《药品不良反应杂志》2011年第4期。

依据我国台湾地区的药害救济制度，所救济的药害主要是严重的药品不良反应事件。我国台湾地区对药品不良反应损害救济的措施主要涵盖在以下规定中：

(1)台湾当局于2000年6月2日发布了“药害救济法”；

(2)我国台湾地区行政主管部门下设的卫生主管部门分别于2000年6月20日、2002年4月19日，发布的有关药害救济的公告，及药害救济申请书；

(3)我国台湾地区行政主管部门下设的卫生主管部门于1995年1月25日发布了“全民健康保险重大伤病范围”的公告，后续作了多次修订；

(4)我国台湾地区行政主管部门下设的卫生主管部门于2002年3月16日公告的“药害救济基金收支保管及运用办法”；

(5)我国台湾地区行政主管部门下设的卫生主管部门于2001年3月16日发布了“药害救济基金收支保管运用办法”，并于2006年公告了“药害救济征收金缴款说明”；

(6)台湾当局于2006年4月26日发布了“台湾药事法(修正)”；

(7)我国台湾地区行政主管部门下设的卫生主管部门于1998年10月12日公布了“药害救济金管理小组设置要点”；

(8)我国台湾地区行政主管部门下设的卫生主管部门于2003年1月9日发布了“药害救济审议委员会审议办法”；

(9)台湾当局于1994年1月11日颁布了“台湾消费者保护法”，于2003年1月22日修正。

(二)药害救济的性质

1. 无过失补偿原则

药害救济制度的建立，主要在于弥补消费者保护制度的不足，我国台湾地区消费者保护制度虽采取“无过失”的归责原则，但“无过错责任”并非“绝对责任”。我国台湾地区“消费者保护法”第7条第1款规定，从事设计、生产、制造商品或提供服务之企业经营者，于提供商品流通进入市场，或提供服务时，应确保该商品或服务，符合当时科技或专业水平可合理期待之安全性。该款明确规定，企业经营者亦得提出科技发展的抗辩作为免责事由，也就是企业经营者的抗辩依商品或服务上市当时的科技专业水平无从知悉或认识该商品或服务安全性的欠缺，即得免责。

在我国台湾地区“消费者保护法实施细则”第5条第1款也做了进一

步规定,商品于其流通进入市场,或服务于其提供时,未具通常可合理期待之安全性者,为本"法"第7条第1项所称安全或卫生上之危险。但商品或服务已符合当时科技或专业水准者,不在此限。该款对可以认定的情形在第2款也作出了规定,包括三种情形:一是商品或服务之标示说明;二是商品或服务可期待之合理使用或接受;三是商品或服务流通进入市场或提供之时期。显然,受害者通过诉讼请求医疗企业或医疗机构等负损害赔偿责任,须耗费时间、金钱、精力,要证明药品具有缺陷以及与损害的发生有因果关系,有相当的难度,能否获得胜诉更是未定之数。因此,为保护受害者因应社会经济发展,基于福利国家应保障人民最低生存权之考虑,对于正当使用合法药物而受害的,除另有可归责之人外,均给予实时、迅速之救济,其性质近似于"无过失补偿制度",而同属赔偿或补偿体系一环。[1]

药害救济制度,通过公权力适当介入,将药害转由制造、输入药物者共同承担,审议委员会仅就个案依法作成"给付与否"的审定,不做"有无过失"的认定。虽然"药害救济法"第13条第1款列举了十种"不得申请药害救济"情形,也不是对有无过失的认定,"有无过失""是否具备侵权行为的要件"等应由司法机关认定,审议委员会的决定或可为司法机关的参考,无法定的拘束力。根据"药害救济法"第20条的规定,药害救济之申请人对救济给付之审定如有不服,得依法提起诉愿及行政诉讼。

2. 公法给付

"药害救济法"第20条规定,药害救济之申请对救济给付之审定如有不服,得依法提起诉愿及行政诉讼。第21条规定,药物制造业及输入业者对于征收金之征收、滞纳金或罚款之处分,如有不服,得依法提起诉愿及行政诉讼。也就是说,药害救济制度是由主管机关公权力介入,依法向药物制造人及输入人征收一定比率的征收金,通过公正客观的审议委员会作成审议决定,而以授益处分方式给予药害受害人适当救济;药物制造人及输入人对于征收金之征收、滞纳金或罚锾处分如有不服,或药害救济申请人对给付审定有不服时,均得循行政争讼程序请求给付,其性质应为公法给付。[2]

药害救济制度将公权力适当介入,保障药害救济制度的及时性与补充

---

〔1〕 参见蔡佩君:《药害救济法浅析》,载《台湾本土法学杂志》2000年第14期。

〔2〕 参见蔡佩君:《药害救济法浅析》,载《台湾本土法学杂志》2000年第14期。

性。药害发生后,受害者依诉讼程序请求损害赔偿,程序漫长,费时费力,还可以科技发展作为抗辩,以求免责,受害者很难得胜诉。药害救济制度的确定,构建了一个较为便捷、及时的救济制度,很好地平衡了受害者和厂商权益保护。"药害救济法"为保障受害者得到充分的救济,从程序上设置了很好的衔接。第13条第4款规定:"同一原因事实已获得赔偿或补偿",不得再申请药害救济;若是先申请药害救济再提起诉讼,第17条规定:"亦应于取得赔偿之范围内返还其领取之药害救济给付。"此外,第18条规定:"主管机关给付药害救济后,发现有依法应负药害赔偿责任者,得于给付金额范围内,代为请求赔偿。"

(三)药品不良反应损害救济的构成要件

从广义而言,凡因使用药物而受到损害者,均可称为药害,但考虑基金资源有限,应有效运用。"药害救济法"第3条第1款将药害限缩于"因药物不良反应致死亡、障碍或严重疾病"的情形,才可以申请药害救济。

1. 主体要件:必须由适格请求权人提起

"药害救济法"第3条规定,受害者的使用是"依医药专业人员之指示或药物标示而为药物之使用。"这意味着,处方药必须有处方医生开出处方到合法的药品经营单位,按医生和药师的指示用药造成的药害才给付救济金;非处方药应当依药师的指示和药品的标示用药。因此,主体应当是对"医药专业人员"的合法执业行为造成药品不良反应损害事件。[1]

"药害救济法"第12条规定,药害救济之请求权人如下:(1)死亡给付:受害人之法定继承人;(2)障碍给付或严重疾病给付:受害人本人或其法定代理人。

"药害救济法"第14条规定,药害救济之请求权,自请求权人知有药害时起,因三年间不行使而消灭。

2. 行为要件:必须正当使用合法药物

"药害救济法"第4条第1款规定:"因正当使用合法药物所生药害,得依'本法'规定请求救济",所称的"正当使用",第3条第3款界定为:"指依医药专业人员之指示或药物标示而为药物之使用。"因此,药物的误用、

[1] 参见徐敢、刘昕:《浅析我国台湾地区药害救济法及制度借鉴》,载《药事管理》2006年第8期。

滥用的情形，并不适用药害救济。第3条第2款规定了“合法药物”：“指领有主管机关核发药物许可证，依法制造、输入或贩卖之药物。”而“药物”，第4条及第6条规定，包括药品及医疗器材，药品又涵盖原料药及制剂。但是，第4条第3款规定，对于药害救济，我国台湾地区行政部门下设的卫生主管部门于必要时，应该考虑药害救济基金财务状况，依药害救济急迫程度，分阶段实施。因此，我国台湾地区行政主管部门下设的卫生主管部门于2000年6月20日以“卫署药字第89034185号公告”第一阶段适用“药害救济法”的药物范围为“限于‘药事法’第6条所规定之制剂；但暂不含中药。”该公告中亦明定试验用药品及医疗器材暂不适用。至于服用伪药、禁药、劣药等非法药物所产生的药害，当然不适用药害救济制度。[1]

3. 结果要件：药害必须达到“死亡”“障碍”或“严重疾病”的程度

结果要件是指申请药害救济必须达到因药物不良反应致死亡、障碍或严重疾病程度的药害。所称“障碍”，“药害救济法”第3条第5款规定：“符合身心障碍者保护法令所定障碍类别、等级者。但不包括因心理因素所导致之情形。”所称“严重疾病”，第3条第6款规定：“主管机关参照全民健康保险重大伤病范围及药物不良反应通报规定所列严重不良反应公告之疾病。”

4. 因果关系要件：药品不良反应与损害之间存在因果关系

“药害救济法”第4条第1款规定：“因正当使用合法药物所生药害，得依‘本法’规定请求救济。”也就是说，死亡、障碍或严重疾病程度必须与药物不良反应存在因果关系，才能适用“药害救济法”得救济。

二、实施机构

2000年6月2日由我国台湾地区行政主管部门发布的“药害救济法”是药害救济的规范依据，“药害救济法”第5条规定：“为办理药害救济业务，主管机关应设药害救济基金，基金的来源包括：(1)药物制造业者及输入业者缴纳的征收金；(2)滞纳金；(3)代位求偿的所得；(4)捐赠收入；(5)本基金的孳息收入；(6)其他有关收入。前项基金的收支、保管及运用办法，由行政主管部门审定。”第6条规定：“主管机关为办理药害救济业

[1] 参见何亮仪：《论药品责任、药害救济与药品回收制度》，“国立”成功大学2005年硕士学位论文，第66页。

务，得委托其他机关(构)或团体办理下列事项：必要时，并得捐助成立财团法人，委托其办理：(1)救济金的给付；(2)征收金的收取及管理；(3)其他与药害救济业务有关的事项。”

药品不良反应损害救济的卫生主管部门，作为政府的卫生事务的顾问，执行政府卫生政策。鉴于药害救济为依法办理的重点施政，具有公益性及永续性，且救济金的支付及征收金的收取，均涉及公权力的行使，经上级机关的同意，捐助成立财团法人药害救济基金会，并于2002年9月24日经我国台湾地区台北地方法院登记核准在案。

基金会接受我国台湾地区卫生主管部门专案委托统筹办理的药害救济相关业务，其业务范围包括：

(1)救济金给付；

(2)征收金的收取与管理；

(3)药害救济案件的调查、宣导与审议；

(4)药害及药物副作用发生的相关研究、调查、防治、国际合作及相关奖励政策的研究；

(5)其他与药害救济相关的业务。

基金会是药害救济专门机构，使药害救济无论在政策的拟定还是业务的执行上均具有一贯性，见图8－1。

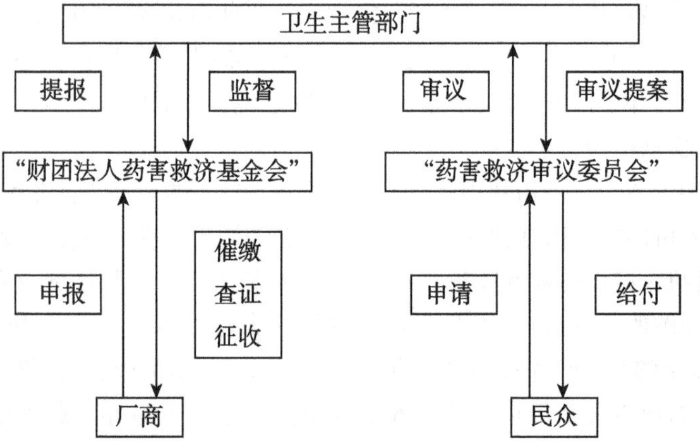

图8－1　我国台湾地区药害救济制度组织

在药害救济基金的来源中，药物制造业者及输入业者交纳的征收金是最主要的组成部分。“药害救济法”第7、8、9、22、25、26条对此作出了规定，并结合“药害救济基金收支保管及运用办法”“药害救济征收金缴纳说明及征收金交纳表”共同管理药害救济基金。

“药害救济法”第7条规定：药物制造业者及输入业者应于主管机关规定期限内，依其前一年度药物销售额一定比率，缴纳征收金至药害救济基金。

前项征收金一定比率，于基金总额未达3亿新台币时，定为1‰；基金总额达3亿新台币时，由主管机关视实际情形，衡酌基金财务收支状况，于0.2‰～2‰范围内，调整其比率。

药物制造业者或输入业者无前一年度售额数据者，应就其当年度估算之销售额缴纳征收金，估算销售额与实际销售额有差异时，应于次年度核退或追缴其差额。

药物制造业者或输入业者所制造、输入之药物造成药害，并依有关规定为给付者，主管机关得调高其次年度征收金之收取比率至10‰，不受第2项规定之限制。

第8条规定：药物制造业者或输入业者未依规定期限缴纳征收金，经以书面催缴后仍未依限缴纳者，每逾2日加征1%之滞纳金。但加征之滞纳金总额，以应缴纳征收金数额之2倍为限。

第9条规定：药物制造业者及输入业者应依主管机关规定期限，申报当年度估算销售额或前一年度销售额及相关资料。

主管机关为办理药害救济及其相关业务，得要求药物制造业者及输入业者提供相关数据，药物制造业者及输入业者不得拒绝、规避或妨碍。

第22条规定：违反第9条规定者，处新台币6万元以上30万元以下罚款，并得按次连续处罚；其有漏报或短报情事者，处应缴纳征收金之差额2倍至3倍之罚款。

第25条规定：“本法”所定征收金、滞纳金或罚款，经限期缴纳，届期不缴纳者，移送法院强制执行。

第26条规定：“本法”所定之罚款，由主管机关处罚之。

其中，依据上述规定，药物制造业者或输入业者所制造、输入之药物造成药害事件，并依“药害救济法”规定为给付者，主管机关将调高其次年度征收金之收取比率至10‰，并且该调整不受基金总额的限制。

受领药害救济给付,免征所得税;受领药害救济给付之权利,免征遗产税。

三、救济程序

我国台湾地区对药品不良反应的救济,依据“药害救济法”第3条的规定:“‘本法’用词定义如下:(1)药害:指因药物不良反应致死亡、障碍或严重疾病;(2)合法药物:指领有主管机关核发药物许可证,依法制造、输入或贩卖的药物;(3)正当使用:指依医药专业人员的指示或药物标示而为药物的使用;(4)不良反应:指因使用药物,对人体所产生的有害反应;(5)障碍:指符合身心障碍者保护法令所定障碍类别、等级者。但不包括因心理因素所导致的情形;(6)严重疾病:指主管机关参照全民健康保险重大伤病范围及药物不良反应通报所列严重不良反应公告的疾病”,见表8-1。

表8-1 我国台湾地区药品不良反应救济给付类型及标准对比[1]

<table>
<tr><th>救济给付类型</th><th>详细内容</th><th>给付标准(新台币)</th></tr>
<tr><td rowspan="3">严重疾病给付</td><td>经认定后,给付其在医疗机构支出的具有正式收据的必要医疗费用</td><td rowspan="3">1万~60万</td></tr>
<tr><td>无法合理认定有其他原因致严重疾病者,视个案具体情况及其死亡与使用药品阐释不良反应之关系程度,酌情给付</td></tr>
<tr><td>但因病情需要入住加护病房或烧烫伤病房,可酌予增加救济</td></tr>
<tr><td rowspan="4">障碍给付</td><td>极重度</td><td>150万~200万</td></tr>
<tr><td>重度</td><td>110万~150万</td></tr>
<tr><td>中度</td><td>100万~130万</td></tr>
<tr><td>轻度</td><td>95万~115万</td></tr>
<tr><td rowspan="2">死亡给付</td><td>受害人若有下列亲属之一必须另计附加给付;配偶、未成年子女或残障子女、父母</td><td>160万~200万</td></tr>
<tr><td>其他:无法排除有其他原因导致死亡,视具体情况及受害人死亡与药品不良反应的关联程度,酌情给付</td><td>20万~100万</td></tr>
</table>

---

〔1〕 参见张枫、徐晓媛:《日本与我国台湾地区药品不良反应损害救济基金制度的比较及对我国的启示》,载《中国药房》2017年第22期。

（一）救济范围、适用的药品、救济给付的标准

根据“药害救济法”的规定，只要是正当使用合法药物而发生药害，患者就可以申请药害救济，但是基于某些特殊情况规定采取列举的方式排除，患者只能依据其他的途径寻求救济。“药害救济法”第13条规定：“（1）有事实足以认定药害的产生应由药害受害人、药物制造业者或输入业者、医师或其他之人负其责任；（2）‘本法’施行前已发现的药害；（3）因接受预防接种而受害，而得依其法令获得救济；（4）同一原因事实已经获得赔偿或补偿，但不含人身保险给付在内；（5）药物不良反应未达死亡、障碍或严重疾病的程度；（6）因急救使用超量药物所致的损害；（7）因使用试验用药而受害；（8）未依药物许可证所载的适应或效能而为药物的使用；（9）常见且可预期的药物不良反应；（10）其他经主管机关公告的情形。”

为使药害救济制度的施行更好地保护患者的合法权益，卫生主管部门发布了“适用药品范围”“药害救济给付”等相关公告。目前，“药害救济法”的药物适用范围只包括全部的西药制剂，尚不含中药、原料药、试验用药及医疗器材。在“药事法”里对“药品”“制剂”“试验用药”“医疗器材”等作了界定。“药事法”第6条规定：“‘本法’所称药品，系指下列各款之一的原料药及制剂：（1）载于‘中华药典’或经‘卫生主管机关’认定的其他各国药典、公定的国家处方集，或各该补充典籍的药品；（2）未载于前款，但使用于诊断、治疗、减轻或预防人类疾病的药品；（3）其他足以影响人类身体结构及生理机能的药品；（4）用以配制前3款所列的药品。”第5条规定：“‘本法’所称试验药物，系指医疗效能及安全尚未经证实，专供动物毒性药理评估或临床试验用的药物。”第8条规定：“‘本法’所称制剂，系指以原料药经加工调制，制成一定剂型及剂量的药品。制剂分为医师处方药品、医师药师药剂生指示药品、成药及固有成方制剂。前项的成药及固有成方制剂管理办法，由‘卫生主管机关’制定。”第13条规定：“‘本法’所称医疗器材，系包括诊断、治疗、减轻或直接预防人类疾病，或足以影响人类身体结构及机能的仪器、器械、用具及其附件、配件、零件。”

依据“药害救济法”第7条规定：“药物制造业者及输入业者应于主管机关规定期限内，依其前一年度药物销售额一定比率，缴纳征收金至药害救济基金。前款征收金一定比率，于基金总额未达到3亿新台币时，定为千分之一；基金总额达3亿新台币时，由主管机关视实际情形，衡酌基金财务

收支状况，于千分之零点二至千分之二范围内，调整其比率。药物制造业者无前一年度销售额数据者，应就其当年度估算之销售额缴纳征收金。估算销售额与实际销售额有差异时，应于次年度核退或追缴其差额。药物制造业者或输入业者所制造、输入之药物造成伤害，并依本‘法’为给付者，主管机关得调高其次年度征收金之收取比率至千分之十，不受第2项规定之限制。”自2000年6月2日正式开始实施“药害救济法”后，“药害救济基金”的主要来源，由“药害救济要点”时期的自愿捐款，改为征收金。由药品生产企业、药品进口企业依法缴纳其前一年度药品销售额千分之一作为征收金。此外，“药害救济基金”也由“药害救济要点”时期委托由民间管理、运作，改由我国台湾地区的卫生主管部门依法设置药害救济基金专户，并依《药害救济基金收支、保管及运用办法》，执行基金的收支、保管及运用，见表8－2。

表8－2　救济给付种类及标准

<table>
<tr><th>给付种类</th><th>给付标准</th><th colspan="2">最高给付（新台币）</th></tr>
<tr><td>死亡</td><td>(1)经审议可合理认定系因使用药品产生不良反应致死者，最高救济给付200万新台币；
(2)附死者解剖报告，经审议无法认定有其他原因致死者，于给付范围内，酌予救济给付；
(3)未付死者解剖报告，经审议无法认定系使用药品产生的不良反应致死者，不予救济给付</td><td colspan="2">200万</td></tr>
<tr><td rowspan="4">障碍</td><td rowspan="4">(1)障碍的等级，依卫生主管部门公告的身心障碍等级认定；
(2)经审议，可合理认定系因药品不良反应致障碍者，依障碍程度给付；
(3)经审议，无法合理认定有其他原因致身体障碍者，亦于最高额度内，酌予给付</td><td>极重度</td><td>200万</td></tr>
<tr><td>重度</td><td>150万</td></tr>
<tr><td>中度</td><td>130万</td></tr>
<tr><td>轻度</td><td>115万</td></tr>
<tr><td>严重疾病</td><td>(1)经审议，可合理认定系因药品不良反应致严重疾病者，给付其至医疗机构诊疗所支出并具有正式收据的必要医疗费用，但最高以给付60万新台币为限；
(2)经审议，无法合理认定有其他原因致严重疾病者，亦依前述规定酌予给付</td><td colspan="2">60万</td></tr>
</table>

（二）申请办法

依据“药害救济法”第12条第2款的规定：“请求权人申请救济的程序，应检附之数据及其他应遵行事项的办法，由主管机关制定。卫生主管部门于2001年4月30日发布了“药害救济申请办法”，并于2015年4月8日修订。

1. 申请排除的情形依据“药害救济法”第13条规定：

有下列各款情事之一者，不得申请药害救济：

（1）有事实足以认定药害之产生应由药害受害人、药物制造业者或输入业者、医师或其他之人负其责任。

（2）“本法”施行前已发现之药害。

（3）因接受预防接种而受害，而得依其他法令获得救济。

（4）同一原因事实已获得赔偿或补偿，但不含人身保险给付在内。

（5）药物不良反应未达死亡、障碍或严重疾病之程度。

（6）因急救使用超量药物致生损害。

（7）因使用试验用药物而受害。

（8）未依药物许可证所载之适应症或效能而为药物之使用。

（9）常见且可预期之药物不良反应。

（10）其他经主管机关公告之情形。

属于上述情形的，不可以依据“药害救济法”申请救济，可以“药害救济法”之外的社会救济途径给予救济。

2. 申请的类别：依据药害发生的严重程度，可分为三种类别：

（1）严重疾病（指因药物副作用而需要住院、延长住院时间、需作处置以防止永久性伤害）。主管机关参照全民健康保险重大伤病范围及药物不良反应通报规定所列严重不良反应公告之疾病，限于因药物不良反应致危及生命、导致病人住院、延长病人住院时间，须作处置以防永久性伤害者。

（2）障碍（系指取得身心障碍手册）。是指符合身心障碍者保护法令所定障碍类别、等级者，但不包括因心理因素所导致之情形。

（3）死亡。

3. 申请资格：药害救济之请求权人在不同的情况下有所区别。依据申请类别不同，申请人的资格可分为：（1）申请严重疾病给付时，申请人必须为受害人本人或其法定代理人；（2）申请障碍给付时，必须先取得身心障碍手册，而申请人必须为受害人本人或其法定代理人；（3）申请死亡给付时，申请必须为法定继承人。

申请药害救济之权利,不得让与、抵销、扣押或提供担保。比如,药害救济申请案的受害人为植物人,可由法院依法宣告为禁治产(无行为能力),并由检察官指定监护人,监护人即为受害者之法定代理人,为公正人士,需为受害者争取最大利益。

此处"法定代理人",是指依法规定当受害人未成年或已经被宣告为禁治产的情形时,其中未成年人是指年龄未满20周岁,禁治产是指被法院宣告为禁治产者。

4. 申请时限:依据"药害救济法"第14条规定:"药害救济之请求权,自请求权人知有药害时起,因三年间不行使而消灭。"

"药害救济申请办法"第2条规定:"药害救济的请求权人申请药害救济时,应填写申请书并检附相关资料,向主管机关或其所委托的机构、团体提出。"该办法所指的申请书的内容及格式,由主管机构公告。药品不良反应损害救济应当向财团法人基金会申请,根据该基金会的公布,申请书的获取可以采取三种方式:(1)可以在基金会的网站上进行线上申请;(2)也可以直接在网站上下载药害救济申请书;(3)通过电话联系基金会,由该会将申请书直接邮寄,见表8-3。

表8-3　提交申请时需要准备的相关材料

申请类别	严重疾病	障　　碍	死　　亡
所附资料	(1)申请书; (2)受害前病历摘要; (3)受害后病历摘要; (4)诊断证明书; (5)医疗费用收据; (6)身份证正反面影本; (7)户口簿复印件	(1)申请书; (2)受害前病历摘要; (3)受害后病历摘要; (4)诊断证明书; (5)障碍手册或证明; (6)身份证正反面影本; (7)户口簿复印件	(1)申请书; (2)受害前病历摘要; (3)受害后病历摘要; (4)诊断证明书; (5)死亡诊断证明; (6)解剖报告(若有); (7)身份证正反面影本; (8)户口簿复印件

药害救济申请人所附资料不合格,主管机构或其所委托的机构、团体应当通知其补充、更正。药害救济申请人应当于接到通知后30日内完成,逾期不办理,不予受理。如果有正当理由,药害救济申请人于30日届满

前，可以申请延期一次，但是延长期间不得超过30日。

5. 审查标准：依照申请人提交的资料，进行病历调查和实际调查。根据药害救济的构成要件分析，以"药害救济法"的规定为依据，审查申请人的资格，确认申请人是否符合药害救济申请的构成要件，以及是否属于药害救济申请的范围。如果适用，则以个案的形式提交给药害救济审议委员会。

（三）申请流程

依据"药害救济法"第12条第2款规定："请求权人申请救济之程序、应检附之数据及其应遵行事项之办法，由主管机关定之。"药害救济申请人检附资料不合程序者，主管机关或其所委托的机关、团体应通知补正。药害救济申请人应于接获通知后30日内补正，逾期不补正者不予受理，前项补正如有正当理由，药害救济申请人应于30日内补正期间届满前申请延期1次，但延长期间不得逾30日，见图8－2。

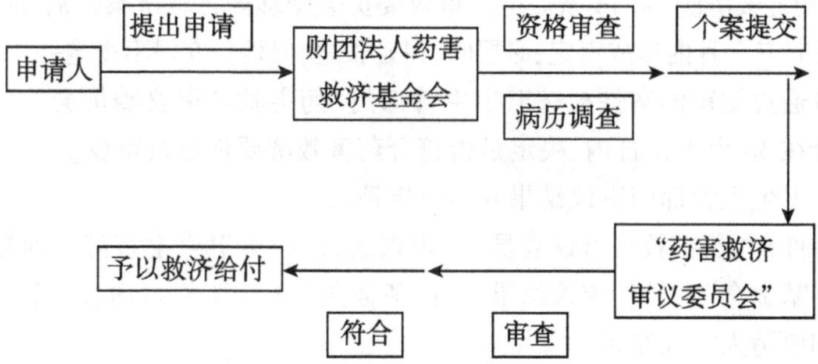

图8－2　药害救济的申请流程

1. 申请人提出申请

申请人填写药害救济申请书及必要的文件，邮寄到"药害救济基金会"。

2. 资料的审核及对申请人进行访谈

基金会接到申请书后，在5个工作日内核查申请资料是否完整，并电话联系申请人。如果需要补充资料，将通过专函通知申请人，并告知在30日内补正资料。

3. 发送受理通知

基金会审核后，确认申请资料正确无误，将"受理通知"的专函邮寄给申请人，并告知案例的编号。

4. 药害资料调查

基金会将进行药害资料的调查，一般办理时间为75工作日，因个案情况也会有所差异。

5. 整理资料并撰写报告提送初审

依据病历资料，整理并撰写报告，一般办理时间为45个工作日。完成后将提送具有医(药)学专长的初审委员会审查。

6. 卫生主管部门审议案件

依据“药害救济法”第15条规定：“主管机关为办理药害救济及给付金额之审定，应设‘药害救济审议委员会’；其组织及审议办法，由主管机关定之。前项审议委员会置委员十一人至十七人，由主管机关遴聘医学、药学、法学专家及社会公正人士担任之，其中法学专家及社会公正人士人数不得少于三分之一。”

“药害救济法”第16条规定：“审议委员会受理药害救济案件后，应于收受之日起三个月内作成审定；必要时，得延长之，但延长期限不得逾一个月。”

将通过初审的案件提送卫生主管部门“药害救济审议委员会”。由该委员会在30个工作日内，决定是否符合药害救济要件进行审议。

7. 卫生主管部门审议结果并转告申请人

案件经“药害救济审议委员会”审议通过后，由卫生主管部门通知“药害救济基金会”案件的审议结果，再由基金会在5个工作日内，以函件的方式通知申请人审议结果。

8. 药害救济给付受领的性质与返还

根据“药害救济法”的规定，卫生主管部门药害救济审议委员会对药害救济申请案，仅作为是否适用药害救济给付规定之决定，而不做有无过失之判定；具体的药害事件是否成立，其他民事、刑事责任，应以司法机关裁判为准。

“药害救济法”第17条、18条规定了药害救济的领受情形。在领受药害救济金的程序中，并未要求已领受药害救济给付者，放弃诉讼权，所以已领有药害救济给付者是可以再行诉讼权利的，但是已经领取药害救济给付而基于同一原因事实取得其他赔偿或补偿者，于取得赔偿或补偿之范围内，应返还其领取之药害救济给付，但人身保险所取得之给付不在此限。

(四)药害救济的行政程序

在“药害救济法”第20、21条规定了,在药害救济申请中,受害人可以申请行政救济。主要包括:一是指药害救济之申请人对救济给付之审定如有不服,得依法提起诉愿及行政诉讼;二是指药物制造业者及输入业者对于征收金之征收、滞纳金或罚款之处分,如有不服,得依法提起诉愿及行政诉讼。另外,药害救济请求权人对救济给付之审定如有不服,须于处分到达次日起30日内,提起诉愿。

四、实施现状

(一)药害救济案件基本情况分析

自1998年年底提出药害救济要点后开始实施药害救济制度,为使药害申请案件的办理和案例分析更具有时效性,“药害救济基金会”于2003年下半年完成了药害救济信息管理系统建设,将所有申请案件相关数据导入数据库管理模式,进行多维度因素(如使用药物、处方医院、发生地区等因素)综合分析,通过先进的信息分析技术,能够为医药界提供更多关于提升用药安全方面的信息与协助。

1.“药害救济要点”时期案件审议情况分析

自1999年“药害救济要点”施行以来,截至2002年年底受理药害救济申请案件共计278件,其中符合申请要件者有265件;完成病历调查之中申请案件计244件,完成药害救济审议有223件,符合药害救济并获得药害救济给付者共计89件,给付率达40%。获得给付者中有25例获死亡给付、4例获残障给付及60例获严重疾病给付,给付金额总计达3248万元。

2.“药害救济基金会”成立后药害案件基本情况分析

表8－4、表8－5分别为2012～2016年药害救济申请案件的总量分析表和类别分析。

表8－4　2012～2016年药害救济申请案件的总量分析

年度(年)	案例(件)	受害人平均年龄(岁)	造成药害救济的药品处方地区			
			北区	中区	南区	东区
2012	242	54.83	179件(44.75%)	98件(24.5%)	110件(27.5%)	13件(3.25%)
2013	257	57.09	115件(44.8%)	71件(27.6%)	64件(24.9%)	7件(2.7%)

续表

年度(年)	案例(件)	受害人平均年龄(岁)	造成药害救济的药品处方地区			
			北区	中区	南区	东区
2014	296	54.9	133 件(44.9%)	68 件(23%)	89 件(30.1%)	6 件(2%)
2015	199	52.3	84 件(42.2%)	56 件(28.1%)	57 件(28.7%)	2 件(1%)
2016	186	56.11	82 件(44.15%)	37 件(19.9%)	61 件(32.8%)	6 件(3.2%)

表 8-5 2012~2016 年药害救济申请案件的类别分析

年度(年)	死亡	障疑	严重疾病
2012	123 件(30.75%)	38 件(9.5%)	239 件(59.75%)
2013	62 件(24.1%)	28 件(10.9%)	167 件(65%)
2014	78 件(26.4%)	29 件(9.8%)	189 件(63.8%)
2015	63 件(31.7%)	12 件(6%)	124 件(62.3%)
2016	59 件(31.7%)	18 件(9.7%)	109 件(58.6%)

(二)药害救济案件审议结果分析

自 1999~2016 年,药害救济申请案件数已经达到 2918 件,而经"药害救济审议委员会"完成审议的案件共计 2732 件,其中符合药害救济要件而获得给付者共计 1572 件,平均给付率为 57.5%。据统计,2012~2016 年平均救济比例达 6 成,"药害救济审议委员会"依据"药害救济法"的规定精神及救济的宗旨,对于审议认为无法排除药物不良反应与所使用的药物无关联的,采取从宽认定的原则,并根据个案具体情况及其与使用药物产生不良反应之间的关联程度予以酌情给予救济。

在历年救济案件中,死亡、障疑、严重疾病救济给付分别为 471 例(30%)、74 例(4.7%)、1027 例(65.3%),救济总金额共计新台币 4 亿 3 千余万元,见表 8-6、表 8-7。

表8-6　经审议给予救济之申请案例类别及金额

年度(年)	情况	死亡	障疑	严重疾病
2012	案例数	63件(26%)	13件(5.4%)	166件(68.6%)
	总金额(新台币)	56,200,000(73.5%)	12,500,000(16.3%)	7,804,568(10.2%)
2013	案例数	33件(21.9%)	7件(4.6%)	111件(73.5%)
	总金额(新台币)	18,300,000(65%)	6,095,000(21.6%)	3,773,475(13.4%)
2014	案例数	52件(26.8%)	7件(3.6%)	135件(69.6%)
	总金额(新台币)	28,250,000(76%)	3,950,000(10.6%)	4,995,984(13.4%)
2015	案例数	43件(30.9%)	6件(4.3%)	90件(64.8%)
	总金额(新台币)	18,650,000(78.7%)	2,690,000(11.4%)	2,357,112(9.9%)
2016	案例数	32件(29.9%)	1件(0.9%)	74件(69.2%)
	总金额(新台币)	13,540,000(76.2%)	2,000,000(11.3%)	2,225,304(12.5%)

表8-7　经审议之申请案例不予救济之理由

不予救济之理由	2012年	2013年	2014年	2015年	2016年
与药品无关	60件(38%)	48件(45.3%)	42件(39.6%)	21件(36.2%)	42件(54.5%)
常见且可预期之药物不良反应	51件(32.3%)	34件(32.1%)	32件(30.2%)	25件(43.1%)	15件(19.5%)
未依药物许可证所载之适应症或效能而为药物之使用	27件(17.1%)	8件(7.6%)	11件(10.4%)	3件(5.2%)	6件(7.8%)

续表

不予救济之理由	2012 年	2013 年	2014 年	2015 年	2016 年
药害救济之请求权,自请求权人知道药害时起,因3年间不行使而消灭	2 件(1.3%)	2 件(1.8%)	3 件(2.8%)	3 件(5.2%)	4 件(5.2%)
药物不良反应未达死亡、障疑惑严重疾病之程度	5 件(3.2%)	8 件(7.6%)	6 件(5.7%)	2 件(3.4%)	3 件(3.9%)
有事实足以认定药害之产生应由药害受害人、药物制造业者或输入业者、医师或其他之人负其责任	10 件(6.3%)	5 件(4.7%)	2 件(1.9%)	1 件(1.7%)	3 件(3.9%)
非属"药害救济法"第 3 条第 1 款所称药物不良反应致死亡、障疑惑严重疾病之药害			4 件(3.8%)	2 件(3.4%)	
非属现行"药害救济法"第 3 条第 2 款所称领有主管机关核发药物许可证,依法制造、输入或贩卖之药物					3 件(3.9%)
非属现行"药害救济法"第 3 条第 3 款所称依医药专业人员之指示或药物标示而为药物之使用	1 件(0.6%)				

续表

不予救济之理由	2012年	2013年	2014年	2015年	2016年
同一原因事实已经获赔偿或补偿,但不含人身保险给付在内	1件(0.6%)			1件(1.7%)	1件(1.3%)
请求权人资格不符			2件(1.9%)		
其他经主管机关公告之情形	1件(0.6%)	1件(0.9%)	4件(3.8%)		

根据自2013～2016年的统计数据显示,给予救济的药害案件中发生的药品不良反应的种类,以严重的皮肤病、免疫系统紊乱、肝胆管疾病居多。其中,尤以发生严重皮肤病为主,见表8－8。

表8－8　“死亡给付”案例中因使用药物后发生的不良反应损害情况分析

年度	严重皮肤病	肝胆管疾病	免疫系统紊乱	其他
2013(33件)	23件(70%)	2件(6%)	4件(12%)	4件(12%)
2014(52件)	33件(63.5%)	5件(9.6%)	6件(11.5%)	8件(15.4%)
2015(43件)	27件(63%)	4件(9%)	7件(16.3%)	5件(11.7%)
2016(32件)	23件(71.8%)	6件(19%)	2件(6.2%)	1件(3%)

综上所述,我国台湾地区的药害救济制度自1999年实施以来,在保护患者合法权益、提高民众用药安全上取得了巨大的成效。为了进一步落实药害救济制度,减少药害反应的发生,提升民众用药安全,药害救济基金会积极与医院科研单位合作,开展相关研究项目,并走入社区进行宣传教育活动,使社会大众及医护人员更能了解药害救济制度。

第九章　我国药品不良反应损害救济的现状

一、典型药害事件

制药企业本属于高风险行业，需要严格管制，我国的制药产业整体新药研发能力薄弱，以生产仿制药为主，企业规模整体不大，在生产过程中的违法违规行为比较严重。2019年修改《药品管理法》坚持党的方针，建立科学完善的药品安全监管体系，将“四严”的要求贯穿到药品研制、生产、流通、使用全过程。同时，也鼓励和支持药品创新，推进技术进步，提高药品质量，促进行业发展。2019年修改《药品管理法》，贯彻党中央关于加强药品管理的指示要求，针对群众反映强烈的假药、劣药、药价高、药品短缺等突出问题，进一步健全覆盖药品研制、生产、经营、使用全过程的法律制度，体现“四个最严”的要求。切实加强药品安全监管，用最严谨的标准、最严格的监管、最严厉的处罚、最严肃的问责，加快建立科学完善的药品监管体系。

（一）药品质量责任事件

1.“甲氨喋呤”事件

【事件过程】甲氨蝶呤是一种抗癌药，主要用于急性白血病、绒毛膜癌、骨肉癌等肿瘤治疗，在我国的应用较为普遍。自2007年6月起，医院在使用上海医药（集团）有限公司华联制药厂生产的注射用甲氨蝶呤药品过程中，先后发生11例9～43岁患者在进行腰穿并在椎管内注射该药2～31天后，出现患者脊髓神经根的损害症状，患者下肢瘫痪，下肢肌肉进行性萎缩，陆续失去自主活动能力、合并大小便失禁。后经系统治疗全部患者症状没有任何缓解，5例在出院前疾病持续恶化导致死亡，其余6例出院前下肢活动完全瘫痪、肌肉严重萎缩、大小便失禁。经司法鉴定为一级严重伤残。根据2007年国家卫生部和国家食品药品监督管理总局公布的调查结果，全国范围内使用该药品的近30多个医疗机构均发生了相同药害事件，受害者278例。

2007年7月6日，国家药品不良反应监测中心陆续收到广西、上海等地部分医院的药品不良反应病例报告。患者共同使用了标示为上海医药(集团)有限公司华联制药厂生产的注射用甲氨蝶呤(批号为070403A、070403B，规格为(5mg)。为保证公众用药安全，国家药监局决定暂停上述批号产品的销售和使用，同时派出工作组，分别到生产原料的企业、生产制剂的企业和使用制剂的医疗机构进行全面调查，对原料药和上海华联生产的制剂也进行了抽样，同时采取了紧急控制措施，对产生不良反应的两批药品进行了暂时控制。2007年7月9日，卫生部发出紧急通知，要求医疗机构立即暂停使用上海医药(集团)有限公司华联制药厂生产的批号为070403A和070403B注射用甲氨喋呤(5mg)，做好已使用该药品的患者临床观察和随访记录。2007年7月30日，上海华联制药厂070405B、070502B两个批号注射用甲氨蝶呤(5mg)被暂停用于鞘内注射。药品检测机构同时对甲氨蝶呤注射液展开分析检验。2007年8月，北京、安徽、河北、河南等地医院有关使用上海华联药品发生不良事件的报告，陆续上报到国家药品不良反应监测中心：此时，发生不良事件的药品已涉及上海华联甲氨蝶呤、盐酸阿糖胞苷两种注射剂。

2007年9月5日，为防止不良事件的影响进一步扩大，国家食品药品监督管理总局和卫生部决定，暂停上海华联制药厂注射用甲氨蝶呤和注射用盐酸阿糖胞苷的生产、销售和使用。2007年9月14日，药监、卫生部门的联合专家组终于查明，上海华联甲氨蝶呤、阿糖胞苷鞘内注射后引起的损害，与两种药品的部分批号产品中混入了微量硫酸长春新碱有关。随后，上海市食品药品监管局立即查封了该厂有关生产车间，全力查找混入硫酸长春新碱的具体原因。上海市公安机关也介入调查。最终查明：现场操作人员将硫酸长春新碱——另一种不能用于鞘内注射的抗肿瘤药物，与甲氨蝶呤和阿糖胞苷同在一条生产线上生产，从而使硫酸长春新碱尾液混入注射用甲氨蝶呤、盐酸阿糖胞苷等批号药品中，导致多批次的药品被硫酸长春新碱污染，造成重大药品生产质量责任事故，而相关人员隐瞒了违规生产的事实。2007年12月3日，国家食品药品监管局副局长吴浈表示，向受害者赔付的工作已经启动。2007年12月12日，国家食品药品监督管理总局公布了有关部门对上海甲氨蝶呤药物损害事件的处理结果：上海华联制药厂因生产数批次劣药甲氨蝶呤及阿糖胞苷，导致全国上百位白血病患者下肢伤残，依法吊销上海医药（集团）有限公司华联制药厂持有的120个产品批准文号，吊销其生产药品的资格即该厂所持有的《药品生产许可证》，没收该厂的违法所得，并按照《药品管理法》处以最高的处罚。企业相关的责任人已经被公安部门拘留。

【救济】根据《药品管理法》（2019年）第98条第2款规定了假药的几种情形，“（一）药品所含成分与国家药品标准规定的成分不符；（二）以非药品冒充药品或者以他种药品冒充此种药品；（三）变质的药品；（四）药品所标明的适应症或者功能主治超出规定范围”，“甲氨蝶呤”事件违反药品监管规定导致药品被污染的假药事件。“甲氨蝶呤”事件在药品生产环节暴露的问题，在于药品生产者不按生产工艺生产，药品并未经检验合格即上市销售。药品生产企业忽视药品质量控制体系建设的投入，未建立完整规范的质量保证体系。甚至为了控制药品生产成本，违规操作，不按药品的工艺进行生产。“甲氨蝶呤”事件对药品生产监管提出了更高的要求，必须建立健全的药品质量控制系统。日常监管、跟踪检查、飞行检查等手段，能否做到全程参与并实时监控。因此，企业所有部门都要提高GMP的意识，对药品采购、使用，成品的出厂、销售全过程实行严密的控制，严格按照SOP和申报的工艺操作。

上海市政府责令上海医药集团成立专门组织，对受害人进行赔偿。2008年3月24日率先在国内处理药害事件，11例患者家属和上海医药（集团）有限公司华联制药厂、上海瑞金医院签订《甲氨蝶呤事件和解协议》，进行一次性终结医疗损害和药品损害，赔偿范围包括：肌力残疾赔偿、受害后5年的护理费用、残疾用具费用、康复治疗费用和精神抚慰金等10个赔偿项目。专家介绍，注射甲氨蝶呤后，对中枢神经系统造成严重地损害，一般3～6个月，如果没有好转，损耗和造成的结果会定型。成年患者，下肢的残疾是不可逆的，康复治疗可能已经没有任何意义。因此，患者和家属无法接受残酷的现实，企业希望能够一次性对致残赔付，患者希望能够给予治疗费用和医疗支持。事件发生后，由于经费不足，部分受害者面临或处于停药的阶段，无奈与企业达成了一次性的医疗损害和药品损害的协议。但大部分患者是无法接受协议，事件后续依然存在患者诉请不断。

2. “鱼腥草”事件

【事件过程】20 世纪 60 年代，我国科技人员开始“鱼腥草注射液”的研制，20 世纪 70 年代开发成功并上市使用。该药是临床常用的抗菌药物，在抗病毒、退热等方面疗效可靠、速度快，具有不产生抗药性、价格低廉等优点，谓“中药抗生素”。2003 年“非典”期间，“鱼腥草注射液”是卫生部从上万种中药中推荐的 8 种抗 SARS 中药之一。之后，又被推荐用于抗击禽流感。由于是为数不多疗效确切的药物之一，功勋卓著，曾被誉为“非典功臣”。“非典”之后，生产“鱼腥草注射液”为代表的此类产品的不良反应事件日渐突出。2000 年之前，全国从只有十多家单位生产，到 2006 年已经扩增到 195 家。

2003 年 8 月，国家药品不良反应监测中心在第 4 期《药品不良反应信息通报》中通报了鱼腥草注射液的严重不良反应；此后，各地大量关于鱼腥草注射液的不良反应被发现和报告，其中，有为数不少过敏性休克引起的死亡案例。如 2006 年 4 月，北京市药监局发布的数据显示，2005 年，两例患者因“鱼腥草注射液”产生不良反应死亡。其他多个省市也有死亡案例报道。国家药品不良反应监测中心从 1988 年到 2006 年 4 月共收到鱼腥草注射液不良反应报告 222 例。2006 年 6 月 1 日，国家局印发《关于暂停使用和审批鱼腥草注射液等 7 个注射液的通告》，决定暂停使用和审批鱼腥草等 7 个注射液（包括鱼腥草类的复方注射液）。据介绍，鱼腥草注射液由中药鱼腥草提取制成，和所有的中药注射液一样，鱼腥草注射液经过人工提取时，受技术限制，难以达到纯制剂的要求，植物蛋白无法去尽，容易造成过敏反应。国家食品药品监督管理总局药品安全监管司药品评价处处长表示，对这七种注射剂相关不良反应的产生原因、发生机制、可否通过干预措施避免等尚不明确，将进一步深入研究。[1] 2006 年 6 月 5 日国家药

〔1〕 参见焦艳玲：《药品不良反应法律救济制度研究》，知识产权出版社 2012 年版，第 22 页。

监局启动了对七个鱼腥草类注射液的安全性的鉴定评价工作。于9月5日,印发《关于鱼腥草注射液等7个注射液有关处理决定的通知》,有条件地恢复肌肉注射用鱼腥草类注射剂的使用。之后,通过审查的生产企业陆续恢复该类产品的使用。

相应地,鱼腥草产业链受到严重破坏。当时有关资料显示,全国195家鱼腥草注射液生产厂家产业工人约4万人,年制剂产量6亿支,年制剂产值约85亿元;鱼腥草种植农户约10万人,年收入约1.2亿元;全国每年使用鱼腥草注射液产品的患者达到了2.8亿人次,从鱼腥草的种植、加工、提取、成药等整个产业链,价值近百亿元。估计紧急叫停令将让全国鱼腥草注射剂生产企业2006年损失20亿元。

【救济】"鱼腥草"事件是中药注射液问题的典型代表。1997~2001年全国中药不良反应报告中,注射液在品种上虽只占32.18%,在例数上却占到68.71%。有些注射液不良反应的发生往往与生产批号有关,说明原料和生产工艺存在问题,这也是SFDA要求中药注射液的生产需率先通过GMP和配备指纹图谱的主要原因。[1] 国家食品药品监督管理总局从2001年至今已发布的多期药品不良反应通报中,由中药注射液引发的不良反应事件约占到七成。中药生产企业有人指出:现在的工艺还达不到可以完全地把中药材有效和无效的成分分开。[2] 克林霉素水溶性不够稳定,杂质较多,储存运输中容易出现问题,做成注射液的难度较大,做成输液对工艺的要求更高。"鱼腥草"事件涉及药品注册审评和上市后再评价。药品注册审评,是国家药监部门对拟上市销售药品的安全性、有效性、治理可控性等进行系统评价的行为,是确保用药安全的事前保障,也是药品行政许可制度的一项重要内容。但目前缺少药品审评的法定明确标准。药品上市后再评价,即药品再评价,是指国家药监部门根据最新的医药科技进展,从药理学、药剂学、临床医学、药物流行病学及药物政策等方面,对已批准生产或进口的药品在社会人群中的疗效、不良反应、用药方案,以及药物稳定性、药物经济学等方面进行科学评价和估计。因此,对药品上市后评

---

[1] 参见王忠壮、胡晋红:《中药不良反应及其发生因素》,载《药学服务与研究》2004年第4期。

[2] 参见周超凡、徐植灵、霖育华:《应当重视中药注射液上市后再评价》,载《中国药物警戒》2006年第3期。

价制度的建设是合理用药的迫切期待。[1]

3.长春长生问题疫苗案件

【事件过程】2017年11月，经中国食品药品检定研究院检定，长春长生生物科技有限公司生产的批号为201605014－02的百白破疫苗为效价不合格产品，该批号疫苗销往山东省223,800支。经核查，该批号疫苗发往青岛、枣庄、烟台、日照、莱芜和临沂6个市，已接种211,649支，损耗、封存12,151支，涉及188,133名儿童。

2018年7月15日，根据线索，国家食品药品监管局会同吉林省局对长春长生开展飞行检查，发现该企业：(1)违反所批准的生产工艺而组织生产的行为。包括编造生产记录和产品检验记录，随意变更工艺参数和设备；使用不同批次原液勾兑进行产品分装，对原液勾兑后进行二次浓缩和纯化处理等。(2)冻干人用狂犬病疫苗生产存在记录造假等严重违反《药品生产质量管理规范》行为。国家药品监督管理局发布了《关于长春长生生物科技有限责任公司违法违规生产冻干人用狂犬病疫苗的通告(2018年第60号)》。(3)监测百白破疫苗的结果显示，长春长生公司生产的252,600支不合格的百白破疫苗已接种247,359支，涉及儿童215,184人。为降低百白咳和破伤风的发病风险，山东省卫健委和药监局联合出台《山东省百白破疫苗补种工作实施方案》，对接种过该批次疫苗的儿童启动补种工作，后续补种工作陆续开展。

国家药品监督管理局派出专项督查组，赴吉林督办调查处置工作。要求吉林省食品药品监督管理局收回该企业《药品GMP证书》(证书编号：JL20180024)，责令停止狂犬疫苗的生产，责成企业严格落实主体责任，全面排查风险隐患，主动采取控制措施，确保公众用药安全。吉林省食品药品监督管理局调查组已进驻该企业，对相关违法违规行为立案调查。公安机关随即对长春长生进行立案调查，以涉嫌生产、销售劣药罪对相关犯罪嫌疑人向检察机关提请批准逮捕。2018年7月20日，吉林省食品药品监督管理局公开了对长春长生生产劣药“吸附无细胞百白破联合疫苗”进行行政处罚的决定。其中包括：没收库存的百白破疫苗186支，违法所得85万余元，罚款258万余元，共计344万余元。

---

〔1〕 参见张建平、杨晓林：《齐二药、鱼腥草与欣弗：药品安全事件的法律思考》，载《药学服务与研究》2007年第7期。

我国疫苗分为一类、二类两种，长春长生问题疫苗事件涉及的两种疫苗，“吸附无细胞百日咳、白喉、破伤风联合疫苗”和“冻干人用狂犬病疫苗”分别属于国家免疫规划的一类疫苗、二类疫苗，而长春长生疫苗产品的市场占有率均居国内同类产品前列。根据2017年年报，长春长生供售的共6种疫苗产品，一类、二类疫苗批签发量分别为577万人份和1011万人份，其中狂犬病疫苗批签发数量居于国内第二位，销售量占中国市场的23.19%。疫苗是最有力的卫生手段，是公民安全健康的屏障，增强抵抗传染病的风险。当疫苗出现效价不符合，疫苗本身的免疫效果得不到保障，接种疫苗最直接需求便得不到保证。同时，效价不达标的疫苗注射到接种者体内可能会引起其他不良反应。〔1〕

国家实行疫苗的强制接种制度在于，接种疫苗存在一种“群体免疫效应”（Herd Immunity Effect），疫苗接种不仅仅保护接种者免受疾病伤害，也会使周围未采取接种的人受益，具有正向外部性，直接影响公众安全。长春长生问题疫苗事件引发社会强烈关注，舆论反映强烈，公众大面积的焦虑和恐慌。

【救济】行政处罚书上对长春长生违法事实描述为：将不同批次的原液进行勾兑配制，再对勾兑合批后的原液重新编造生产批号；更改部分批次涉案产品的生产批号或实际生产日期；使用过期原液生产部分涉案产品；未按规定方法对成品制剂进行效价测定；生产药品使用的离心机变更未按规定备案；销毁生产原始记录，编造虚假的批生产记录；通过提交虚假资料骗取生物制品批签发合格证；为掩盖违法事实而销毁硬盘等证据。〔2〕

社会公众舆论焦点随着长春长生案件的深入，迅速转变成社会公众对涉案问题疫苗毒性的讨论和疫苗安全监管的探讨，甚至有上升为疫苗接种信任危机的趋势。长春长生疫苗事件暴露出我国的疫苗安全监管体制和法制的缺陷。

（1）疫苗信息公开渠道不畅通

主要包括：没有公开疫苗信息；公开的疫苗信息并不完整；没有及时的

---

〔1〕 参见贾康、欧纯智：《由疫苗安全到公共安全：忧思与治理》，载《全球化》2018年第9期。

〔2〕 参见[（国）药监药罚〔2018〕1号]《国家药品监督管理局行政处罚决定书》、（吉食药监药行罚〔2018〕17号）《吉林省食品药品监督管理局行政处罚决定书》。

公开疫苗信息;不易对疫苗公开信息进行查找。[1] 2015 年 4 月 28 日,山东省警方破获案值 5.7 亿元非法疫苗案,疫苗未经严格冷链存储运输销往 24 个省市。疫苗含 25 种儿童、成人用二类疫苗。此次涉及疫苗买卖线索的共有 24 个省份近 80 个县市。2016 年 3 月 18 日,《上亿元疫苗未冷藏流入 18 省份:"这是杀人",山东广发协查函》的文章由澎湃新闻推送给受众后,人们才切实的开始关注该事件。随后,国家食药监总局、国家卫健委、公安部、最高检察院都进入该案件。3 月 23 日,李克强总理作出重要批示。直到 2018 年 10 月,长春长生疫苗事件的行政处罚书的公示,公众才了解到疫苗信息。

(2)受害者的救济困难

导致疫苗事件的原因包括:(1)疫苗质量没有达标;(2)尽管疫苗质量没有问题,但接种期间医务人员出现了过失;(3)疫苗没有质量问题,接种程序合规,接种者出现了疫苗不良反应损害。[2] 也就是说,疫苗出现质量问题,由政府或生产企业承担补偿责任。因医务人员的过失,则依照《医疗事故处理条例》处理。当出现疫苗不良反应损害的情形时,我国尚未建立健全的救济机制。

长春长生疫苗事件涉及的两种疫苗,"吸附无细胞百日咳、白喉、破伤风联合疫苗"和"冻干人用狂犬病疫苗"分别属于国家免疫规划的一类疫苗、二类疫苗,由政府或生产企业承担补偿责任。

《百白破疫苗补种工作实施方案》

山东省卫生计生委会同山东省食品药品监管局制定了《关于长春长生公司 20160514 - 02 批号效价不合格百白破疫苗补种工作实施方案》,并于 2018 年 8 月 15 日启动不合格疫苗补种工作。根据该方案,原则上,儿童接种过几剂次效价不合格的百白破疫苗,应相应补种几剂次效价合格的百白破疫苗。统筹考虑补种疫苗可能发生不良反应和不补种疫苗可能发生疾病(百日咳、破伤风)的风险,≤5 岁儿童接种百白破疫苗累计剂次(包括效价不合格剂次,含接种过 201605014 - 01 和(或)201605014 - 02 批号百白

---

〔1〕 参见许灵铭:《我国疫苗安全监管法律制度简析与建议》,载《法制博览》2017 年第 15 期。

〔2〕 参见黄磊:《2016 年食品药品监管领域法治事件盘点》,载《食品工业科技》2017 年第 38 期。

破疫苗)应≤5 剂。对于流动儿童,按照“属地管理”的原则,由原接种单位负责对补种对象登记告知。

(1)补种目的

科学、规范、稳妥、有序地做好百白破疫苗的补种工作,降低百日咳和破伤风的发病风险,切实保护儿童身体健康。

(2)补种对象

接种过长春长生公司生产的 201605014 - 02 批号效价不合格百白破疫苗的儿童。

(3)补种原则

①依法依规,科学规范。根据《疫苗流通和预防接种管理条例》《预防接种工作规范》(2016 年版)和国家有关文件要求,科学、规范地做好百白破疫苗补种工作。

②知情自愿,免费补种。按照知情、同意、自愿、免费的原则,对应补种儿童有序开展百白破疫苗补种工作。

③属地管理,原接种单位补种。补种工作原则上由儿童原接种单位负责。已离开原接种单位辖区的儿童,也可由省和相应市、县级疾控中心协调现居住地接种单位予以补种。

(4)补种疫苗

补种使用的百白破疫苗由山东省疾控中心统一调配。各相关市、县级疾控中心及接种单位按照《疫苗流通和预防接种管理条例》《疫苗储存和运输管理规范》(2017 年版)要求,做好疫苗储存运输和供应管理。

(5)补种剂次和时间间隔

原则上,儿童接种过几剂次效价不合格的百白破疫苗,应相应补种几剂次效价合格的百白破疫苗。

统筹考虑补种疫苗可能发生不良反应和不补种疫苗可能发生疾病(百日咳、破伤风)的风险,≤5 岁儿童接种百白破疫苗累计剂次(包括效价不合格剂次,含接种过 201605014 - 01 和(或)201605014 - 02 批号百白破疫苗)应≤5 剂。具体要求如下:

①基础免疫(第 1、2、3 剂)接种过效价不合格疫苗的儿童

A. 基础免疫只接种过 1 剂次效价不合格疫苗,且未完成加强免疫(第 4 剂)的儿童。完成基础免疫(前 3 剂,包括效价不合格疫苗剂次)后补种 1

剂，补种剂次与基础免疫第3剂间隔≥6个月，加强免疫剂次推迟至与补种剂次间隔≥12个月。

B.基础免疫只接种过1剂次效价不合格疫苗，且完成加强免疫（第4剂）的儿童。补种1剂，补种剂次与加强免疫剂次间隔≥12个月。

C.基础免疫接种过任意2剂次或3剂次效价不合格疫苗，且未完成加强免疫（第4剂）的儿童。完成基础免疫（前3剂，包括效价不合格疫苗剂次）后补种2剂，补种的第1剂与基础免疫第3剂间隔≥6个月，补种的第2剂与补种第1剂间隔≥12个月，原加强免疫剂次不再接种。

D.基础免疫接种过任意2剂次或3剂次效价不合格疫苗，且完成加强免疫（第4剂）的儿童。补种1剂，补种剂次与加强免疫剂次间隔≥12个月。

②加强免疫（第4剂）接种过效价不合格疫苗的儿童

加强免疫接种过效价不合格疫苗的儿童，补种1剂。补种剂次与加强免疫剂次间隔≥12个月。

③接种过百白破疫苗（含效价不合格疫苗）达5剂的儿童

接种过长春长生201605014－01和（或）201605014－02批号效价不合格百白破疫苗的儿童，接种及补种百白破疫苗（包括效价不合格剂次）达到5剂的，不再补种。

④与其他疫苗接种的时间间隔

为避免发生疑似预防接种异常反应后调查和处理复杂，补种的疫苗不得与其他疫苗同时接种，补种的疫苗与其他疫苗之间间隔≥14天。

⑤白破疫苗的加强免疫

按照《国家免疫规划疫苗儿童免疫程序及说明（2016年版）》的要求，上述儿童6岁时须使用白破疫苗加强免疫1剂。

（6）补种工作实施

成立技术指导专家组：省卫生计生委成立技术指导专家组，认真做好人员培训和技术指导。各有关市、县要参照省级做法，成立相应技术指导专家组，加强人员培训和技术指导，确保疫苗补种工作有序开展。

开展补种工作培训：省疾控中心负责市、县级师资培训，市或县级疾控中心负责培训接种单位人员。培训内容主要包括补种工作实施方案，补种对象登记内容、知情同意书、宣传和咨询解答内容等。

对补种对象登记造册：接种单位通过查验辖区儿童预防接种证、卡（簿）

或儿童预防接种个案信息，核对并登记接种了效价不合格疫苗的儿童姓名、出生日期及预防接种信息，确定本次补种对象、补种剂次和补种时间。

核实和通知补种对象：接种单位按照百白破疫苗补种儿童摸底和补种登记表，由接种单位采取常规免疫服务工作方式，通过上门、预约单、电话、手机短信、微信等方式主动联系并通知到儿童的家长或监护人，做好咨询解释，告知补种疫苗名称、作用、时间、地点和相关要求，同时做好补种告知和补种登记表的记录。对于通知后没有回复和联系后仍未能接种等情况，要对通知补种对象的情况进行记录。

疫苗接种：补种前，接种人员应再次核实儿童详细信息，复核既往百白破疫苗接种记录，同时，应询问儿童健康状况，进行补种知情告知工作。具体注意事项如下：

①属于接种禁忌的受种者，不再补种百白破疫苗，也不再接种后续剂次的百白破疫苗。

②因罹患其他疾病而缓和的受种者，待受种者身体康复且体温正常后，视情况予以补种。

③属于慎重的受种者以及对受种者的健康状况有怀疑时，应建议其到医院进行检查后，决定是否接种。

④严格规范接种操作。接种后要留观30分钟。

⑤合理安排接种人员和补种时间，做到补种现场管理有序，防止发生接种差错。

⑥流动儿童补种。按照“属地管理”的原则，由原接种单位负责流动儿童补种对象的登记告知。对于离开原接种单位辖区并要求在现居住地补种的，由原补种单位负责做好统计，详细记录儿童姓名、现住址、家长联系电话等信息，报送县级疾控中心。在县域内流动的，由县级疾控中心安排补种。在本市内流动的，由县级疾控中心将补种儿童名单报送至市级疾控中心，由市级疾控中心负责通知现居住地的县级疾控中心安排补种。跨市流动的，由市级疾控中心向流入地市级疾控中心转介补种儿童信息，并报省疾控中心备案。迁出至外省居住的，由各市疾控中心负责汇总并上报省疾控中心，由省疾控中心向外省转介。

⑦接种记录。接种单位要对疫苗补种儿童实施预防接种个案信息管理，按照《百白破疫苗补种儿童摸底和补种登记表》要求，做好补种对象的

补种信息登记。同时将补种信息填写在预防接种证和卡(簿)上,并录入预防接种信息管理系统客户端“补充免疫”项目中。

(7)疑似预防接种异常反应(AEFI)监测和处置

本次实施百白破疫苗补种的地区要按照《全国疑似预防接种异常反应监测方案》要求,做好补种疫苗的疑似预防接种异常反应(AEFI)监测和报告工作。对发生的疑似预防接种异常反应,应通过国家免疫规划信息管理系统AEFI监测模块进行个案报告,并在“接种组织形式”选项中选“其他”。各级疾控中心要协助卫生计生行政部门做好AEFI调查、诊断、鉴定和异常反应补偿等处置工作。

接种单位在实施接种时要严格掌握疫苗接种禁忌症及缓种原则,有禁忌症者不予接种,发现过敏反应等异常反应者,应按照要求做好现场处置,并及时转送医疗机构诊治。

(8)咨询解释

省疾控中心和各相关市、县级疾控中心、医疗机构以及接种单位要安排专业人员,按照制定的宣传和咨询解答内容,主动联系、及时解答群众关切的问题。

(9)信息报告

实行每日日报和月总结、工作总结制度。在补种工作实施后各级疾控中心按日将补种信息逐级报送至省疾控中心,报送安排由省疾控中心另行通知。工作1个月后对前一阶段工作及时进行总结报告。补种工作完成后,各级疾控中心应及时逐级将补种工作总结报告报送至省疾控中心。

(10)指导评估

省疾控中心和各有关市、县级疾控中心根据补种工作进度,加强接种单位补种工作指导和评估,及时了解补种工作进展,推动相关措施落实,促进补种工作有序开展。

2018年10月12日,由国家药品监督管理局、国家卫生健康委员会、中国银行保险监督管理委员会、吉林省人民政府联合发布《关于发布长春长生公司狂犬病问题疫苗赔偿实施方案的公告》,责令长春长生公司设立专项赔偿金,对问题疫苗受害者最高赔偿65万元一个人。

《长春长生公司狂犬病问题疫苗赔偿实施方案》

第一条　根据《中华人民共和国药品管理法》(以下简称《药品管理

法》)、《中华人民共和国侵权责任法》和《疫苗流通和预防接种管理条例》,本着科学、便民的原则,制定本实施方案。

第二条　吉林省人民政府、国家药监局责令长春长生生物科技有限责任公司(以下简称长春长生公司)设立专项赔偿金,委托吉林省人民政府、国家药监局指定的中国人寿保险股份有限公司(以下简称中国人寿)管理赔偿金。专项赔偿金用于支付狂犬病问题疫苗续种补种、损害赔偿、民事诉讼赔偿、损害认定、咨询服务及临床观察等费用。中国银行保险监督管理委员会(以下简称银保监会)负责对中国人寿的赔偿金管理支付工作进行监督。

第三条　根据《药品管理法》规定,给受种者造成损害后果的,予以赔偿。损害分为以下三种情形:

(一)因预防接种长春长生公司狂犬病问题疫苗造成关联损害,导致一般残疾,需要长期医疗、护理、康复的;

(二)因预防接种长春长生公司狂犬病问题疫苗造成关联损害,导致重度残疾或瘫痪,需要长期医疗、护理、康复的;

(三)因预防接种长春长生公司狂犬病问题疫苗造成关联损害,导致死亡的。

第四条　受种者接种长春长生公司 2014 年 1 月至 2017 年 12 月期间(长春长生公司狂犬病疫苗药品 GMP 证书 2017 年 11 月 19 日到期)生产的狂犬病问题疫苗后,符合下列情形且造成第三条所列人身损害后果的,可依照本方案申请一次性赔偿:

(一)既往已报告接种长春长生公司狂犬病问题疫苗后出现损害后果的;

(二)接种长春长生公司狂犬病问题疫苗后出现疫苗接种相关症状、体征,到医疗机构就诊,并有原始医疗记录的;

(三)经过本次定点医疗机构临床观察,存在疫苗接种相关症状、体征的。

第五条　根据狂犬病潜伏期通常为 1 ~ 3 个月、罕有超过 1 年的特点,受种者自接种之日起,一年内出现第三条所列损害的,按照本方案申请认定和赔偿;受种者自接种之日起,一年之后出现损害的,可依法向人民法院提起民事赔偿诉讼。

第六条　造成一般残疾的，一次性赔偿20万元/人；造成重度残疾或瘫痪的，一次性赔偿50万元/人；导致死亡的，一次性赔偿65万元/人。

第七条　符合本方案规定情形的，受种者及其家属可到原接种点咨询有关认定事项。

第八条　对于申请损害认定的，原接种点接收受种者的身份证明、接种记录和相关病历资料等，并向设区的市级卫生计生行政部门提交。

第九条　设区的市级卫生计生行政部门设立专家组，负责损害认定。

第十条　根据受种者及其家属的申请，专家组对损害进行认定，并出具认定结果，认定结果包括以下内容：

(一)致死、致残或瘫痪的认定结果；

(二)损害结果与接种狂犬病问题疫苗之间的因果联系。

第十一条　认定费用由专项赔偿金支付。

第十二条　设区的市级卫生计生行政部门应当将认定情况向省级卫生计生行政部门报告。

第十三条　赔偿申请人取得认定结果后，可选择向中国人寿全国各客户服务中心提出损害赔偿申请，并提供如下材料：

(一)损害认定书；

(二)赔偿申请人、受种者的身份证明和关系证明；

(三)赔偿申请人银行卡复印件及开户银行信息；

(四)联系方式及通讯地址。

非死亡受种者为无民事行为能力人的，赔偿申请人应当为其监护人。非死亡受种者为限制民事行为能力人的，赔偿申请人应当依法为其监护人或者本人。非死亡受种者为完全民事行为能力人的，赔偿申请人应当为受种者本人。如受种者死亡，赔偿金申请应由其法定继承人根据继承法规定申请。

第十四条　中国人寿全国各客户服务中心受理申请后，经审核确认申请人提供的材料符合第十三条要求，即按第六条确定的一次性赔偿标准赔付损害赔偿金。以转账方式支付赔偿申请人。

第十五条　中国人寿每年须将赔偿金使用情况报告吉林省人民政府、国家药监局和银保监会。

第十六条　长春长生公司狂犬病问题疫苗受种者损害认定标准和损

害认定工作规程见附1、附2。

附1:长春长生公司狂犬病问题疫苗受种者损害认定标准

根据《长春长生公司狂犬病问题疫苗赔偿实施方案》,为做好长春长生公司狂犬病问题疫苗受种者损害认定工作,特制定本标准。

一、损害分类

根据损害严重程度,分为以下三类情形:

(一)一般残疾。因接种长春长生公司狂犬病问题疫苗造成关联损害,导致轻度、中度残疾,需要长期医疗、护理、康复的。

(二)重度残疾或瘫痪。因接种长春长生公司狂犬病问题疫苗造成关联损害,导致重度、极重度残疾,需要长期医疗、护理、康复的。

(三)死亡。因预防接种长春长生公司狂犬病问题疫苗造成关联损害,导致死亡的。

二、损害关联性认定

符合下列情形之一的,认定为损害与接种长春长生公司狂犬病问题疫苗具有关联性。

(一)接种长春长生公司狂犬病问题疫苗后1年内,产生已知具有相关性的不良反应或损害症状、体征,进而导致残疾、瘫痪或死亡的。

(二)接种长春长生公司狂犬病问题疫苗后1年内,发生残疾、瘫痪或死亡,排除其他明确原因的。

三、损害认定标准

(一)一般残疾。基本能独立实现日常生活活动或能部分实现日常生活活动,并具备下列状况之一:

1. 脊柱强(僵)直;

2. 双足失去功能;

3. 一肢功能中度障碍或二肢功能轻度障碍;

4. 一肢功能重度障碍或二肢功能中度障碍;

5. 类似上述的其他功能障碍。

(二)重度残疾或瘫痪。基本上不能或完全不能独立实现日常生活活动,并具备下列状况之一:

1. 偏瘫或截瘫,肢体保留少许功能(不能独立行走);

2. 二肢功能重度障碍或三肢功能中度障碍；

3. 四肢瘫：四肢运动功能重度丧失；

4. 截瘫：双下肢运动功能完全丧失；

5. 偏瘫：一侧肢体运动功能完全丧失；

6. 双上肢功能极重度障碍或三肢功能重度障碍；

7. 意识消失；

8. 采用专门设施维持生命；

9. 类似上述的其他功能障碍。

(三)死亡。

1. 呼吸心跳停止；

2. 脑死亡。

3. 使用说明：

(1)本标准适用于接种长春长生公司狂犬病问题疫苗导致损害认定工作。

(2)残疾标准参照《残疾人残疾分类和分级 GB/T 26341—2010》,列举了部分状况,其他符合条件的情形由专家组根据实际情况认定。

(3)本次认定工作针对的问题疫苗为长春长生公司 2014 年 1 月至 2017 年 12 月期间生产的狂犬病疫苗(长春长生公司狂犬病疫苗药品 GMP 证书 2017 年 11 月 19 日到期)。

(4)已知具有相关性的不良反应或损害症状、体征,是指疫苗说明书记载或疫苗不良反应系统上报的不良反应或其他损害。包括：过敏性皮疹、血管性水肿、过敏性休克、急性过敏反应、喉头水肿、过敏性紫癜、血小板减少性紫癜、Arthus 反应、热性惊厥、多发性神经炎、脑炎和脑膜炎、癫痫、惊厥/抽搐、急性播散性脑脊髓炎、脱髓鞘性脊髓炎、臂丛神经炎、无菌性脓肿、淋巴管炎和淋巴结炎、晕厥及其他局部反应、其他过敏反应等。

附 2：长春长生公司狂犬病问题疫苗受种者损害认定工作规程

一、根据《长春长生公司狂犬病问题疫苗赔偿实施方案》,为做好长春长生公司狂犬病问题疫苗受种者损害认定工作,特制定本规程。

二、符合下列情形之一的受种者(或死亡受种者亲属,以下简称受种者)可以申请认定：

(一)既往已报告接种长春长生公司狂犬病问题疫苗后出现损害后果的;

(二)接种长春长生公司狂犬病问题疫苗后出现疫苗接种相关症状、体征,到医疗机构就诊,并有原始医疗记录的;

(三)经过本次定点医疗机构临床观察,存在疫苗接种相关症状、体征的。

三、符合条件的受种者应当向原接种单位提出申请,并提交以下材料:

(一)个人身份证明;

(二)接种证明;

(三)残疾证明材料或死亡医学证明;

(四)授权委托书或亲属关系证明材料;

(五)通讯地址和联系方式。

符合第二条第二款规定情形的,还应当提交到医疗机构就诊的病历资料复印件,包括门诊、住院病历,检验检查结果等。

四、医疗机构应当为受种者或其亲属复印病历资料提供便利。

五、符合第二条第一款规定情形的人员名单和身份证明信息,由中国疾病预防控制中心统一提供给接种单位进行核对。

六、符合第二条第三款规定情形的人员名单和身份证明信息,由定点医疗机构提交设区的市级卫生计生行政部门,统一提供给接种单位进行核对。

七、接种单位收到申请材料后,应当进行当场审核,符合条件地进行登记,填写《长春长生公司狂犬病问题疫苗受种者损害认定申请登记表》;材料不全的,由申请认定的受种者补充。

八、接种单位将申请认定的受种者信息每日进行汇总,一式两份,一份与申请材料共同提交设区的市级卫生计生行政部门,另一份由接种单位存档。

九、设区的市级卫生计生行政部门收到接种单位提交的《长春长生公司狂犬病问题疫苗受种者损害认定申请登记表》后,应当及时组织专家组进行认定,出具专家意见。

十、设区的市级卫生计生行政部门可以根据申请情况,定期组织集中统一认定。

十一、设区的市级卫生计生行政部门应当在收到《长春长生公司狂犬病问题疫苗受种者损害认定申请登记表》后10个工作日内完成专家组认定工作。

十二、设区的市级卫生计生行政部门应当组建专家组。每次参加认定的专家人数由3人以上的单数组成。

十三、专家组专家应当是具备下列条件的医药卫生专业技术人员：

(一)有良好的业务素质和职业品德。

(二)受聘于医药卫生机构或者医药卫生教学、科研等机构并担任相应专业高级技术职务3年以上。

(三)医疗专家应当有10年以上医疗工作经验；流行病学专家应当有3年以上免疫预防相关工作经验；药学专家应当有3年以上疫苗相关工作经验。

(四)健康状况能够胜任认定工作。

涉及死亡原因认定的，专家组还应当包括一名符合(一)、(四)款规定条件并具备中级以上专业技术职务任职资格的法医。

十四、专家组经合议，根据半数以上专家组成员的一致意见形成认定结果，出具认定书，并由专家签署意见。

十五、设区的市级卫生计生行政部门应当及时将认定书送返至接种单位，接种单位收到认定书后，应当及时通知受种者领取或者送达受种者。

十六、受种者对认定书有异议的，如果能够提供新的证据材料，设区的市级卫生计生行政部门应当重新组织专家组进行再次认定。如果不能够提供新的证据材料，不再组织重新认定。

十七、设区的市级卫生计生行政部门应当及时定期将认定结果汇总，形成《长春长生公司狂犬病问题疫苗受种者损害认定汇总表》，并由经办人和负责人签署意见。《长春长生公司狂犬病问题疫苗受种者损害认定汇总表》一式两份，一份提交省级卫生计生行政部门，一份存档。

十八、省级卫生计生行政部门及时汇总本辖区认定情况，提交所在地中国人寿保险股份有限公司省级分公司。

十九、各省级卫生计生行政部门可以根据本规定制定本辖区认定规程细则。

(二)药品标准相关的事件

龙胆泻肝丸事件是药品标准的设置，药品标准也是监管的重要依据。

除了国家药品标准外,还有监管部门的核准标准。实践亟待药品标准的统一,在修订后的《药品管理法》第28条规定,药品应当符合国家药品标准。经国务院药品监督管理部门核准的药品质量标准高于国家药品标准的,按照经核准的药品质量标准执行;没有国家药品标准的,应当符合经核准的药品质量标准。因此,药品质量标准统一的,但在特定情况下,为有利于新药上市、提升药品质量,按核准的标准执行。

【事件过程】龙胆泻肝丸是国家药品监督管理局公布的第一批经过审定的非处方中成药,主要由北京同仁堂制药集团(以下简称同仁堂)生产。2003年,媒体报道患者虽然按照医嘱和药品使用说明书服用龙胆泻肝丸,但在其服用一直两年,甚至两三个月后,却出现肾脏受损症状,严重的甚至导致肾衰、尿毒症。

后经查明,龙胆泻肝丸配方中的"关木通"富含的马兜铃酸毒性比较大,长期服用会损害肾脏,导致肾衰乃至尿毒症。[1] 国外于1964年最早报告马兜铃酸可能造成肾损害,称其为"中草药肾病",加拿大政府还曾向公众发出慎用龙胆泻肝丸的提醒。[2] 我国则是在1998年南京军区总医院报告关木通可能引起慢性肾损害的病例后,才引起医务界警觉。1998年,北京中日友好医院率先在全国权威医学刊物上发表了关于马兜铃酸肾病的临床研究文章。其后,协和医院、北京大学医院和中日友好医院共同对关木通进行了动物实验。结果大鼠的药物反应与人相同:大剂量给药,大鼠出现急性肾损害症状;长期小剂量间断给药,导致慢性肾损害。

龙胆泻肝丸的生产者同仁堂在2000年也曾向国家药品监督管理局报告过,但当时并没有引起其重视。到2001年下半年,同仁堂向国家有关部门提出申请,用不含马兜铃酸成分的"木通"代替"关木通"。2002年11月20日,获得国家药典委员会正式批准,同仁堂停止生产含有"关木通"成分的龙胆泻肝丸。2003年2月28日,国家药监局发出《关于加强对龙胆泻肝丸监督管理的通知》,要求对含关木通的龙胆泻肝丸严格按处方药进行管理;同年4月1日再次发出《关于取消关木通药用标准的通知》。同仁堂并

---

〔1〕 参见朱玉、张建平:《龙胆泻肝丸——清火良药还是"致病"根源?》,载 http://www.people.cn/BIG5/news/8410/20030223/928834.html,最后访问日期:2020年2月19日。

〔2〕 参见程刚:《龙胆泻肝丸事件暴露制度弊病》,载 http://finance.sina.com.cn/x/20040225/0730646296.shtml,最后访问日期:2019年11月3日。

未向患者发出警示信息，也没有回收含有马兜铃酸的龙胆泻肝丸。旧包装的龙胆泻肝丸的包装说明书，只是"注意事项：孕妇慎用"，没有详细标明禁忌症、毒副作用和不良反应。据报道，我国约有10万人因服用龙胆泻肝丸而造成不同程度的肾脏损害。[1]

【救济】龙胆泻肝丸事件主要聚焦在药品标准的认定。龙胆泻肝丸配方中的关木通富含有害物质马兜铃酸，1985年版《中国药典》中用的是木通，1990年版《中国药典》改为关木通。[2] 国家相关部门在制定《中国药典》时并没有仔细去考证，凸显出药品监管的漏洞。同时，缺乏药品上市后的监视制度，包括药品不良反应监测制度和药品上市后的警示和召回制度。

1997年，天津某企业为日本一家公司加工一种中药复方制剂，在日本销售后也发生部分患者肾损害事件，为此闹起了国际纠纷，天津中医学院受委托为这一制剂进行科学分析，结果发现，该药中含有马兜铃酸成分的"关木通"。中医学院院长张伯礼和博士马红梅为此对"关木通"毒性进行了专项系统研究，证实了关木通确实可以导致肾脏损害，由"关木通"组成的复方也可以损害肾脏，而且关木通的剂量与肾的损害没有直接关系，长时间小剂量也可对肾造成损害。

无锡的孙碧云在2000年发现因服用龙胆泻肝丸而发生了肾脏病变，却只能长期卧床诊治。其父孙国兴将医院告上法院，法医鉴定表述为："孙碧云所患肾脏病变与服用龙胆泻肝丸无直接因果关系，但其肾脏病变在3年内发展为目前的程度，与服用龙胆泻肝丸有一定关系，即较长时间服用龙胆泻肝丸（后期剂量过大），有加重孙碧云病情和加速病变发展的作用。"2002年12月，无锡市中级人民法院判决医院赔付19万元。

2003年3月，龙胆泻肝丸受害者李玲向北京市崇文门人民法院提起损害赔偿诉讼，认为作为药品生产者没有告知药品中的毒性成分，导致药品质量有严重缺陷，严重侵犯了患者的知情权，要求同仁堂赔偿医药费89,117.21元。法院以简易程序不公开审理了案件。被告同仁堂抗辩的理

---

〔1〕 参见杜智娜、邵振国：《龙胆泻肝丸案：受害者首获赔偿》，载《法律与生活》2005年第15期。

〔2〕 参见徐迅雷：《龙胆泻肝丸事件：倾家荡产也要赔付》，载 http://www.people.com.cn/GB/guandian/1036/2362379.html，最后访问日期：2019年12月9日。

由是:“生产龙胆泻肝丸的厂家有200多家,原告不能证明使用的是被告的药品导致损害。”最后,法院以原告无法证明损害与使用药品之间的因果关系,裁定原告败诉。自2003年3月至2004年12月,先后有受害者向同仁堂提起索赔案,均被法院判决驳回,理由都是不能证明所受损害是同仁堂所生产的药品导致的。据媒体报道,众多龙胆泻肝丸受害者少有获赔的案例,内蒙古赤峰市翁牛特旗的消费者王小华起诉龙胆泻肝丸经销商,被判获得赔偿3.9304万元。

龙胆泻肝丸事件,暴露的问题:第一,药品审批制度中,药品适用“木通”与“关木通”的选择,涉及的是药品标准的问题。第二,中医药药品说明书制度。中药的说明书应详细的程度,如何履行告知义务?同仁堂生产的龙胆泻肝丸只标明了四味成分,并没有注明关木通。第三,药品上市后药品的跟踪制度,我国中成药都标明着“不良反应尚不明确”,对中成药的上市后的不良反应监测是否需要?第四,药品的召回制度。案件中从媒体报道,患者上访,诉讼,到生产企业同仁堂2001年5月发现龙胆泻肝丸有毒向国家药品监督局报告,时隔一年半后,国家药品监督局2002年10月才下令更改药方。第五,药品侵权事件中的举证责任。从公开能查询的资料了解,龙胆泻肝丸事件的受害者并没能确定证明损害与药品之间的因果关系,也没有得到及时、有效的救济,社会的公平正义被打破。

(三)假劣药事件

修订前的《药品管理法》中列举了假药两种、以假药论处6种,劣药1种,以劣药论处6种。实践中的问题在于:标准不够统一,既有根据药品质量界定的假劣药,又有未经批准生产进口的药品等按假药劣药论处的情形;法律规定的有些假劣药与普通群众关于假劣药的朴素认知不太相符,影响了一些案件处理的社会效果,也不利于精准惩治违法行为。修订后的《药品管理法》删去了“按假药论处”“按劣药论处”的分类,主要以药品质量功效为标准,回归假劣药的本来面目。将原来的假药、劣药和按假药、劣药论所列15种情形,分三种情况处理:一是列为假药,共四种;二是列为劣药,共七种;三是将违反药品管理秩序的行为分别单独规定,从严设定法律责任。[1] 下述两个案件都是在生产环节中的假药事件,根据全国人大常

[1] 《药品管理法》第124条。

委会立法工作机制，拟制定出台《刑法修正案（十一）》，将进一步完善对违反药品生产管理秩序的打击。同时，将生产销售假药劣药，延伸到了使用环节。医疗机构等药品使用单位使用假药、劣药，按生产、销售假药、劣药追责。[1]

1.“齐二药”事件

【事件过程】从2006年4月22日开始，广州中山大学第三附属医院的重症肝炎病人中，先后有11人出现急性肾功能衰竭症状，死亡人数已经上升到5人。之后经过专家会诊，怀疑可能是患者使用了一种药物——齐齐哈尔第二制药有限公司（以下简称“齐二药”）生产的亮菌甲素注射液，初步判断该药可能存在问题，在停止使用该药的同时及时报送到广东省药品不良反应监测中心，省药检所对“齐二药”生产的该批次样品进行检测分析，通过红外光谱仪观测分析，最终确定“齐二药”生产的亮菌甲素注射液里含有大量工业原料二甘醇，导致患者急性肾衰竭死亡。经药监部门调查确认，“齐二药”生产的亮菌甲素注射液的辅料药用丙二醇系工业用丙二醇和二甘醇假冒，该事件遂被定性为假药事件。

“齐二药”在生产的亮菌甲素注射液时，检验人员违反GMP有关规定，将二甘醇作为药用“丙二醇”投料生产，工业用丙二醇和二甘醇与药用丙二醇的物理性质相似，价格便宜，但毒性很强。而且，二甘醇在病人体内氧化成草酸，导致肾功能急性衰竭。根据调查分析，涉嫌注射“齐二药”假药亮菌甲素注射液的共有64人，其中包括中山三院向媒体通报的11名患者中毒，5人死亡、剩余53人中有13人已经死亡，其中4个死亡病例很明显与注射假药亮菌甲素注射液有关，因此确定亮菌甲素注射液至少导致9人死亡。[2]

【救济】该事件发生后，40多名患者与医院达成了和解协议，余下的受害者中有11名患者及家属以中山三院为被告向广州市天河区人民法院（以下简称天河区法院）提起了系列索赔案。经中山三院申请，天河区法院

---

〔1〕 参见许安标：《〈药品管理法〉修改的精神要义、创新与发展》，载《行政法学研究》2020年第1期。

〔2〕 参见刘焕芹、陈玉文：《由“齐二药”事件引发的法律问题思考》，载《中国药学会药事管理专业委员会2009年年会暨国家药物政策与〈药品管理法〉修订研究论坛论文文集》，第151页。

将药品的生产者"齐二药"和经销商广州蘅源医药贸易有限公司(以下简称金蘅源)、广东医药保健品有限公司(以下简称广东医保)追加为被告。天河区法院审理后认为,本案属于产品质量损害赔偿纠纷,"齐二药"是涉案药品的生产者,金蘅源、广东医保和中山三院是涉案药品的销售者,根据《民法通则》《产品质量法》的规定,因产品质量不合格造成他人财产、人身损害的,产品的生产者、销售者应当承担赔偿责任。2008 年 6 月,天河区法院作出一审判决,"齐二药"赔偿 11 名受害人及家属经济损失 3,128,247 元、精神损失 38,000 元,中山三院、金蘅源和广东医保承担连带责任。一审判决后,中山三院不服判决,提起上诉。2008 年 12 月,广州中院作出了维持原判的二审判决。

案件争议主要在于责任主体的问题。中山三院认为,自己作为药品的使用者,在药品的使用过程中不存在过错,不应当承担责任。而且提出自己不应当作为药品的销售者承担赔偿责任,因为自己没有药品销售许可证,只是执行药品政府采购招标,对药品的价格也没有定价权。而受害者则提出,医院将药品卖给患者存在加价行为,应为销售者。[1] 显然,法院裁定中山三院的承担无过错的产品责任。

虽然根据《侵权责任法》和《产品质量法》的相关规定,药品生产者"齐二药"应当是最终的责任者,但是由于黑龙江省药监局对其进行了合计 1920 万元的罚没款处罚,使其基本丧失了赔偿能力。同时,根据原《侵权责任法》第 4 条和《产品质量法》第 64 条的规定,在产品的生产者应当承担民事赔偿责任和缴纳罚款、罚金,财产不足以同时支付时,应当先承担民事赔偿责任。因此,"齐二药"应当先对受害者承担损害赔偿责任。[2]

在"梁浩明与'齐二药'产品质量损害赔偿纠纷案件"中,[3] 原告梁浩明是"齐二药"事件中的受害者,由于分歧较大,没有与"齐二药"小组达成协议,直接向省人大常委会进行信访,最后因省协调小组无法协商解决索

---

〔1〕 参见马守敏:《齐二药 2000 万索赔　谁来买单》,载 http://news.sohu.com/20070804/n251410636.shtml,最后访问日期:2019 年 11 月 4 日。

〔2〕 参见齐晓霞:《药害事故防范与救济制度研究》,复旦大学 2009 年博士学位论文,第 28 页。

〔3〕 参见[(2010)穗中法民一终字第 1363 号]梁浩明等与齐齐哈尔第二制药有限公司等产品质量损害赔偿纠纷上诉等。

赔事项，省协调小组在2006年12月8日正式移交司法部门处理。

法院主要审理以下几个方面问题：

(1)本案为产品质量损害赔偿纠纷。广东省药品检验所对涉案的批号为06030501的亮菌甲素注射液作出鉴定报告，结论为该批号的亮菌甲素注射液含有305.3mg/ml的有毒有害物质二甘醇，足以严重危害人体健康，对上述事实，各方当事人均没有异议。梁浩明因病到中山三院就诊，因为注射了该批亮菌甲素注射液24支而与各被告产生纠纷，原告为合适主体。

(2)法律适用。产品质量损害赔偿适用《民法通则》《产品质量法》。故不采纳中山医院请求进行医疗事故鉴定的请求。

(3)诉讼时效。原告自2006年7月12日向广东省卫生厅的省内专家组作出《省专家组鉴定意见》后才出院，一直通过各种方式索赔，认定原告2008年11月19日起诉并没有超过诉讼时效。

(4)责任认定。根据《产品质量法》第2条第2款、第46条，以及《药品管理法》第48条认定涉案药品是《产品质量法》上的缺陷产品。根据《产品质量法》第41、43条规定，"齐二药"作为生产者应当对受害者承担赔偿责任，金蘅源公司、医保公司作为涉案药品的经营企业即销售者对受害人均有承担赔偿责任的义务。

(5)中山三院是否属于涉案药品的销售者是案件争议最大的问题。法院从销售的含义和医疗机构的性质等几个角度进行了较深入地阐释，认为医疗机构向患者提供药品并收取价款的行为本质上应属于销售行为，同时在《药品管理法》第93条明确规定："药品的生产企业、经营企业、医疗机构违反本法规定，给药品使用者造成损害的，依法承担赔偿责任。"最终认定，中山三院是销售者之一，不能以其没有过错为由免除对受害者承担赔偿责任。

(6)因果关系的认定。经广东省药品检验所鉴定，涉案亮菌甲素注射液属于假药，其中含有305.3mg/ml的有毒有害物质二甘醇，足以严重危害人体健康。而中山三院在为原告治疗疾病的过程中，向原告体内注射了24支该种亮菌甲素注射液，故可以推定原告已经受到损害且该损害与被注射的涉案假药亮菌甲素注射液之间存在因果关系。

(7)关于四被告的承责形式和范围："齐二药"是生产涉案药品的责任人，其应为损害赔偿责任的最终承受者。作为销售者的中山三院、金蘅源公司、医保公司在承担赔偿责任之后,对涉案药品的制造者"齐二药"公司享有追偿权。故"齐二药"对梁浩明的损失应承担赔偿责任,中山三院、金蘅源公司、医保公司对"齐二药"公司应承责的范围负连带赔偿责任。

(8)精神损害的赔偿。患者到医院就医,本希望得到良好的治疗,但原告在住院治疗过程中,被注射了24支含有有毒有害物质二甘醇的亮菌甲素注射液,有毒有害物质进入体内,不仅给原告带来身体损害,还给原告带来莫名的恐惧及较大的精神痛苦,应当得到一定精神损害抚慰。

"齐二药"事件在药品生产环节暴露的问题主要有:(1)生产和质量管理混乱;(2)没有遵守GMP要求对物料供应商和物料来源进行合理的评估;(3)检验环节失控,检验人员缺乏培训。

第一,GMP的执行和监管力度不够。按照GMP规范,药品生产企业在生产过程中,从原材料的获得、生产、储存到销售等环节,都必须达到国家制定的标准。药品生产企业获得某种药品的GMP认证成本较低,但在后续阶段贯彻执行GMP规范的成本相对较高,药品生产企业很容易在监管机制不健全的情况下偷工减料,以次充好,甚至以假充真,最终生产出假药,危害生命健康。因此,需要建立健全的GMP监管机制,在GMP中进一步强调企业法定代表人的质量责任,由其对企业产品质量负责。

第二,处罚机制不合理。"齐二药"事件中,对于直接涉及买卖假药原材料的10名犯罪嫌疑人进行的刑事处罚力度和对11名相关监管部门人员的行政处罚力度不够,不足以引起生产企业和监管部门的重视。继事件发生后,药品质量事件依然还再出现。对药品质量损害事件,需要完善处罚制度。一方面加大处罚范围,2019年修订《药品管理法》加大了生产商和销售商的处罚,却没有增加处罚监管失职的法律责任。另一方面要加大处罚力度,药品作为特殊产品关乎公众的健康安全,更需要谨慎。

第三,民事赔偿执行不力。在"齐二药"事件中,由于"齐二药"被药品监督管理部门处罚了1920万元的处罚,诉请丧失赔偿能力。《产品质量法》第64条规定:"违反本法规定,应当承担民事赔偿责任和缴纳罚款、罚金,其财产不足以同时支付时,先承担民事赔偿责任。"承担连带责任的医疗机构被受害者追索,使部分受害者的合法权益没有得到保障。建议健全医药卫生法律制度,完善医疗保障制度,对受害者给予及时、有效的救济。[1]

2. 欣弗事件

【事件过程】2006年7月27日,国家食品药品监督管理总局接到青海省食品药品监督管理局报告,在青海省西宁市部分患者使用上海华源股份有限公司安徽华源生物药业有限公司(以下简称安徽华源)生产的克林霉素磷酸酯葡萄糖注射液出现了胸闷、心悸、心慌、寒战、肾区疼痛、腹痛、腹泻、恶心、呕吐、过敏性休克、肝肾功能损害等临床症状。随后,广西,浙江、黑龙江、山东等省(区)食品药品监督管理局也分别报告在本省(区)内发现相同品种出现相类似的临床症状的病例。截至2006年8月3日,国家药品不良反应监测中心共收到相同品种出现相类似的临床症状病例38例。

国家食品药品监督管理总局和各地药品监管部门,在收到这一不良事件报告后,反应迅速,采取了一系列有效措施。2006年7月24日,青海省局发出紧急通知,要求全省范围内对该批号药品暂停使用,并责成各药品经营企业立即收回该品种。2006年7月28日,国家食品药品监督管理总局要求青海省局加快对所涉及药品的检验,对病例报告作出关联性评价,对涉及药品品种采取有效控制措施,积极配合做好患者的救治工作。并要求立即将有关情况通告安徽省局,尽快查清相关药品生产、销售的数量、流向。同时组织中国药品生物制品检定所和国家药品不良反应监测中心的专家,28日赶赴现场,协助青海省局对药品检验、病例报告进行分析和关联性评价等工作;组织专家28日赶赴安徽省,对涉及的药品生产企业——安徽华源的生产环节进行现场检查。2006年8月1日,安徽省局报告,查清了安徽华源生产的06060901、06060902两个批号的克林霉素磷酸酯葡萄糖注射液的批次、批量。监督企业抓紧收回工作。

2006年8月3日,国家食品药品监督管理总局将有关情况通报了卫生部。卫生部发出紧急通知,停用安徽华源生产的药品欣弗,并召回6月后

〔1〕 参见刘焕芹、陈玉文:《由"齐二药"事件引发的法律问题思考》,载《中国药学会药事管理专业委员会2009年年会暨国家药物政策与〈药品管理法〉修订研究论坛论文文集》,第153页。

所生产的问题“克林霉素磷酸葡萄糖注射液”。国家食品药品监督管理总局通报青海、广西、浙江、黑龙江和山东等省、自治区陆续出现部分患者使用安徽华源生产的“克林霉素磷酸葡萄糖注射液”(又称欣弗)后,出现严重不良反应的情况。但是,北京药监局称尚未发现不良反应报告。欣弗批准文号为国药准字 H20010813。适用于治疗革兰氏阳性菌引起的扁桃体炎、急性支气管炎以及厌氧菌引起的皮肤和软组织感染等各种感染性疾病。发生不良反应的欣弗涉及 5 个批号产品,分别是 06060801、06062301、06062601、06062602 和 06041302,这些产品均为 2006 年 6 月生产。

2006 年 8 月 4 日,全国共报道使用欣弗出现不良反应患者 70 例,其中湖北 11 例,1 人死亡;河北 5 例,1 人死亡;黑龙江 15 例,1 人死亡;青海 18 例;山东 4 例;广东 1 例;辽宁 6 例;吉林长春 1 例;浙江 9 例。国家食品药品监督管理总局发出紧急通知,要求各省(区、市)食品药品监督管理部门对辖区内所有药品经营企业、医疗机构销售和使用的标示安徽华源生产的克林霉素磷酸酯葡萄糖注射液采取控制措施。责成安徽省食品药品监管局查明该产品的产量和销售去向,要对收回情况进行监督。再次派出工作组赴安徽对生产企业进行进一步核查,并组成专家组论证临床症状与该药品的相关性,积极指导相关救治工作。同时,紧急责成安徽华源生物药业有限公司对今年 6 月以来生产的克林霉素磷酸酯葡萄糖注射液进行全面召回;对已销售且在医疗机构使用的该药品不良反应损害的情况进行调查汇总,具体情况每日上报。封存库存和被召回的该品种注射液,并监督抽检送省药品检验所检验。

安徽华源生物制药有限公司是一家大型医疗化工企业,员工 2000 余人,2005 年产值接近 4 亿元。1996 年该公司就通过了 ISO9002 质量体系认证,1999 年输液车间通过了国家 GMP 认证。此次出现问题的欣弗克林霉素磷酸酯葡萄糖注射液为公司主要产品,销售收入达到公司全部收入的 70% 以上。经查,安徽华源 2006 年 6 ~ 7 月生产的“克林霉素磷酸葡萄糖注射液”未按批准的工艺参数灭菌,其降低了灭菌温度,缩短了灭菌时间,增加了灭菌柜装载量,影响了灭菌效果。经中国药品生物制品检定所对相关样品进行检验,结果表明:无菌检查和热原检查不符合规定。安徽华源公司 6 月以后生产了约 368 万瓶欣弗,其中约 318 万瓶销往全国 26 个省、自治区、直辖市。10 月 16 日,国家食品药品监督局通报“欣弗事件”处理情况。[1]

药品监管部门根据《药品管理法》有关规定,对安徽华源生产的"克林霉素磷酸葡萄糖注射液"药品按劣药论处,并作出如下处理决定:第一,由安徽省食品药品监管局没收该企业违法所得,并处2倍罚款;第二,责成安徽省食品药品监管局监督该企业停产整顿,收回该企业的大容量注射剂《药品GMP证书》;第三,由国家食品药品监管局撤销该企业"克林霉素磷酸葡萄糖注射液"药品的批准文号,委托安徽省食品药品监管局收回批件;第四,对安徽华源召回欣弗药品,由安徽省食品药品监管部门依法监督销毁。[2]

【救济】欣弗事件涉及全国26个省区,共报告不良反应100多例,造成11人死亡。该事件暴露我国药品监管制度中存在疏漏,首先,日常监管缺位。药品生产实行GMP认证制度,对药品生产的全过程,包括从原料采购、产品生产,到质量检验和产品销售等各环节都有严格规定,但在执行过程中往往出现监管部门不按规定组织认证,或者认证后不再按照规定进行日常监督和现场监督。[3] 其次,药品上市后监视制度存在不足。2003年12月,广东省药品不良反应监测中心曾发布过"克林霉素注射液的不良反应"的信息,通报了使用该注射液出现皮肤损害、消化系统症状、呼吸困难、过敏性休克等不良反应病例,同时还提醒医生严格掌握适应症,避免不合理使用。但安徽华源此后生产的欣弗的说明书中并未增加这些警示信息。最后,对药品上市许可监管不力。欣弗事件发生后一些医学界人士指出,由于克林霉素的水溶性不够稳定,杂质较多,储存运输过程中容易出现问题,不太适宜采用大输液剂型。在国外,包括在美国食品药品监督管理局的处方中,克林霉素就没有被批准为大输液剂型。[4]

国家食品药品监督管理总局局长邵明立指出"必须坚持公众利益至上的原则,必须将公众饮食用药安全置于商业利益、集团利益和个人利益之

---

〔1〕 参见《药监局:截至8月3日注射欣弗不良反应者38例》,载 http://qy1.sfda.gov.cn/datasearch/face3/dir.html,最后访问日期:2019年10月3日。

〔2〕 参见焦艳玲:《药品不良反应法律救济制度研究》,知识产权出版社2012年版,第21页。

〔3〕 参见韩洁、张晓松:《"欣弗"事件凸显政府监管"失灵"》,载 http://news.sina.com.cn/c/h/2006-08-15/220010733620.shtml,最后访问日期:2019年12月1日。

〔4〕 参见沈玮、刘雁:《"欣弗"事件再调查:谁会是下一个克林霉素?》,载 https://business.sohu.com/20060811/n244754102.shtml,最后访问日期:2019年11月3日。

上,旗帜鲜明地反对为了商业利益而损害公众利益的行为。"[1]建议健全与完善药品监管制度,主要包括:

第一,健全和完善药品不良反应报告和信息通报制度。2019 年修订的《药品管理法》第 107 条规定:"国家实行药品安全信息统一公布制度。国家药品安全总体情况、药品安全风险警示信息、重大药品安全事件及其调查处理信息和国务院确定需要统一公布的其他信息由国务院药品监督管理部门统一公布。药品安全风险警示信息和重大药品安全事件及其调查处理信息的影响限于特定区域的,也可以由有关省、自治区、直辖市人民政府药品监督管理部门公布。未经授权不得发布上述信息。"该条规定了实行药品安全信息统一公布制度。《药品不良反应报告和监测管理办法》第 2 条规定:"国家实行药品不良反应报告制度。药品生产企业、药品经营企业、医疗卫生机构应按规定报告所发现的药品不良反应。"这些规定确立了药品生产经营企业以及医疗机构的强制报告义务。欣弗事件中,药品生产企业作为信息的初始来源,并未及时向公众发布药品副作用和药品不良反应信息,监管部门也没有完全尽到监管职责。因此,有必要建立覆盖全国的药品不良反应信息监控网络,健全不良反应信息常规发布机制,以及严重事态的发布机制,通过及时、全面、完整的信息公开来保护公众的知情权,克服他们所处的信息劣势地位。[2]

第二,完善药品标签和说明书制度。《药品管理法》第 49 条规定:"药品包装应当按照规定印有或者贴有标签并附有说明书。标签或者说明书应当注明药品的通用名称、成分、规格、上市许可持有人及其地址、生产企业及其地址、批准文号、产品批号、生产日期、有效期、适应症或者功能主治、用法、用量、禁忌、不良反应和注意事项。标签、说明书中的文字应当清晰,生产日期、有效期等事项应当显著标注,容易辨识。"2006 年 3 月 15 日颁布的《药品说明书和标签管理规定》第 14 条规定:"药品说明书应当充分包含药品不良反应信息,详细注明药品不良反应。药品生产企业未根据药

---

〔1〕《国家食品药品监督管理局局长邵明立提出:食品药品监督管理应树立科学监管理念》,载 http://qy1.sfda.gov.cn/datasearch/face3/dir.html,最后访问日期:2020 年 2 月 10 日。

〔2〕参见宋华琳:《风险社会的因应之道——突发公共卫生事件应急机制的法律省思?》,载《法制日报》2003 年 5 月 15 日。

品上市后的安全性、有效性情况及时修改说明书或者未将药品不良反应在说明书中充分说明的，由此引起的不良后果由该生产企业承担。”在欣弗事件中，2003 年广东省药品监测中心就向国家药品不良反应监测中心上报过，发布药品不良反应信息通报，提示克林霉素可能引起严重的不良反应。但是，药品生产企业并未能及时、全面、完整地出现在此后生产的克林霉素注射液的说明书中，提示药品使用者警示。

第三，建构以许可制度为核心的全过程监管制度。药品监管是一个以许可制度为核心，动态的持续的全过程监管。在欣弗事件中，药品生产企业未按批准的生产工艺进行生产，监管者应该及时深入了解药品安全信息，以药品许可制度为核心，药品上市后监测为支撑，进行动态的持续的全过程监管。[1]

欣弗事件暴露出的法律问题：药品不良反应损害中无法认定因果关系。

案例 1：2006 年 12 月 23 日，首例与欣弗有关的侵权损害案件达成调解协议。2006 年 7 月 3 日，河北省南皮县魏书贵因肺心病入住南皮县人民医院。7 月 10 日，魏书贵被注射了安徽华源生物药业有限公司生产的欣弗后因呼吸衰竭死亡。同年 9 月 10 日，魏书贵家属将安徽华源和河北省南皮县人民医院告上了南皮县人民法院，要求判令被告赔偿原告损失 12.5 万元。2006 年 12 月 23 日，南皮县法院调解协议书的内容：被告上海华源安徽颖光药业有限公司赔偿原告死亡赔偿金、丧葬费、交通费、被扶养人生活费、精神损失费共计 4.8 万元。

调查发现，本案中，南皮县人民医院没有违反医疗常规，没有用药过错，因此厂家愿意承担涉及产品质量的最终责任，并且调解协议书不涉及关于南皮县医院的赔偿事宜。出现问题的欣弗，系 2006 年 6 月以后生产的，生产者为安徽华源。7 月 28 日，安徽华源曾向各大医药公司发出通知。要求对 2006 年 6 月 1 日后生产的该品种全部停止，并全部收回和追回。

案例 2：2006 年 7 月 28 日晚，家住咸阳市秦都区 63 岁的孙海英因感冒去陇安社区卫生服务中心就诊。医生为其开了 3 天的点滴药，其中就包括安徽华源产的欣弗。但在 7 月 30 日打点滴时孙雪英出现严重反应，便被送到咸

[1] 参见宋华琳：《药品不良反应与政府监管制度改革——从安徽欣弗事件引发的思考》，载《法学》2006 年第 9 期。

阳市中心医院治疗,7月31日又被送西安唐都医院抢救,8月1日孙雪英死亡。咸阳市卫生局调查后认为,对孙雪英的整个治疗过程院方及医生的处理都不存在问题。这一点西安唐都医院也承认,院方处理得较为果断和及时。

2006年10月17日,孙雪英的丈夫及四子女将安徽华源药业公司、咸阳市中心医院、陇安社区卫生服务中心及一家药品经营商诉至咸阳市秦都区人民法院,要求被告赔偿各项经济损失共计18万余元,精神抚慰金30万元。同年11月30日,秦都区法院对该案进行了公开审理,且追加了三家药品经营商为共同被告。被告安徽华源药业之名称变更为上海华源安徽颖光药业。(2007年1月29日又变更为上海华源安徽锦辉制药)2007年7月24日,秦都区法院对该案作出一审判决,判决上海华源安徽锦辉制药赔偿原告医疗、死亡赔偿金等计17万余元,精神抚慰金5万元;咸阳市中心医院承担连带给付责任(其理由为:陇安社区卫生服务中心不具备独立的法人资格,系咸阳市中心医院设立)。陇安社区服务中心不承担责任,四家药品经销商均不承担责任。

陕西省咸阳市秦都区宣判,法院判决:被告上海华源安徽锦辉制药有限公司赔偿原告医疗费、丧葬费、交通费、死亡赔偿金等17万余元,精神抚慰金5万元,咸阳市中心医院被判承担连带给付责任。

二、药品不良反应损害救济的法制现状

(一)宪法

宪法是规定国家根本制度和根本任务,确认和保障公民基本权利,集中表现各种政治力量对比关系的国家根本法。《宪法》第21条第1款规定:“国家发展医疗卫生事业,发展现代医药和我国传统医药,鼓励和支持农村集体经济组织、国家企业事业组织和街道组织举办各种医疗卫生设施,开展群众性的卫生活动,保护人民健康。”该款规定了国家要发展医疗卫生事业,增强人民体质,保护人民健康,保证中华民族的兴旺发达。

《宪法》第45条第1款规定:“中华人民共和国公民在年老、疾病或者丧失劳动能力的情况下,有从国家和社会获得物质帮助的权利。国家发展为公民享受这些权利所需要的社会保险、社会救济和医疗卫生事业。”

(二)法律法规

1. 法律规定

目前,我国并没有专门规定药品不良反应损害救济的法律,责任的认

定主要是通过《民法典》《药品管理法》《产品质量法》中相关条款确定归责。

生命健康权。《民法典》第1002条、1003条、1004条分别规定了自然人享有生命权、身体权和健康权。第1179条规定:“侵害他人造成人身损害的,应当赔偿医疗费、护理费、交通费、营养费、住院伙食补助费等为治疗和康复支出的合理费用,以及因误工减少的收入。造成残疾的,还应当赔偿辅助器具费和残疾赔偿金;造成死亡的,还应当赔偿丧葬费和死亡赔偿金。”

医疗损害责任。《民法典》第1218条规定:“患者在诊疗活动中受到损害,医疗机构及其医务人员有过错的,由医疗机构承担赔偿责任。”第1221条规定:“医务人员在诊疗活动中未尽到与当时的医疗水平相应的诊疗义务,造成患者损害的,医疗机构应当承担赔偿责任。”第1223条规定:“因药品、消毒药剂、医疗器械的缺陷,或者输入不合格的血液造成患者损害的,患者可以向生产者或者血液提供机构请求赔偿,也可以向医疗机构请求赔偿。患者向医疗机构请求赔偿的,医疗机构赔偿后,有权向负有责任的生产者或者血液提供机构追偿。”《消费者权益保护法》第11条规定:“消费者因购买、使用商品或者接受服务受到人身、财产损害的,享有依法获得赔偿的权利。”《国家赔偿法》第6条规定:“受害的公民、法人和其他组织有权要求赔偿。受害的公民死亡,其继承人和其他有扶养关系的亲属有权要求赔偿。受害的法人或者其他组织终止的,其权利承受人有权要求赔偿。”

缺陷产品的损害赔偿责任和追偿权。《产品质量法》第42条规定:“由于销售者的过错使产品存在缺陷,造成人身、他人财产损害的,销售者应当承担赔偿责任。销售者不能指明缺陷产品的生产者也不能指明缺陷产品的供货者的,销售者应当承担赔偿责任。”第43条规定:“因产品存在缺陷造成人身、他人财产损害的,受害人可以向产品的生产者要求赔偿,也可以向产品的销售者要求赔偿。属于产品的生产者的责任,产品的销售者赔偿的,产品的销售者有权向产品的生产者追偿。属于产品的销售者的责任,产品的生产者赔偿的,产品的生产者有权向产品的销售者追偿。”

2. 行政法规

《药品管理法实施条例》《医疗事故处理条例》《突发公共卫生事件应急条例》《麻醉药品和精神药品管理条例》等行政法规,主要是对药品及医疗器械的管理和应急处理的流程及程序进行了规定。

3. 地方法规

根据《药品管理法》《药品管理法实施条例》，各省、市都出台了相应的地方性法规，结合各地的具体情况作出了更为具体地规定和限制。大部分地区主要是规定了“采购与储存、使用规范、监督管理、法律责任”四个方面，但是基本没有具体对于药品安全问题出现后的赔付和救济提出具体的要求。[1]

4. 司法解释

最高人民法院发布的《关于审理人身损害赔偿案件适用法律若干问题的解释》《关于确定民事侵权精神损害赔偿责任若干问题的解释》规定了对受害人的赔偿问题，但没有规定赔付和救济的具体办法和制度。

最高人民法院《关于审理人身损害赔偿案件适用法律若干问题的解释》第17条规定：受害人遭受人身损害，因就医治疗支出的各项费用以及因误工减少的收入，包括医疗费、误工费、护理费、交通费、住宿费、住院伙食补助费、必要的营养费，赔偿义务人应当予以赔偿。

受害人因伤致残的，其因增加生活上需要所支出的必要费用以及因丧失劳动能力导致的收入损失，包括残疾赔偿金、残疾辅助器具费、被扶养人生活费，以及因康复护理、继续治疗实际发生的必要的康复费、护理费、后续治疗费，赔偿义务人也应当予以赔偿。

受害人死亡的，赔偿义务人除应当根据抢救治疗情况赔偿本条第1款规定的相关费用外，还应当赔偿丧葬费、被扶养人生活费、死亡补偿费以及受害人亲属办理丧葬事宜支出的交通费、住宿费和误工损失等其他合理费用。

第18条规定：受害人或者死者近亲属遭受精神损害，赔偿权利人向人民法院请求赔偿精神损害抚慰金的，适用最高人民法院《关于确定民事侵权精神损害赔偿责任若干问题的解释》予以确定。

精神损害抚慰金的请求权，不得让与或者继承。但赔偿义务人已经以书面方式承诺给予金钱赔偿，或者赔偿权利人已经向人民法院起诉的除外。

---

〔1〕 参见宋瑞霖等：《完善中国药品不良事件救济机制研究》，中国法制出版社2011年版。

（三）部门规章

《药品不良反应报告和监测管理办法》《药品和医疗器械突发性群体不良事件应急预案》《药品说明书和标签管理规定》《药品流通监督管理办法》《药品追溯标准和规范》《药物临床试验机构备案管理办法》《药品委托生产质量协议指南》《网络销售药品管理办法》《相关质量管理规范》《短缺药品清单管理办法》等相关部门规章主要是从药品的生产、药品不良反应损害事件发生后的处理方式及药品不良反应的监测等方面来加以规定。

2019 年修订的《药品管理法》对现行法作了大幅度的增减调整，并完善规章制度和行为规范，主要包括：一是各级监管部门及人员的责任；二是研发单位、上市许可持有人、生产企业、经营企业的规章制度；三是从业人员的责任和工作程序；四是消费者的权利义务；五是行业协会的作用。[1]

三、药品不良反应的监控

《药品管理法》第 12 条第 2 款规定："国家建立药物警戒制度，对药品不良反应及其他与用药有关的有害反应进行监测、识别、评估和控制。"药品安全监管，是指为纠正药品市场失灵，各级药品监督管理部门（包括政府和行业组织机构）通过法律、行政和其他手段，对药品研制、生产、流通、使用等全过程进行质量控制，并对人们的用药安全、身体健康及用药的合法权益采取保障措施；包括药品注册审评管理、药品生产质量管理、药品经营质量管理、药品分类使用管理、药品不良反应监测管理等多方面监管。[2]其中，药品不良反应的监测管理是重要环节。从 1998 年开始，我国实行药品不良反应（Adverse Drug Reaction，ADR）报告和监测制度已有 20 年，ADR 报告绝大多数来自基层医疗机构。2018 年国家药品不良反应监测年度报告显示，来自医疗机构的报告占 86.8%，来自药品经营企业的报告占 8.0%，来自药品生产企业的报告占 5.1%，来自个人及其他报告者的报告占 0.1%，报告主体是医疗机构。[3] 相比较，美国的 ADR 报告中 90% 来自药品生产企业。据了解，制药企业一直认为设立药品不良反应监测体系会

---

〔1〕 参见许安标：《〈药品管理法〉修改的精神要义、创新与发展》，载《行政法学研究》2020 年第 1 期。

〔2〕 参见韩胜昔、叶露：《我国药品安全监管现状分析》，载《医学与社会》2015 年第 9 期。

〔3〕 参见《国家药品不良反应监测年度报告(2018 年)》。

加重企业负担，不良反应一旦向社会通报，消费者会将其视为假药，影响产品销路和企业形象，不仅消极规避，缺乏药品上市后安全性监测的主动性，甚至还会设法去隐瞒逃避责任。

（一）我国药品不良反应监测体系

我国《药品不良反应监测管理办法》中明确指出了，ADR 监测是为了加强上市药品的安全监管，确保用药安全、有效。药品不良反应的监测方法主要有：自愿报告系统、处方事件监测、医院集中监测系统、药物流行病学监测方法及 ADR 计算机监测。2018 年全国药品不良反应监测网络收到《药品不良反应/事件报告表》149.9 万份。1999～2018 年，全国药品不良反应监测网络累计收到《药品不良反应/事件报告表》1368 万份。[1]

我国各级食品药品监督管理局负责本行政区域内药品不良反应监测管理工作，包括：(1)制定 ADR 报告的各项管理政策及规章，并监督其实施；(2)通报 ADR 报告和监测的情况；(3)组织检查药品生产、经营企业及医疗卫生机构 ADR 报告和监测工作开展的情况；(4)对突发的、群体、影响大并造成严重后果的 ADR 进行调查和处理；(5)对已确认有严重不良反应的药品，采取紧急监控措施，并依法作出处理决定。[2]

我国各级药品不良反应监测中心承办药品不良反应监测技术工作，包括：(1)承担药品不良反应报告资料的收集、评价、反馈和上报工作；(2)对下级药品不良反应监测中心进行技术指导；(3)药品不良反应数据库和监测网络的建设及维护工作；(4)药品不良反应的宣传、培训教育工作；(5)进行药品不良反应监测方法的研究等。[3]

国家药品监督管理局药品评价中心的职责：(1)组织制定修订药品不良反应、医疗器械不良事件、化妆品不良反应监测与上市后安全性评价以及药物滥用监测的技术标准和规范；(2)组织开展药品不良反应、医疗器械不良事件、化妆品不良反应、药物滥用监测工作；(3)开展药品、医疗器械、化妆品的上市后安全性评价工作；(4)指导地方相关监测与上市后安全性评价工作。组织开展相关监测与上市后安全性评价的方法研究、技术咨询

---

〔1〕 参见《国家药品不良反应监测年度报告(2018 年)》。

〔2〕《药品不良反应报告和监测管理办法》第 6～9 条。

〔3〕《药品不良反应报告和监测管理办法》第 10～13 条。

和国际(地区)交流合作;(5)参与拟订、调整国家基本药物目录;(6)参与拟订、调整非处方药目录;(7)承办国家局交办的其他事项。

1989 年我国设立了国家药品不良反应监测中心,并于 3 月正式加入世界卫生组织国际药品监测合作中心。1999 年原国家药品监督管理局与原卫生部共同发布了《药品不良反应监测管理办法(试行)》,为 ADR 监测工作的开展奠定了坚实的基础。2001 年《药品管理法》第 71 条第 1 款规定:"国家实行药品不良反应报告制度。药品生产企业、药品经营企业和医疗机构必须经常考察本单位所生产、经营、使用的药品质量、疗效和反应。发现可能与用药有关的严重不良反应,必须及时向当地省、自治区、直辖市人民政府药品监督管理部门和卫生行政部门报告。具体办法由国务院药品监督管理部门会同国务院卫生行政部门制定。"该款规定了国家实行药品不良反应监测报告制度。

2004 年,原国家食品药品监督管理局(China Food and Drug Administration,CFDA)合同卫生部联合颁布了《药品不良反应报告和监测管理办法》,随后在 2011 年进行了修订,进一步推动 ADR 监测工作的开展。截至 2007 年,全国所有省份均已成立省级药品不良反应监测中心,省级用户 232 家有基层用户 7000 家(报告单位 35,133 家),其中医疗机构占 59%,生产、经营企业占 37%,其他占 4%;34 个省设有省级监测机构,26 省设有省以下监测机构,21 省设有专家委员会,19 省设有协调领导小组,18 省设有独立机构编制。建立了完整的国家药品不良反应监测网络。药品不良反应报告方式经各省改进后,药品不良反应报告实行由下向上的报告,同时抓取数据分析评价,省及国家中心均对外发布预警;药品生产经营使用单位发现药品不良反应信息后以《药品不良反应/事件报告表》的形式通过国家局服务器向省级中心报告,省级中心审核报告表内容做出相关评价后向国家中心报告。国家药品不良反应监测中心收到各省的报告后,进行统计分析,结合实际情况通过《药品不良反应公告》《药物警戒快讯》或修改药品说明书、非处方药转处方药等形式向社会发布风险预警。2009 年开始,建立了《国家药品不良反应年度报告》发布制度,使社会各界及时了解到全国 ADR 报告和监测情况以及药品和 ADR 的统计分析情况,营造和引导社会关注 ADR 报告和监测工作,切实维护公众用药安全。

（二）我国药品不良反应报告制度

我国实行ADR逐级、定期报告制度，必要时可以越级报告。即基层单位将发生、发现的可疑ADR病例填写《药品不良反应/事件报告表》，并报告给所在行政区域的省级ADR监测中心；省级不良反应监测中心对报表核实，作出全面、客观、科学地分析，并提出关联性评价意见后上报至国家ADR中心；国家ADR中心向国家食品药品监督管理总局和国家卫生和计划生育委员会报告。[1]

1. 报告主体

2018年9月，国家药品监督管理局发布《关于药品上市许可持有人直接报告不良反应事宜的公告》（2018年第66号）和《关于发布个例药品不良反应收集和报告指导原则的通告》（2018年第131号），确立上市许可持有人负药品安全主体责任，对开展监测、报告、分析和评价提出了具体要求。《药品管理法》也作了相应的规定。第6条规定，药品上市许可持有人依法对药品研制、生产、经营、使用全过程中药品的安全性、有效性和质量可控性负责。第30条第2款规定："药品上市许可持有人应当依照本法规定，对药品的非临床研究、临床试验、生产经营、上市后研究、不良反应监测及报告与处理等承担责任。其他从事药品研制、生产、经营、储存、运输、使用等活动的单位和个人依法承担相应责任。"依据《药品不良反应报告和监测管理办法》的规定，药品生产、经营企业和医疗机构获知或发现可能与用药有关的不良反应，应当通过国家药品不良反应监测信息网络报告。同时，报告主体应当建立药品不良反应报告和监测管理制度，设立专门机构并配备专职人员或兼职人员，承担药品不良反应报告和监测工作。根据国家食品药品监督局发布的2018年的年度报告，按照报告来源统计，2018年来自医疗机构的报告占86.8%，来自药品经营企业的报告占8.0%，来自药品生产企业的报告占5.1%，来自个人及其他报告者的报告占0.1%。按照报告人职业统计，医生占55.2%，药师占23.0%，护士占15.3%，其他职业占6.5%。[2]

[1] 《药品不良反应报告和监测管理办法》第24～26条。

[2] 参见《国家药品不良反应监测年度报告（2018年）》。

2. 报告的要求

报告主体应当主动收集药品不良反应，主动报告新的和严重的不良反应，15 日内报告，其中死亡病例须立即报告；其他药品不良反应应当在 30 日内报告；有随访信息的，应当及时报告。2018 年全国药品不良反应监测网络收到新的和严重药品不良反应/事件报告 49.5 万份；新的和严重药品不良反应/事件报告占同期报告总数的 33.1%。其中，收到严重药品不良反应/事件报告 14.9 万份，严重药品不良反应/事件报告占同期报告总数的 10.0%。[1] 新的药品不良反应，是指药品说明书中未载明的不良反应；说明书中已有描述，但不良反应发生的性质、程度、后果或者频率与说明书描述不一致或者更严重的，按照新的药品不良反应处理。严重的药品不良反应，是指因服用药品引起以下反应的情形：死亡；危及生命；致癌、致畸、致出生缺陷；显著的或者永久的人体伤残或者器官功能的损伤；住院或者住院时间延长；其他重要医学事件，如不进行治疗可能出现上述所列情况的。[2]

(1)个例药品不良反应的报告。个人发现新的或者严重的药品不良反应，可以向经治医师报告，也可以向药品生产、经营企业或者当地的药品不良反应监测机构报告，必要时提供相关的病例资料。[3] ①新药的 ADR 报告。按照新的药品不良反应处理。②进口药品 ADR 报告。进口药品自首次获准进口之日起 5 年内，报告该进口药品的所有不良反应；满 5 年的，报告新的和严重的不良反应。[4]

(2)药品群体不良事件的报告。药品群体不良事件，是指同一药品在使用过程中，在相对集中的时间、区域内，对一定数量人群的身体健康或者生命安全造成损害或者威胁，需要予以紧急处置的事件。其中，同一药品：指同一生产企业生产的同一药品名称、同一剂型、同一规格的药品。[5] 报告主体获知或者发现药品群体不良事件后，应当立即通过电话或者传真等方式报所在地的县级药品监督管理部门、卫生行政部门和药品不良反应监

[1] 参见《国家药品不良反应监测年度报告(2018 年)》。
[2] 《药品不良反应报告和监测管理办法》第 63 条。
[3] 《药品不良反应报告和监测管理办法》第 23 条。
[4] 《药品不良反应报告和监测管理办法》第 20 条第 2 款。
[5] 《药品不良反应报告和监测管理办法》第 63 条。

测机构,必要时可以越级报告。[1] 报告主体,药品生产企业、药品经营企业及医疗机构,依据自己的职责展开调查分析,7 日内完成调查报告,并上报相关的监管部门。药品生产企业,应当立即开展调查,详细了解药品群体不良事件的发生、药品使用、患者诊治以及药品生产、储存、流通、既往类似不良事件等情况。同时,迅速开展自查,分析事件发生的原因,必要时应当暂停生产、销售、使用和召回相关药品。药品经营企业,应当迅速开展自查,必要时应当暂停药品的销售,并协助药品生产企业采取相关控制措施。医疗机构,应当迅速开展临床调查,分析事件发生的原因,必要时可采取暂停药品的使用等紧急措施。[2] 此外,药品监管部门有权采取暂停生产、销售、使用或者召回药品等控制措施。[3]

(3)境外发生的严重药品不良反应的报告。报告主体包括药品生产企业和进口药品的境外制药厂商。[4] 进口药品和国产药品在境外发生的严重药品不良反应,药品生产企业在 30 日内报送国家药品不良反应监测中心。药品生产企业收集境外发生的严重药品不良反应方式,包括:自发报告系统收集、上市后临床研究发现、文献报道等。进口药品和国产药品在境外因药品不良反应被暂停销售、使用或者撤市的,药品生产企业应当在获知后 24 小时内书面报国家食品药品监督管理局和国家药品不良反应监测中心。[5]

3. 评价与控制

报告主体应当对收集到的药品不良反应深入开展安全性评价,及时处置风险预警信号。根据监测数据分析评价结果,2018 年共发布药品说明书修订公告 33 期,停止吡硫醇注射剂、特酚伪麻片、磺胺索嘧啶片和特洛伪麻胶囊生产销售使用、发布《药物警戒快讯》12 期。[6] 药品生产企业对已确认发生严重不良反应的药品,应当通过各种途径将药品不良反应、合理用药信息及时告知医务人员、患者和公众;采取修改标签和说明书,暂停生

---

〔1〕《药品不良反应报告和监测管理办法》第 27 条。

〔2〕《药品不良反应报告和监测管理办法》第 27 ~ 31 条。

〔3〕《药品不良反应报告和监测管理办法》第 28 条。

〔4〕《药品不良反应报告和监测管理办法》第 33、64 条。

〔5〕《药品不良反应报告和监测管理办法》第 35 条。

〔6〕参见《国家药品不良反应监测年度报告(2018 年)》。

产、销售、使用和召回等措施,减少和防止药品不良反应的重复发生。对不良反应大的药品,应当主动申请注销其批准证明文件。[1] 药品经营企业和医疗机构应当对收集到的药品不良反应报告和监测资料进行分析和评价,并采取有效措施减少和防止药品不良反应的重复发生。[2] 各级药品不良反应监测中心应当每季度对收到的药品不良反应报告进行综合分析,提取需要关注的安全性信息,并进行评价,提出风险管理建议。[3] 国家食品药品监督根据药品分析评价结果,可以要求企业开展药品安全性、有效性相关研究。必要时,应当采取责令修改药品说明书,暂停生产、销售、使用和召回药品等措施,对不良反应大的药品,应当撤销药品批准证明文件,并将有关措施及时通报卫生部。[4]

根据2018年药品不良反应监测数据和分析评价结果,国家药品监督管理局对发现存在安全隐患的药品及时采取了相应风险控制措施,以保障公众用药安全。(1)发布停止生产销售使用吡硫醇注射剂、特酚伪麻片、磺胺索嘧啶片和特洛伪麻胶囊的公告;(2)发布含钆对比剂、甲巯咪唑片、双黄连注射剂等药品说明书的修订公告33期,增加或完善说明书中的警示语、不良反应、注意事项、禁忌等相关安全性信息;(3)发布《药物警戒快讯》第12期,提示国外药品安全信息59条。[5]

四、配套制度

我国由国家市场监督管理总局主管全国的药品监督管理工作,实行国家和省以下垂直管理的药品监管体制,并形成了以事前的标准设定、许可、信息披露和事后的处罚、强制、召回等多种手段相配合的回应性监管体系。[6]

(一)药品分类管理制度

药品分类管理制度,是国际通行的管理办法,根据药品的安全性、有效性原则,依据药品的品种、规格、适应症、剂量及给药途径等的不同,将药品

[1] 《药品不良反应报告和监测管理办法》第45条。
[2] 《药品不良反应报告和监测管理办法》第46条。
[3] 《药品不良反应报告和监测管理办法》第47、48条。
[4] 《药品不良反应报告和监测管理办法》第49条。
[5] 参见《国家药品不良反应监测年度报告(2018年)》。
[6] 参见宋华琳:《探求药监变革之道》,载《中国处方药》2008年第3期。

分类为处方药和非处方药并作出管理性规定。我国为增强药品行政管制的针对性,确保用药安全,开始探索实行药品分类管理制度。新中国成立以来,实行了麻醉药品、精神药品、医疗用毒性药品、放射性药品和戒毒药品的分类。处方药和非处方药分类管理,其核心是加强处方药的管理,规范非处方药的管理,减少不合理用药的发生,切实保证人民用药的安全有效。

1997 年 1 月 15 日,党中央、国务院印发《关于卫生改革与发展的决定》中明确提出,要建立并完善处方药和非处方药分类管理制度。1999 年,国家食品药品监督管理总局颁布了《处方药与非处方药分类管理办法(试行)》。2001 年《药品管理法》第 37 条规定:“国家对药品实行处方药与非处方药分类管理制度。具体办法由国务院制定。”该条规定了国家实行处方药与非处方药分类管理制度的原则规定。处方药,是指必须凭具有处方资格的医师开具的处方方可调配、购买和使用,并须在医务人员指导和监控下使用的药品。非处方药(Over The Counter,OTC),是指消费者可不经医师处方自行购买和使用的药品。政府对药品实施监督管理的目标,首先要保证公众用药的安全有效,同时还要兼顾患者的用药方便。处方药与非处方药分类管理制度已经成为国际上通行的药品监督管理模式。授权国务院制定药品分类管理的具体办法,主要包括:药品的审批、已生产药品的再评价、药品不良反应监测、药品的包装、标签、使用说明书和药品的销售管理、广告管理、价格管理、处方管理等药品监督管理。在《药品管理法实施条例》第 15 条将非处方药的管理具体细化,分为甲类处方药和乙类非处方药。

2004 年,国家食品药品监督管理局按照药品分类管理工作的整体部署和安排,在国家药品标准药品中进行了非处方药的遴选,初步对上市药品进行处方药与非处方药的分类,发布《关于开展处方药与非处方药转换评价工作的通知》,开展了处方药与非处方药转换评价工作,对非处方药目录实行动态管理。对处方药和非处方药,《药品管理法》从加强安全管理的角度,分别作出了严格的规定。在第 60 条第 2 款规定:“处方药可以在国务院卫生行政部门和国务院药品监督管理部门共同指定的医学、药学专业刊物上介绍,但不得在大众传播媒介发布广告或者以其他方式进行以公众为对象的广告宣传。”该款规定处方药只能在国务院卫生行政部门和国务院药品监督管理部门共同指定的医学、药学专业刊物上介绍，不得在大众传播媒介发布广告或者以其他方式进行以公众为对象的广告宣传。按照世界各国的通行做法，处方药只能凭医师处方才能使用，即处方药的使用选择权只能掌握在医师手中，因此处方药的广告宣传只能以医师等医药专业人员为对象，不能面向大众进行广告宣传。也就是说，处方药只能由医师针对每个患者的特定病症决定使用，没有医药专业知识的患者无法决定使用处方药。

我国目前在药品分类管理方面存在的主要问题是处方药的销售比较混乱，具体表现在：没有处方也能买到处方药；处方不规范、数量少；处方登记、留存不规范；执业药师配备不足或未能很好地履行审方职责。[1] 显然，根据法律规范经营处方药和甲类非处方药的零售企业或药店应实行执业药师挂牌上岗制度，但实际往往开药店时有执业药师，领到药品经营许可证后执业药师并不在岗。[2] 因此，为防范药害事故，我国药品监督管理部门必须加强药品分类管理的制度性建设，确保对处方药和非处方药管理制度得到严格执行。

（二）药品法定标准制度

药品标准（Drug Standard），是指国家对药品质量规格及检验方法所作出的技术规定，是药品生产、供应、使用、检验和管理部门共同遵循的法定依据。[3] 根据我国《标准化法》和《药品管理法》的规定，药品标准是为保证药品质量，对药品的质量指标、检验方法和生产工艺等所做的技术规定，是药品生产、经营、使用及监督管理等各环节必须共同遵守的强制性技术准则和法定依据。[4] 1978 年 7 月，国务院颁布《药政管理条例》将药品标准分为三类，国家标准（《中国药典》）、卫生部标准和地方标准，三者共同构成了我国的药品标准体系。

---

〔1〕 参见俞双燕、尚菲菲、黄凯：《药品分类管理现状及对策研究》，载《中国药事》2016 年第 1 期。

〔2〕 参见孙中宝：《药品监管执法中存在的问题及应对措施》，载《中国药业》2010 年第 2 期。

〔3〕 《中国药学大辞典》编写组：《中国药学大辞典》，人民卫生出版社 2010 年版，第 942 页。

〔4〕 参见麻广霖、张伟：《改革开放 40 年中国药品标准工作回顾与展望》，载《中国药品标准》2018 年第 6 期。

1950 年在卫生部中设立了中国药典编纂委员会。自 1953 年第 1 版《中国药典》颁布以来，秉承“民族化、科学化、大众化”的编制理念，我国先后颁布 10 版《中国药典》，历版《中国药典》均客观反映了我国不同历史时期医药产业和临床用药的水平，同时也体现了我国药品标准持续改进提高的发展历程。2015 年版的《中国药典》基本实现了国家基本药物目录品种生物制品全覆盖，中药、化药覆盖率达到 90% 以上，对部分标准不完善、多年无生产、临床不良反应多、剂型不合理的品种加大了调整力度。[1]

药品标准作为药品生产经营基本遵循和药品监管工作的准绳，既受到医药工业发展水平的影响，也受到系统监管能力的制约，药品标准还不能完全适应药品监管管理工作的需要，与人民群众的期待还有不小的差距。《产品质量法》第 46 条规定：“本法所称缺陷，是指产品存在危及人身、他人财产安全的不合理的危险；产品有保障人体健康和人身、财产安全的国家标准、行业标准的，是指不符合该标准。”该条规定了认定产品缺陷的标准，危险标准或国家、行业标准。2001 年版的《药品管理法》实行的药品标准分两种：(1) 国家标准，即《中国药典》，收载的品种为疗效确切、被广泛应用、能批量生产，质量水平较高并有合理的质量监控手段的药品；(2) 卫生部药品标准（以下简称部颁标准）和地方标准即各省、自治区、直辖市卫生厅（局）批准的药品标准，一些未列入国家药典的品种，将根据其质量情况、使用情况、地区性生产情况的不同，分别收入部颁标准与地方标准，作为各有关部门对这些药物的生产与质量管理的依据。药品标准实施中的主要问题：第一，药品标准工作机制尚不健全。过于偏重药品标准的制定与修订，未建立顺畅的工作机制。第二，药品生产企业在药品标准工作中参与度不高，逐步形成了“国家牵头提高标准，企业被动执行”的局面；第三，尚未建立科学畅通的药品标准淘汰机制。[2] 2019 年修订《药品管理法》时，综合考虑药品标准实际运行和监管实践，修改了“药品标准”，第 28 条第 1、2 款规定：“药品应当符合国家药品标准。经国务院药品管理部门核准的药品质量标准高于国家药品标准的，按照经核准的药品质量标准执行；没

〔1〕 参见麻广霖、张伟：《改革开放 40 年中国药品标准工作回顾与展望》，载《中国药品标准》2018 年第 6 期。

〔2〕 参见赵宇新、麻广霖：《建立国家药品标准复审制度的思考与建议》，载《中国实验方剂》2020 年第 1 期。

有国家药品标准的,应当符合经核准的药品质量标准。国务院药品监督管理部门颁布的《中国药典》和药品标准为国家药品标准。"该两款规定了,在监管实践中,除了国家药品标准外,还有监管部门的核准标准,监管部门希望对核准标准的地位作出规定。经反复研究,多次修改完善,法律规定药品应当符合国家药品标准。经国务院药品管理部门核准的药品质量标准高于国家药品标准的,按照经核准的药品质量标准执行;没有国家药品标准的,应当符合经核准的药品质量标准。[1]

从上述我国与药品标准有关的法律规定可见,制定法定的药品标准在某种意义上构成了整个药品管制的起点,在药品事故的防范和救济制度体系中具有基础性作用。我国龙胆泻肝丸事件,同仁堂作为龙胆泻肝丸的生产者,按照国家药典的标准生产,是否应当对受害者的损害承担责任?由此可见,国家制定的药品的法定技术标准,直接影响解决药害事故的焦点。药品标准具有一定的滞后性,我国的药品监督管理部门应当随着药学科技的进步、制药企业技术的更新,适时修订现有的药品标准,同时应当关注国外药品标准的新动态,追踪科学前沿,及时对我国的药品标准予以完善。

(三)药品信息披露制度

医患双方信息对称,是平衡双方关系的前提,各国通过立法强制药品生产者承担药品信息披露义务,药品提供者(医疗机构、药品销售商)保障患者的知情同意权。主要是通过药品标签、说明书和药品广告的管理实现的。药品标签(Drug Label),是指贴在或印在药品包装或容器上提供药品本身简明信息的文字部分。药品说明书(Pack Insert),是指附在药品包装盒中的用药说明,含有药品的安全性、有效性等方面的基本科学信息。药品说明书的内容是在新药研究中形成的,包括临床前研究和临床研究的各项结论,也是药品审批的重要资料,经药品监督管理部门批准并公告后,其内容不得自行修改,如果需要修改,必须提出补充申请。药品广告(Advertisement of Pharmaceutical),是指利用各种媒体或者形式发布药品信息,包括药品生产、经营企业的产品宣传材料。

---

〔1〕 参见许安标:《〈药品管理法〉修改的精神要义、创新与发展》,载《行政法学研究》2020年第1期。

根据我国《产品质量法》第27、28条的规定，药品应当有警示标志或者中文警示说明。《药品管理法》对药品包装中的标签和说明书作出了强制性要求，第48条第1款规定："药品包装应当按照规定印有或者贴有标签并附有说明书。"第2款对药品标签或者说明书的内容也作出了严格的要求："标签或者说明书应当注明药品的通用名称、成分、规格、上市许可持有人及其地址、生产企业及其地址、批准文号、产品批号、生产日期、有效期、适应症或者功能主治、用法、用量、禁忌、不良反应和注意事项。标签、说明书中的文字应当清晰，生产日期、有效期等事项应当显著标注，容易辨识。"第3款规定了特定种类的药品："麻醉药品、精神药品、医疗用毒性药品、放射性药品、外用药品和非处方药的标签、说明书，应当印有规定的标志。"

国家食品药品监督局为了便于操作，2006年6月制定了《药品说明书和标签管理规定》，细化了药品说明书和标准的要求。为便于患者安全使用药品，对药品标签、说明书的文字表述作出了明确要求，规定"药品说明书和标签的文字表述应当科学、规范、准确。非处方药说明书还应当使用容易理解的文字表述，以便患者自行判断、选择和使用"。"文字应当清晰易辨，标识应当清楚醒目。"对于药品标签或说明书的形式要件，由国家食品药品监督管理总局予以核准，并发布药品说明书的具体格式、内容和书写要求。同时，药品的标签应当以说明书为依据，其内容不得超出说明书的范围，不得印有暗示疗效、误导使用和不适当宣传产品的文字和标识。2006年10月，国家食品药品监督管理总局发布了《化学药品非处方药说明书规范细则》和《中成药非处方药说明书规范细则》，非处方药说明书中要有非处方药专有标识，必须采用加重字体印刷"请仔细阅读说明书并按说明使用或在药师指导下购买和使用"的忠告语，适应症必须按照国家食品药品监督局公布的非处方药适应症书写，不得超出国家食品药品监督管理总局公布的该药品的非处方药适应症范围。

药品广告，是利用各种媒介或者形式发布，包括药品生产、经营企业的产品宣传材料。根据《药品管理法》的规定，药品广告的内容应当真实、合法。同时也作了限制性的规定：药品广告未经批准的，不得发布；药品广告不得含有虚假的内容。药品广告的内容里不得含有表示功效、安全性的断言或者保证；不得利用国家机关、科研单位、学术机构、行业协会或者专家、学者、医师、药师、患者等的名义或者形象作推荐、证明。非药品广告不得有涉及药品的宣传。药品广告发布的程序方面,在发布广告前必须通过监管机构的内容的核准和审查批准程序。药品广告的内容,以国务院药品监督管理部门核准的药品说明书为准,并且应经广告主所在地省、自治区、直辖市人民政府确定的广告审查机关批准,并取得药品广告批准文号,而且处方药广告只能在指定的医学、药学刊物上发布,不得在大众传播媒介以公众为对象发布。鉴于药品广告的专业性,违法医药广告直接危害患者的利益,破坏了正常的广告秩序和医疗行业的正常秩序。国家食品药品监督管理总局的数据显示,2004 年违法药品广告以处方药广告在大众媒体发布最为严重,地市级电视台违法发布药品、医疗器械广告现象突出、部分报纸药品广告违法发布率居高不下,非药品广告涉及药品、医疗器械的宣传行为严重。监测的具体数据为:2004 年 1 月至 11 月,国家食品药品监督管理总局监播了 45,424 次省级和省级以下电视台发布的药品广告,违法发布率为 62.3%。部分报纸药品广告违法发布率居高不下。2004 年 6 月至 11 月,国家食品药品监督管理总局监测检查了 159 份都市报、晚报和广播电视报发布的 10,498 个药品广告,违法发布率为 95%。

《药品管理法》对药品标签和说明书的内容、药品广告的规定,是为药品生产者设定了一个强制披露信息义务的下限。第 91 条规定:"药品价格和广告,本法未做规定的,适用《中华人民共和国价格法》《中华人民共和国反垄断法》《中华人民共和国反不正当竞争法》《中华人民共和国广告法》等的规定。"为了更好地保护公众健康和指导正确合理用药的目的,《药品说明书和标签管理规定》作出规定,药品生产企业有跟踪药品上市后的安全性、有效性的义务,对药品使用中出现的药品不良反应要及时申请修改,并在说明书中醒目标示修改情况。同时,根据药品不良反应监测、药品再评价结果等信息,国家药品监督管理局也有义务要求药品企业修改药品说明书。

(四)药品注册制度

药品注册,是指国家食品药品监督管理总局根据药品注册申请人的申请,依照法定程序,对拟上市销售药品的安全性、有效性、质量可控性等进行审查,并决定是否同意其申请的审批过程。[1] 药品注册管理是国家设立的药品市场准入的前置性管理制度,通过药品注册实现药品上市的事前管理,制度的核心是通过药品上市许可保障人体用药安全,而药品注册管理即采用规范的法定程序控制药品准入,从而对进入市场的药品数量和质量起到关键的调控作用。[2] 我国对研制、生产新药和生产已有国家标准的药品都实行药品许可制度,研制新药获得国家药品监管部门的批准方可进行临床试验。2001 年版的《药品管理法》规定生产新药和已有国家标准的药品也必须首先获得国家药品监督管理部门的批准,取得药品批准文号后,方可生产。2019 年修订后的《药品管理法》规定,在中国境内上市的药品,应当经国务院药品监督管理部门批准,取得药品注册证书,申请注册时可同时生产备货、销售。

2007 年 6 月,国家食品药品监督管理总局发布了《药品注册管理办法》,对新药申请、仿制药分别做了规定。对于未曾在中国境内上市销售的药品可以提出新药申请,对于已上市药品申请改变剂型、改变给药途径、增加新适应症,也要按照新药申请的程序申报。如果申请生产国家药品监督管理部门已批准上市的已有国家标准的药品,则应提出仿制药申请;但如果为生物制品,则要按照新药申请。2019 年修订的《药品管理法》对药品生产过程中的变更实行了变更分类管理制度,按照对药品安全性、有效性和质量可控性的风险和产生影响的程度,实行分类管理。属于重大变更的,应当经过批准,其他变更应当按照规定备案或者报告。[3] 从申请程序上,《药品注册管理办法》还规定了进口药品申请、补充申请和再注册申请。我国对新药许可,主要包括:申请程序、审评程序、审批程序。国家药品监督管理部门收到申请资料后,组织药学、医学及其他技术人员对申报资料进行技术审评,采用“书面审”。完成技术审评后,提出审评意见,对符合规定的发给药物临床试验批件;不符合规定的,发给审批意见通知件,并作出充分的说明理由。对于通过形式评审的申报材料,进行样品生产现场检查,抽取样品,对样品进行检验。国家药品监督管理部门最后依据技术审

---

[1] 《药品注册管理办法》第 3 条。

[2] 参见张颖、朱虹、韩月:《我国药品注册审批管理制度变迁》,载《黑龙江医药》2017 年第 6 期。

[3] 《药品管理法》第 79 条。

评意见、样品生产现场检查报告和样品检验结果形成的综合意见，作出审批决定。2019 年修订的《药品管理法》明确规定在审批药品时，对化学原料药一并审评审批，对相关辅料、直接接触药品的包装材料和容器一并审评，对药品的质量标准、生产工艺、标签和说明书一并核准；增加附条件批准。[1] 国家药品监督管理部门最后依据技术审评意见、样品生产现场检查报告和样品检验结果形成的综合意见，作出审批决定。符合规定的，发给新药证书，不符合规定的，发给审批意见通知件，并说明理由。

基于我国药品研发基础薄弱、自主研发新药少，从严要求与鼓励创新相结合，在创新和控制风险之间寻求平衡，《药品注册管理办法》(2007 年)第 45 条规定了特殊审批制度，设置了特定药品便捷的准入机制：未在国内上市销售的从植物、动物、矿物等物质中提取的有效成分及其制剂，新发现的药材及其制剂；未在国内外获准上市的化学原料药及其制剂、生物制品；治疗艾滋病、恶性肿瘤、罕见病等疾病且具有明显临床治疗优势的新药；治疗尚无有效治疗手段的疾病的新药。[2]

我国的药品评审体系中，面临一些问题，主要包括：一是国家药品监督部门对药品许可申请以"书面审"为主的形式，评审申请资料，而有些制药企业在申报过程中存在炮制数据、伪造原始材料的情况，在无法确保材料真实性的情况下，可能作出错误的评审决定。[3] 二是国家药品监督管理部门内部没有专门的技术专家职位，对于药品的许可申请进行评审时主要依靠外部专家，但对外部专家的管理缺乏法律监督，其承担的法律责任并不明确。三是药品审评过程的透明度，比如药品评审专家的遴选程序、评审意见的公平公正性。2019 年修订的《药品管理法》在完善审评审批制度方面，作出了修改。一是在药品研制方面，将药物临床试验机构管理由资格许可管理修改为备案管理，生物等效性试验实行备案管理；[4] 对临床试验审批引入默示许可机制，即药品监督管理部门应当自受理临床试验申请之日起 60 个工作日内决定是否同意并通知临床试验申办者，逾期未通知

[1] 《药品管理法》第 25、26 条。

[2] 《药品注册管理办法》第 45 条。

[3] 参见宋华琳：《论政府规制与侵权法的交错——以药品规制为例证》，载《比较法研究》2008 年第 2 期。

[4] 《药品管理法》第 19 条。

的,视为同意。显然,给审批机关加压,必须提高审批效率,不按期完成审批要承担相应后果。二是在药品注册方面,明确在审批药品时,对化学原料药一并审评审批,对相关辅料、直接接触药品的包装材料和容器一并审评,对药品的质量标准、生产工艺、标签和说明书一并核准;〔1〕增加附条件批准。〔2〕三是要求完善审评审批制度,加强能力建设,建立健全工作机制,优化流程、提高效率。〔3〕药品领域全面深化改革的成果,还体现在过程监管方面,就是取消药品生产企业的生产质量管理规范认证、药品经营企业的药品经营质量管理规范认证,将符合相关质量管理规范要求作为从事药品生产经营活动的条件。〔4〕

(五)药品上市许可持有人制度

截至2019年3月,我国现有国产药品批准文号166,884个,其中,90%左右为仿制药品及其相关产品。我国的医药工业大而不强,创新药物少,药物创新基础比较薄弱,企业的创新积极性不高,正处于由模仿创新向原始创新转变的阶段。药品质量和疗效亟待提高。为了鼓励药品创新,激发科研机构和科研人员创新的积极性,2015年11月4日,第十二届全国人大常委会第十七次会议授权国务院在10个省、直辖市开展药品上市许可持有人制度试点工作,期限3年。2016年6月6日,国务院办公厅印发了(国办发〔2016〕41号)《关于〈药品上市许可持有人制度试点方案〉的通知》(以下简称《试点方案》)。《试点方案》的通知发布之日起开始实施,至2018年11月4日止。在北京、天津、河北、上海、江苏、浙江、福建、山东、广东、四川十省(市)开展试点工作。试点行政区域内的药品研发机构或者科研人员可以作为药品注册申请人,提交药物临床试验申请、药品上市申请,申请人取得药品上市许可及药品批准文号的,可以成为药品上市许可持有人。随即,试点省市也相继出台相关方案。2016年12月,国家药监局公布了药品上市许可持有人试点品种申报情况表。在165种药品申请中,药品上市申请44种,占26.67%;临床试验申请97种,占58.79%。2017年3月,浙江医药股份有限公司产品苹果酸奈诺沙星原料药及其胶囊剂获得

〔1〕《药品管理法》第25条。
〔2〕《药品管理法》第26条。
〔3〕《药品管理法》第27条。
〔4〕《药品管理法》第42、52条。

MAH 文号,成为我国首个创新药。2017 年 9 月,浙江康德药业自主研发药物丹龙口服液获批,成为我国首个获批的中药新药。[1] 4 年的试点实践证明药品上市许可持有人制度是可行的,有必要通过修改法律正式确立这一制度,让药品上市许可持有人制度在全国范围正式"上市"。

药品上市许可持有人(Marketing Authorization Holder,MAH),是指拥有药品技术的药品研发机构、药品生产企业等主体,通过提出药品上市许可申请并获得药品上市许可批件,以其名义将产品投放市场,并对药品全生命周期承担相应责任的主体。药品上市许可持有人制度源于欧美国家,是一种将药品上市许可与生产许可分离管理的制度模式,MAH 制度使研发机构、自然人等不具备相应生产资质的主体,得以通过合作或委托生产的方式获得药品上市许可,有效保护了其研发积极性,同时也有利于加强药品全生命周期管理、鼓励药物创新、减少低水平重复建设、优化资源配置。《药品管理法》第 6 条规定:"国家对药品管理实行药品上市许可持有人制度。药品上市许可持有人依法对药品研制、生产、经营、使用全过程中药品的安全性、有效性和质量可控性负责。"《药品管理法》设专章确立药品上市许可持有人制度,明确了上市许可持有人的组织形式、上市许可持有人的义务和责任、上市许可持有人的权利等内容。《药品管理法》以法律形式确立药品上市许可持有人制度,必将在压实主体责任、重构监管模式、鼓励科研创新、促进行业发展等方面产生积极影响。一是有利于厘清和落实药品全生命周期中各参与主体的法律责任,强化药品上市许可持有人对药品质量安全的主体责任。二是有利于形成以上市许可持有人为核心的全过程、全链条监管模式,提升药品监管效能。三是能够使科研机构最大化享受创新带来的成果,有利于激发科研机构和人员创新的积极性,推动药品研发与创新。四是实行生产许可与药品注册相分离,有利于药品行业的优胜劣汰、结构调整和升级换代,促进资源优化配置。有利于促进我国从制药大国迈向制药强国。[2] 《药品管理法》设置的药品上市许可持有人制度包括:药品上市许可持有人应当建立药品质量保证体系、药品上市放行

---

〔1〕 参见张长安、都晓春:《我国药品上市许可持有人制度发展研究》,载《中国卫生产业》2018 年第 7 期。

〔2〕 参见许安标:《〈药品管理法〉修改的精神要义、创新与发展》,载《行政法学研究》2020 年第 1 期。

规程和年度报告制度，上市许可持有人可以自行生产经营也可以委托生产经营，经批准后可以变更持有人。同时，对药品上市许可持有人对药品上市后管理义务作出原则规定：药品上市许可持有人应当制定药品上市后风险管理计划，开展药品上市后不良反应监测，及时报告疑似不良反应，定期开展上市后评价，对问题药品及时召回等。[1]《药品管理法》中药品上市许可持有人制度的主要内容包括：

第一，药品上市许可持有人主体资格。是指取得药品注册证书的企业或者药品研制机构，[2]境外企业。[3] 药品上市许可持有人要具备质量管理、风险防控能力，还要具备赔偿能力。但是，境外企业为药品上市许可持有人时，要明确指定中国境内的企业法人履行药品上市许可持有人义务，与药品上市许可持有人承担连带责任。

第二，在研制环节，药品上市许可持有人是企业责任的第一责任人，必须遵守非临床研究和药物试验质量管理规范，保证研制的全过程的持续合规。[4] 其他从事药品研制、生产、经营、储存、运输、使用等活动的单位和个人依法承担相应责任。中药饮片生产企业履行药品上市许可持有人的相关义务时，对中药饮片生产、销售实行全过程管理，建立中药饮片追溯体系，保证中药饮片安全、有效、可追溯。[5] 药品上市许可持有人的法定代表人、主要负责人对药品质量全面负责。[6]

第三，在生产环节，药品上市许可持有人要求建立质量管理体系，保证生产全过程的持续合法合规。[7] 药品上市许可持有人可以自行生产药品，也可以委托生产的，应当委托有条件的药品生产企业，签订相关的协议，对药品生产企业出厂放行进行审核。[8]

第四，在流通环节，药品上市许可持有人应当建立追溯制度，保证药品

---

〔1〕 参见刘沛：《贯彻“四个最严”严守药品安全——新修订〈中华人民共和国药品管理法〉宣贯》，载《中国药业》2019 年第 24 期。

〔2〕《药品管理法》第 30 条。

〔3〕《药品管理法》第 38 条。

〔4〕《药品管理法》第 30 条第 2 款。

〔5〕《药品管理法》第 39 条。

〔6〕《药品管理法》第 30 条第 3 款。

〔7〕《药品管理法》第 31 条。

〔8〕《药品管理法》第 32、33 条。

可追溯,委托销售的也要委托符合条件的药品经营企业。[1] 委托仓储运输的,要对受托方能力进行评估,同时要明确药品质量责任和操作规定;对委托方进行监督。[2]

第五,药品上市后管理环节,药品上市许可持有人应当制定风险管理计划,开展药品上市后研究,加强已上市药品的持续管理,包括上市后的评价。[3] 同时,建立药品不良反应报告和召回制度。[4] 为了保证持续监督,药品上市许可持有人要建立年度报告制度,每年都要向药品监督管理部门提交药品生产销售、上市后研究、风险管理等情况。[5]

第六,药品上市许可持有人可以转让药品上市许可。转让须经国务院药品监督管理部门批准,受让方应当具备保障药品安全性、有效性和质量可控性的质量管理、风险防控和责任赔偿等能力,履行药品上市许可持有人义务。[6]

学者建议在药品上市许可人制度下,建立药品安全责任分配体系,包括:其一,MAH 应对药品生命周期各重要阶段承担责任,包括研发和上市申请、生产过程控制、上市后安全性管理、投诉和召回以及侵权责任承担第一责任。其二,药品研发者基于与 MAH 的契约承担违约责任。其三,药品生产许可持有人仅在有意过失以及强制法律规定下对产品因质量缺陷损害负有全责,此外其责任都是有限的,只按照合同对其有关生产服务及产品质量对 MAH 负有责任,该责任与经营活动和过失的程度有关;在履约情况下导致的偶发的、间接的,相应而生的破坏,生产许可持有人不负任何责任。其四,在 MAH 向消费者赔偿之后,援引与零售契约、医疗机构签订销售合同的条款,要求零售企业与医疗机构承担责任。其五,MAH 对受害者赔偿后,有权根据运输者、仓储等合同向第三人追偿,即第三人应当向 MAH 承担违约责任。[7]

---

〔1〕《药品管理法》第 34、36 条。

〔2〕《药品管理法》第 35 条。

〔3〕《药品管理法》第 77 条。

〔4〕《药品管理法》第 81 条。

〔5〕《药品管理法》第 37 条。

〔6〕《药品管理法》第 40 条。

〔7〕参见邵蓉、郑澜等:《药品上市许可人制度下的药品安全责任分配体系》,载《中国医药工业杂志》2013 年第 44 期。

药品上市许可持有人制度旨在推动我国药品研发创新,鼓励科研成果转化;明确权责归属,综合提升药品质量;优化整合医药资源,实现产业链分工合作优势,充分体现了我国创新药品监管体制的信心和决心。药品上市许可持有人制度主要的突破点有两个:其一,允许药物研发机构提出药品上市许可申请并获得药品上市许可批件;其二,允许药品上市许可持有人委托其他有资质企业进行生产、销售及药物警戒。但是,在我国医药产业发展和社会保障水平相对较低的现实条件下,药品上市许可持有人制度可能会给我国药品监管体制带来一定的现实冲击。由此引来的风险主要有几个方面:其一,由药物研发机构作为药品许可持有人时,其对药品生产、销售质量管控及药物警戒等缺乏相应的理念和经验,缺乏质量管理能力;同时,研发型药品许可持有人通常企业规模较小,缺乏责任承担能力。其二,在委托生产、销售过程中,可能因甲乙双方相互职责不明,措施不力,造成质量管理脱节。[1] 其三,对药物研发机构开展全生命周期监管,缺乏现成的配套监管制度;成为药品许可持有人与开办药品生产企业相比门槛较低,药品许可持有人制度实施之后监管对象及监管任务必将大幅增加;现有以场所为主的监管模式需要调整为以品种为主线的监管,对跨省委托的延伸监管将成为常态,以上这些新要求都给监管部门带来很大压力。[2]

（六）药品上市后监视制度

药品使用直接体现药品的质量,也集中释放药品风险。风险管理是药品管理的基本原则,风险管控是核心,修订后的《药品管理法》作出了相关规定。[3] 一是建立药品追溯制度。一方面,要求国务院药品监督管理部门制定统一的药品追溯标准和规范,建立追溯协同平台,推进药品追溯信息互通互享,实现药品可追溯;[4]另一方面,要求药品上市许可持有人、药品生产经营企业和医疗机构建立、实施药品追溯制度,按照规定提供追溯

---

〔1〕 参见翟铁伟:《药品上市许可持有人制度下的供应商质量审计探讨》,载《中国药业》2019年第28期。

〔2〕 参见朱嘉、翁志洁等:《探讨新修订的〈药品管理法〉对药品监管工作的挑战和应对策略》,载《中国药事》2019年第12期。

〔3〕 参见许安标:《〈药品管理法〉修改的精神要义、创新与发展》,载《行政法学研究》2020年第1期。

〔4〕 《药品管理法》第12条。

信息,保证药品可追溯。[1] 二是建立药物警戒制度。对药品不良反应及其他与用药有关的有害反应进行监测、识别、评估和控制。[2] 三是完善药品上市后管理制度。要求药品上市许可持有人主动开展药品上市后研究、对药品的安全性、有效性和质量可控性进行进一步确证、加强对已上市药品的持续管理;[3]要求药品上市许可持有人、药品生产经营企业和医疗机构经常考察本单位所生产、经营、使用的药品质量、疗效和不良反应,[4]建立、实施药品召回制度;[5]对疗效不确切、不良反应大或者因其他原因危害人体健康的药品,应当注销药品注册证书。[6]

药品上市前研究有关药物临床有效性和安全性的评价必然存在不可避免的局限性,因此实施药品上市后监测制度是保障药品临床应用安全有效不可或缺的重要步骤。主要包括药品不良反应监测、报告制度,药品信息化追溯制度,修改标签、发布警示信息的售后警示制度,以及药品召回制度。

1. 药品上市后监测、报告制度

2004 年,卫生部和国家食品药品监督管理总局联合通过了《药品不良反应报告和监测管理办法》(以下简称《办法》),2010 年修订,2011 年 7 月 1 日起正式施行。目前,我国药品不良反应监测组织体系框架已逐步形成。除国家一级设立 ADR 监测中心外,31 个省、自治区、直辖市均建立了省级 ADR 监测中心。药品不良反应实行逐级、定期的报告制度,必要时可以越级报告。

第一,报告的主体。药品生产企业、药品经营企业和医疗卫生机构是 ADR 报告的义务主体。[7]《药品管理法》第 30 条规定了药品上市许可持有人对药品上市后的不良反应监测及报告与处理等承担责任。其他相关的单位和个人依法承担相应责任。[8] 承担报告的义务单位主体,必须指

---

[1] 《药品管理法》第 36 条。

[2] 《药品管理法》第 12 条。

[3] 《药品管理法》第 77 条。

[4] 《药品管理法》第 81 条。

[5] 《药品管理法》第 82 条。

[6] 《药品管理法》第 83 条。

[7] 《药品不良反应报告和监测管理办法》第 3 条。

[8] 《药品管理法》第 30 条第 2 款。

定专(兼)职人员负责本单位生产、经营、使用药品的不良反应报告和监测工作,发现可能与用药有关的不良反应详细记录、分析和处理,每季度集中向所在地的省、自治区、直辖市药品不良反应监测中心报告。个人发现新的或者严重的药品不良反应,既可以向经治医师报告,也可以向药品生产、经营企业或者当地的药品不良反应监测机构报告,必要时提供相关的病历资料。

第二,报告的要求。(1)个例药品不良反应的报告。新药监测期内的药品应报告该药品发生的所有不良反应,新药监测期已满的药品,报告该药品引起的新的和严重的不良反应。进口药品自首次获准进口之日起5年内,报告该进口药品的所有不良反应。(2)药品群体不良事件的报告。药品生产、经营企业和医疗机构应立即通过电话或者传真等方式报所在地的县级药品监督管理部门、卫生行政部门和药品不良反应监测机构,必要时可以越级报告。(3)进口药品和国产药品在境外发生的严重药品不良反应(包括自发报告系统收集的、上市后临床研究发现的、文献报道的),药品生产企业应填写《境外发生的药品不良反应/事件报告表》,自获知之日起30日报送国家药品不良反应监测中心。

第三,评价与控制。(1)药品生产企业应当对收集到的药品不良反应报告和监测资料进行分析、评价,并主动开展药品安全研究。对已确认发生严重不良反应的药品,应当通过各种有效途径将药品不良反应、合理用药信息及时告知医务人员、患者和公众;采取修改标签和说明书,暂停生产、销售、使用和召回等措施,减少和防止药品不良反应的重复发生。对不良反应大的药品,应当主动申请注销其批准证明文件。(2)药品经营企业和医疗机构对收集到的药品不良反应报告和监测资料应进行分析和评价,并采取有效措施减少和防止药品不良反应的重复发生。(3)省级药品不良反应监测机构应当每季度对收到的药品不良反应报告进行综合分析,提取需要关注的安全信息进行评价,提出风险管理建议,及时报省级药品监督管理部门、卫生行政部门和国家药品不良反应监测中心。(4)国家药品不良反应监测中心每季度对收到的严重药品不良反应报告进行综合分析,提取需要关注的安全性信息,并进行评价,提出风险管理建议,及时报国家食品药品监督管理总局和卫生部。国家食品药品监督管理总局根据药品分析评价结果,可以要求企业开展药品安全性、有效性相关研究。必要时,应当采取责令修改药品说明书，暂停生产、销售、使用和召回药品等措施，对不良反应大的药品，应当撤销药品批准证明文件。[1]

2. 药品信息化追溯制度

修订《药品管理法》全面完善药品监管各项要求，对药品研制、注册、生产、经营和使用全过程作出了细致规定。运用信息化技术建立药品追溯体系是实现药品信息全过程管理、药品来源可查和去向可追的重要途径。《药品管理法》第12条规定，国家建立健全药品追溯制度，并且由国务院药品监督管理部门制定统一的药品追溯标准和规范，推进药品追溯信息互通互享，实现药品可追溯。[2] 第36条确立了药品上市许可持有人、药品生产企业、药品经营企业和医疗机构是药品追溯制度的责任主体。[3] 第39条规定中药饮片生产企业要建立中药饮片追溯体系，保证中药饮片安全、有效、可追溯。[4] 第107条规定，国家实行药品安全信息统一公布制度。任何单位和个人不得编造、散布虚假药品安全信息。

2018年11月1日，国家药监局发布了《关于〈药品信息化追溯体系建设的指导意见〉》（国药监药管〔2018〕35号）。以保障公众用药安全为目标，落实企业主体责任为基础，以实现"一物一码，物码同追"为方向，建立药品信息化追溯体系，实现追溯信息互通互享，全品种、全过程追溯，促进药品质量安全综合治理，提升药品质量安全保障水平。根据该指导意见规定，药品信息化追溯体系是药品上市许可持有人、生产企业、经营企业、使用单位、药品监督管理部门、消费者等与药品质量安全相关的追溯相关方，通过信息化手段，对药品生产、流通和使用等各环节的信息进行追踪、溯源的有机整体。药品上市许可持有人、生产企业、经营企业、使用单位要遵守相关法规和技术标准，建立健全信息化追溯管理制度，切实履行主体责任。药品上市许可持有人、生产企业、经营企业、使用单位应当按照质量管理规范要求对相关活动进行记录，记录应当真实、准确、完整、防篡改和可追溯，并应按照监管要求，向监管部门提供相关数据；要通过药品追溯系统实现

〔1〕 参见焦艳玲：《药品不良反应法律救济制度研究》，知识产权出版社2011年版，第44~46页。

〔2〕《药品管理法》第12条。

〔3〕《药品管理法》第36条。

〔4〕《药品管理法》第39条。

追溯信息存储、交换、互联互通，为社会公众提供信息查询。

（1）工作目标。第一，药品上市许可持有人、生产企业、经营企业、使用单位通过信息化手段建立药品追溯系统，及时准确记录、保存药品追溯数据，形成互联互通药品追溯数据链，实现药品生产、流通和使用全过程来源可查、去向可追；有效防范非法药品进入合法渠道；确保发生质量安全风险的药品可召回、责任可追究。第二，药品生产、流通和使用等环节共同建成覆盖全过程的药品追溯系统，药品上市许可持有人、生产企业、经营企业、使用单位质量管理水平明显提升，药品监督管理部门的监管信息化水平和监管效率逐步提高，行业协会积极发挥药品信息化追溯体系建设的桥梁纽带和引领示范作用，实现药品信息化追溯数据社会公众可自主查验，提升全社会对药品信息化追溯的认知度。

（2）基本原则。第一，药品上市许可持有人、生产企业、经营企业、使用单位各负其责。药品上市许可持有人、生产企业、经营企业、使用单位是药品质量安全的责任主体，负有追溯义务。药品上市许可持有人和生产企业承担药品追溯系统建设的主要责任，药品经营企业和使用单位应当配合药品上市许可持有人和生产企业，建成完整药品追溯系统，履行各自追溯责任。第二，药品监督管理部门根据有关法规与技术标准，监督药品上市许可持有人、生产企业、经营企业、使用单位建立药品追溯系统，指导行业协会在药品信息化追溯体系建设中发挥积极作用。第三，按照属地管理原则，药品监督管理部门要在地方政府统一领导下，注重同市场监管、工信、商务、卫生健康、医保等部门统筹协调、密切合作，促进药品信息化追溯体系协同管理、资源共享。

（3）信息化药品追溯体系。第一，药品上市许可持有人和生产企业可以自建药品信息化追溯系统，也可以采用第三方技术机构的服务。药品经营企业和使用单位应配合药品上市许可持有人和生产企业建设追溯系统，并将相应追溯信息上传到追溯系统。第二，药品上市许可持有人和生产企业应履行药品信息化追溯管理责任，按照统一药品追溯编码要求，对产品各级销售包装单元赋以唯一追溯标识，以实现信息化追溯。药品上市许可持有人和生产企业在销售药品时，应向下游企业或医疗机构提供相关追溯信息，以便下游企业或医疗机构验证反馈。药品上市许可持有人和生产企业要能及时、准确获得所生产药品的流通、使用等全过程信息。第三，药品批发企业在采购药品时，向上游企业索取相关追溯信息，在药品验收时进行核对，并将核对信息反馈上游企业；在销售药品时，应向下游企业或医疗机构提供相关追溯信息。第四，药品零售和使用单位在采购药品时，向上游企业索取相关追溯信息，在药品验收时进行核对，并将核对信息反馈上游企业；在销售药品时，应保存销售记录明细，并及时调整售出药品的相应状态标识。第五，鼓励信息技术企业作为第三方技术机构，为药品上市许可持有人、生产企业、经营企业、使用单位提供药品追溯信息技术服务。

3. 药品售后警示制度

2006年3月15日，国家食品药品监督管理总局发布了《关于进一步规范药品名称管理的通知》（国食药监注〔2006〕99号）、《关于实施〈药品说明书和标签管理规定〉有关事宜的公告》（国食药监注〔2006〕100号）、《药品说明书和标签管理规定》（国食药局令第24号），明确了药品说明书和标签适用规范。2007年1月24日，国家食品药品监督管理总局发布《关于〈药品说明书和标签管理规定〉有关问题解释的通知》（国食药监注〔2007〕49号）。2007年5月31日，国家食品药品监督管理总局发布了《关于加强〈药品说明书和标签管理规定〉实施工作的通知》（国食药监办〔2007〕311号）。《药品说明书和标签管理规定》明确规定，药品说明书应当包含药品安全性、有效性的重要科学数据、结论和信息，用以指导安全、合理使用药品。药品生产企业应主动跟踪药品上市后的安全有效性情况，需要对说明书修订的，应当及时提出申请。由此引起的不良后果由该药品生产企业承担。

（1）药品生产企业收集药品不良反应信息。如果需要对药品说明书进行修改的，应当及时提出申请。国家食品药品监督管理总局根据药品不良反应监测、药品再评价结果等信息，也可以要求药品生产企业修改药品说明书。在药品说明书获准修改后，药品生产企业应当及时修改说明书和标签。因此，制药企业在将药品投入市场后，有义务根据其上市后的安全性、有效性情况的变化，及时修改药品的标签和说明书，否则由此引起的药品不良反应后果由该制药企业承担责任。

（2）药品说明书或标签的格式。为保护公众健康和指导医生患者合理用药，并参照国外有关规定，《药品说明书和标签管理规定》增加了警示语有关规定。出于保护公众健康和指导正确合理用药的目的，药品生产企业可以主动在药品说明书或者标签上加注警示语。国家食品药品监督管理总局也可以要求药品生产企业在说明书或者标签上加注警示语。未经注册的含文字的商标,以及其他未经国家食品药品监督管理总局批准的药品名称,不得在药品说明书和标签上使用。

(3)药品说明书必须注明全部活性成分。药品说明书应当包含药品安全性、有效性的重要科学数据、结论和信息,用以指导安全、合理使用药品;要求所有药品的说明书必须注明全部活性成分或中药药味,非处方药和注射剂还必须在说明书中详细列明全部处方组成。注射剂和非处方药还应当列出所用的全部辅料名称。[1]

(4)禁止强化药品商品名弱化通用名。强制要求药品通用名称明显标注,限制商品名和商标的使用。药品通用名称应当显著、突出,其字体、字号和颜色必须一致,并符合以下要求:①对于横版标签,必须在上 1/3 范围内显著位置标出;对于竖版标签,必须在右 1/3 范围内显著位置标出;②不得选用草书、篆书等不易识别的字体,不得使用斜体、中空、阴影等形式对字体进行修饰;③字体颜色应当使用黑色或者白色,与相应的浅色或者深色背景形成强烈反差;④除因包装尺寸的限制而无法同行书写的,不得分行书写。药品商品名称不得与通用名称同行书写,其字体和颜色不得比通用名称更突出和显著,其字体以单字面积计不得大于通用名称所用字体的 1/2。

(5)增加商标的使用要求。药品说明书和标签中禁止使用未经注册的商标以及其他未经国家食品药品监督管理总局批准的药品名称。药品标签使用注册商标的,应当印刷在药品标签的边角,含文字的,其字体以单字面积计不得大于通用名称所用字体的 1/4。

4. 药品召回制度

为了最大限度地保障公众用药安全,2007 年 12 月 6 日,国家食品药品监督管理总局公布了《药品召回管理办法》(局令第 29 号),进一步强化了药品安全企业第一责任人意识。药品召回,是指药品生产企业(包括进口药品的境外制药厂商)按照规定的程序收回已上市销售的存在安全隐患的药品。安全隐患,是指由于研发、生产等原因可能使药品具有的危及人体

---

[1] 《药品说明书和标签管理规定》第 11 条。

健康和生命安全的不合理危险。[1] 该办法规定，药品生产企业对药品安全隐患调查，应当根据实际情况确定，可以包括：(1)已发生药品不良事件的种类、范围及原因；(2)药品使用是否符合药品说明书、标签规定的适应症、用法用量的要求；(3)药品质量是否符合国家标准，药品生产过程是否符合GMP等规定，药品生产与批准的工艺是否一致；(4)药品储存、运输是否符合要求；(5)药品主要使用人群的构成及比例；(6)可能存在安全隐患的药品批次、数量及流通区域和范围；(7)其他可能影响药品安全的因素。[2] 对发现有可能对健康带来危害的药品及时采取召回措施，有利于保护公众用药安全。已经确认为假药劣药的，不适用召回程序。

药品召回分两类、三级，有利于风险控制。两类为主动召回和责令召回。所谓主动召回，是制药企业根据对收集的药品信息的分析和对药品进行的调查评估，发现药品存在安全隐患而主动进行的召回。责令召回，是指药品监管部门经过调查评估，认为存在安全隐患，药品生产企业应当召回而未主动召回的，应当责令药品生产企业召回药品。如果制药企业对存在安全隐患的药品主动进行了召回，消除或减轻了危害后果，根据《药品召回管理办法》，对积极履行召回义务的企业可减免处罚，但不免除其依法应当承担的其他法律责任。而对发现药品存在安全隐患而不主动召回药品的企业，责令其召回药品，并处应召回药品货值金额3倍的罚款；造成严重后果的，由原发证部门撤销药品批准证明文件，直至吊销《药品生产许可证》。[3] 但是，如果由于药品存在缺陷造成损害后果，即使制药企业召回药品，也并不能免除其依法应当承担的损害赔偿责任。

根据药品安全隐患的严重程度，药品生产企业应当根据召回分级与药品销售和使用情况，科学设计药品召回计划并组织实施。药品召回分为三级：一级召回：使用该药品可能引起严重健康危害的；二级召回：使用该药品可能引起暂时的或者可逆的健康危害的；三级召回：使用该药品一般不会引起健康危害，但由于其他原因需要收回的。[4]

《药品召回管理办法》强化了药品生产企业的责任，明确规定了，药品

---

〔1〕《药品召回管理办法》第3、4条。

〔2〕《药品召回管理办法》第12条。

〔3〕《药品召回管理办法》第30条。

〔4〕《药品召回管理办法》第14条。

生产企业是药品召回的主体,是企业的药品安全第一责任人。在《药品召回管理办法》第5条规定,药品生产企业应当按照规定建立和完善药品召回制度,建立健全药品质量保证体系和药品不良反应监测系统。[1] 同时,明确了生产企业实施"主动召回"和"责令召回"的程序要求。根据《药品召回管理办法》的规定,药品生产企业在作出药品召回决定后,应当制定召回计划并组织实施,一级召回在24小时内,二级召回在48小时内,三级召回在72小时内,通知有关药品经营企业、使用单位停止销售和使用,同时向所在省、自治区、直辖市药品监督管理部门报告。[2]

《药品召回管理办法》明确规定,进口药品的境外制药厂商与境内药品生产企业一样是药品召回的责任主体,履行相同的义务。进口药品需要在境内进行召回的,由进口单位按照本办法的规定负责具体实施。为使药品监管部门及时掌握进口药品在国外的召回情况,本办法明确了"进口药品的境外制药厂商在境外实施药品召回的,应当及时报告国家食品药品监督管理总局"的报告义务。[3] 《药品召回管理办法》还规定,药品经营企业、使用单位应当协助药品生产企业履行召回义务,按照召回计划的要求及时传达、反馈药品召回信息,控制和收回存在安全隐患的药品;发现药品存在安全隐患的,应当立即停止销售或者使用,通知药品生产企业或者供货商,并向药品监督管理部门报告。[4]

实施药品召回制度的前提是,对于存在安全隐患的药品进行有效监控和评价。依据《药品召回管理办法》,药品监管部门及时对召回效果进行评价。认为企业召回不彻底或者需要采取更为有效的措施的,应当要求药品生产企业重新召回或者扩大召回范围。必要时,可以要求药品生产企业、经营企业和使用单位立即停止销售和使用该药品。同时,国家食品药品监管局和省(区、市)药品监管部门应当建立药品召回信息公开制度,采用有效途径向社会公布存在安全隐患的药品信息和药品召回的情况。

---

[1] 《药品召回管理办法》第5条第1款。
[2] 《药品召回管理办法》第21条。
[3] 《药品召回管理办法》第15条第2款。
[4] 《药品召回管理办法》第37条。

第十章　我国药品不良反应损害救济制度的构建

对药品不良反应损害如何救济,各国和地区的立法态度、制度设计都存在较大差异。如日本和我国台湾地区通过制定专门的救济法,建立药品不良反应损害救济基金对受害者进行补偿;瑞典设置基金采用集团保险救济药品不良反应损害的受害者;德国通过强制制药企业参与保险的方式救济受害者;美国设立基金对疫苗不良反应损害采取行政补偿的救济制度。作为高福利国家的新西兰,采用交纳一般税收的模式,克服了侵权损害赔偿制度、保险制度、社会保障制度存在的各种弊端,建立了一个全面体系化的意外补偿制度。我国在构建药品不良反应损害救济制度时可以得到许多借鉴,贯彻“以人为本”的思想;确立基本原则“社会责任原则、普遍权利原则、彻底康复原则、真实补偿和运行高效原则”指导具体制度的建设;建立多元化救济机制,加大财政投入,完善社会保障制度,及时救济受害者,让受害者彻底康复,回归社会。

一、救济模式的比较

(一)保险模式

1. 瑞典:责任保险模式

瑞典对药品不良反应损害的救济采集团保险模式,主要是依托于其发达健全的全民社会保险和医疗保健体系。[1] 瑞典的全民保险制度是强制性的,所有瑞典公民和合法居民都有义务参加,并且覆盖的范围非常宽泛。受害者因药品不良反应的一般损害均可通过社会保险或者健康保健项目获得救济和补偿。1978 年,考虑到侵权法救济对受害人来说成本太高,证明药品的生产者存在过错也存在诸多困难,并且不利于医药业的健康发展等因素,瑞典在欧洲率先创建了药品保险制度(Pharmaceutical Insurance System),[2] 与社会保障救济、侵权法救济相互补充、协调运作,以进一步强化对药品不良反应受害者的保护,更好地平衡各方利益关系。[3] 同时,瑞典的药品保险制度与其他社会保险制度为互相补充关系,药品不良反应损害的受害者可以通过一般的社会保险制度寻求救济,但按照药品保险制度求偿时,必须扣除通过其他保险制度所获得的补偿。此外,瑞典还设有患者保险制度(the Patient Insurance Program),对于医生开处方存在过失造成的损害,受害者可以主张医疗事故索赔。[4]

瑞典药品保险制度以其完善的社会保障体系为依托,取得了良好的施行效果。对于药品不良反应损害的受害者,该制度极大减轻了其证明因果关系等方面的举证责任,程序简单、时间较短,处理过程一般只需 4 个月左右,获得救济及时、有效。同时,该制度较好地平衡了受害者与生产商之间的关系,药品生产商不必承担产品严格责任之下的巨额赔偿,完善的保险体系让其潜心投入研发、生产药品中,保障了公众的健康。因此,瑞典药品保险制度的基本经验是,不考虑过错的威慑作用的保险制度,比设立过错责任或严格责任的成本要低、效果要好。[5] 但是,瑞典的药品保险制度的

---

〔1〕 瑞典的基本社会保险体系由普遍的健康保险、基本的养老保险、补充养老保险及其各种独立的家庭支付项目组成,经过多年的发展,通过颁布一些特别赔偿计划增加了社会保险体系。瑞典的全民保险法于 1963 年开始生效,同所有这些项目协调发展。

〔2〕 为了与欧共体产品责任指令相协调,1993 年瑞典执行了产品责任法,包括药品在内的产品在安全方面存在缺陷造成损害的,实行无过错的产品责任原则。

〔3〕 See Lotta Westerhäll, "Disbursement of Indemnity for Injuries Related to Reproductive Drugs and Devices: a Swedish Perspective", *N. Y. U. Rev. L. & Soc. Change* 23, 1997, pp. 443 – 451.

〔4〕 参见贺红强、翟方明:《论药品不良反应损害救济模式及中国的进路》,载《重庆医学》2012 年第 23 期。

〔5〕 See Carl Oldertz, "The Swedish Pharmaceutical Insurance Construction and Rules", in Harry Boström & Nils Ljungstedt eds, *Detection and Prevention of Adverse Drug Reactions*, 1984, pp. 259, 262.

成功与瑞典成熟、健康的社会保障体系是分不开的，因此我国构建药品不良反应损害救济制度时，还需要完善相关的配套制度。

2. 德国：保险＋基金模式

德国对药品不良反应损害的受害者的救济采用的是混合制，以保险为主，辅之以基金的模式。具有两个方面的特征：一方面规定制药企业对药品不良反应损害承担无过错责任，且不得以“依当时的科技水平所不能发现”为由申请免责。另一方面强制制药企业投保责任险或提供金融担保设立基金，并对制药企业承担的损害赔偿责任设定了最高赔偿限额，既确保受害者能够切实获得赔偿，又帮助制药企业分散风险，减轻压力，保护制药企业健康发展。《德国药品法》对药品不良反应损害的受害者获得救济设置了条件，包括：第一，产生药品不良反应损害的药品必须是在德国获得药品监督管理部门核准上市许可的药品。对其他只需要登记而不需要核准的药品以及药剂师调配的药品等，受害者无法依据《德国药品法》寻求救济，而只能依据《产品责任法》寻求损害赔偿救济。另外，德国对疫苗发生药品不良反应损害，建立了特殊的牺牲补偿制度，由国家向受害者统一提供救济和补偿。第二，药品不良反应损害或者是超过了当前医药学知识的认识能力，或者是药品研发、制造过程中的原因所致，或者是药品的标示、信息方面不符合当前的医药学知识所致。第三，因使用药品而导致了死亡或身体、健康受到非轻微程度的损害。第四，药品不良反应损害的受害者必须在损害发生后自知道其享有请求权和确定的责任者是起 3 年内提出赔偿请求。但是，不管受害者是否知道其享有请求权和确定的责任者，自损害发生 30 年后，受害者不再享有赔偿请求权。德国对药品不良反应损害救济制度中的资金，是制药企业投保的责任险或请求金融机构提供的担保，国家不承担赔偿义务。《德国药品法》第 86、87 条规定了赔偿范围，一是身体或健康受损的赔偿，包括医疗费用之外、受害人因所受损害导致暂时性或永久性丧失或减少的劳动能力或因此所增加的必要费用。给付方式可以是一次性给付，也可以是每年给付。二是死亡的，包括死亡受害人所抚养的第三人的抚养费。但是，对药品不良反应损害规定可以请求非财产性损害赔偿。

3. 我国借鉴保险模式的可能性分析

研究瑞典和德国的保险模式，采取保险模式的优势在于：一是政府在其中只起辅助作用,有利于政府集中精力进行监管、提供服务,既能实现资源的科学分配,又能成本低廉地高效解决问题。[1] 二是由保险公司作为第三方对药品不良反应损害的受害者承担责任,有利于缓解制药企业与受害者之间的矛盾,便于问题的协商解决。三是药品不良反应损害救济具有公益性质,保险公司参与其中,不仅拓展了业务范围,还有利于提升其社会形象。四是保险公司对于资金管理有着比较丰富的经验,凭借其专业的理财投资计划和大规模的资金运转,用于药品不良反应损害救济的资金可以获得更稳定的收益,有利于保值增值。[2] 两种模式都很好地平衡了受害者、制药企业和保险公司的利益。药品不良反应损害救济采用保险救济方式的成功是以瑞典、德国发达的社会保障体系和健全的保险制度为基本前提的,保险救济并不是对药品不良反应损害救济的唯一手段,还需同时辅以其他方式。比如,德国虽然采取强制保险方式,制药企业还向金融机构寻求担保,辅以基金制度。我国借鉴保险模式必须客观,尊重我国的现实国情,社会保障制度尚不完善,保险业还处于发展阶段,制药企业实力较弱。在药品不良反应损害救济中,平衡受害者、制药企业、保险公司的利益短时间内无法完成。因此,在我国构建药品不良反应损害救济制度中采用单一的保险模式,在我国现阶段尚不可行。[3]

(二)基金模式

1. 日本

日本 SMON 事件之后,建立了对药品不良反应损害的救济基金制度。1979 年颁布实施了《医药品副作用被害救济基金法》,确保药品不良反应损害中的受害者能够迅速获得救济,组建劳动健康福利组织专职监督,并由各医药企业发起,设立经厚生省认可的法人组织“独立行政法人医药品医疗机构综合机构”(以下简称医药品机构),综合办理医药企业的研究发展与救济业务,其所承办的救济业务除药品不良反应损害救济和生物来源

---

〔1〕 参见单伟光等:《再论药品不良反应救济的保险模式》,载《中国卫生事业管理》2010 年第 3 期。

〔2〕 参见姚莹、陈飞虎:《我国药品不良反应责任保险的构建》,载《中国药房杂志》2008 年第 1 期。

〔3〕 参见齐晓霞:《药害事故防范与救济制度研究》,复旦大学 2011 年博士学位论文,第 125 ~126 页。

制品感染等被害救济外，还包括友爱福利财团委托的因使用血液制品感染艾滋病的救济业务以及 1980 年 5 月 1 日前使用奎诺仿受害的救济业务。[1] 适用于因正当使用合法药品所产生的不良反应，但要求必须达到生病住院程度、残障（日常生活受限）程度或者死亡的程度。赔付的项目主要包括：医疗费用、交通费用、住宿费用、残疾生活补助费、残疾儿童养育费、死者子女养育年费、一次性补助费、丧葬费用等。该制度不支持精神损害赔偿。另外，对各种救助项目的请求时效的规定也不相同。[2]

药品不良反应损害的受害者须向"医药品机构"提出救济请求，由该机构转送厚生省。在厚生省作出决定前，应向中央药事审议委员会征询意见，并根据该委员会的意见作出决定，然后通知"医药品机构"，由该机构向受害者执行。救济基金主要来源：一是制药企业的一般捐款和附加捐款。一般捐款，是依据制药企业前一年销售数量计算的捐款；附加捐款，造成具体伤害的制药企业按规定额外缴纳的捐款。二是日本政府补助的救济事务费用，占整体救济事务费用的一半以上。三是一些财团的社会捐款。[3] 另外，为了更好地实施救济，"医药品机构"认为在必要时，经厚生省大臣许可，可以作为被保险人与保险公司签订保险公司，从而有效分散风险，进一步保障基金安全。

2. 我国台湾地区

20 世纪五六十年代发生在德国的反应停事件，我国台湾地区也受到波及。1976 年，受害者和药品生产者签订了补偿协议，并设立专门的基金会对补偿金进行管理。后来发生的注射血液制品感染艾滋病事件，由我国台湾地区卫生主管部门代表受害者与血液制品的生产者拜耳公司签订了补偿协议，加以解决。这两起严重的药品不良反应损害事件，促使我国台湾地区考虑设立药害救济基金制度，对药品不良反应损害的受害者进行救济，并更好地规范制药企业的生产经营，促进制药企业健康有序发展。我

---

〔1〕 参见［日］圆谷峻：《判例形成的日本新侵权行为法》，赵莉译，法律出版社 2008 年版，第 39 页。

〔2〕 参见朱怀祖：《药物责任与消费者》，五南图书出版股份有限公司 1997 年版，第 360～361 页。

〔3〕 参见陈永法、邵蓉：《日本药品不良反应被害救济制度的启示》，载《中国药房》2005 年第 10 卷。

国台湾地区对疫苗不良反应损害与其他药品不良反应损害都实行了基金救济制度。药品不良反应损害救济,根据实际情况,采取分阶段、分步骤的方式逐步实施,并不断完善。第一阶段,于1999年1月以行政命令的形式发布了“药害救济要点”,鼓励药品生产者和进口者自愿参加药害救济捐款。第二阶段,于2000年5月通过了“药害救济法”,强制西药的生产者必须参加药害救济捐款。2001年12月,成立了财团法人“药害救济基金”,专门负责办理具体的药害救济业务,包括给付救济金、收取并管理征收金,以及其他的救济业务等。“药害救济基金会”设立由医学、药学、法学专家及社会公正人士组成的药害救济审议委员会,成员一般为11~17人,其中法学专家及社会公众人士的人数不少于1/3,专司对能否获得救济及救济金额的审定。药害救济审议委员会受理救济案件后,应自受理之日起3个月内作出审议决定,必要时可以延长1个月。药害救济申请人对于审议决定不服的,可以依法申请行政复议、提起行政诉讼。“药害救济基金会”的资金主要来自强制药品生产者和进口者缴纳的征收金,按其上一年度的药品销售额缴纳,在该基金达到3亿新台币前为1‰,如果发生了药品不良反应事故,其下一年度的征收金按10‰收取。另外包括征收金产生的滞纳金、代位求偿所得、捐赠所得、基金产生的孳息,以及其他有关收入。“药害救济法”明确规定,台湾当局不提供资金。

“药害救济法”规定的适用条件,因正当使用合法药品导致严重疾病、障碍或者死亡的,均可获得补偿。具体为:一是正当使用,即按照医药专业人员的指示或者药品的使用说明使用。二是合法药品,即经主管机关核发药物许可证制造、进口或者销售的药品。三是使用药品受到伤害必须达到严重疾病、障碍或者死亡的程度,即轻微的损害不适用“药害救济法”。药害救济在受害人应知道药害时3年内提出补偿请求。其中,药品不良反应事故导致受害人死亡的,请求权人为受害人的法定继承人;导致受害人障碍或者严重疾病的,请求权人为受害人或其法定代理人。

台湾行政主管部门下属的卫生主管部门根据我国台湾地区经济社会发展情况,负责制定具体的药害救济给付标准。但在执行补偿时,对于同一个药品不良反应事故已经获得赔偿或者补偿的,不再给予救济。已经领取救济给付而基于同一原因事实取得其他赔偿或者补偿的,要在取得其他赔偿或者补偿的范围内,返还已领取的药害救济给付。“药害救济基金会”

给付补偿后,发现依法应负损害赔偿责任者,可以在给付金额范围内,代位求偿。由此可见,在我国台湾地区,如果已经选择其他救济方式并获得赔偿、补偿的,不能再获得基金救济,已经申请基金救济并获得补偿的,可以再寻求其他方式的救济,但不能获得双重赔偿。

我国台湾地区自施行药品不良反应损害基金救济制度来,为受害人及时、有效获得补偿救济提供了诉讼之外的另一种选择。根据相关统计数据了解,"药害救济基金会"对药品不良反应被害案件的审议速度比较快,平均2个月,受害人获得救济的比率比较高,达到40%左右,对受害人权益的保障比较充分。

3. 我国借鉴基金模式的可能性分析

分析日本、我国台湾地区的药品不良反应损害基金救济制度的实践,基金救济模式具有明显的优势,主要是:第一,政府在其中发挥主导作用,以政府信用兜底,可信度高,对受害者权益的维护更加可靠、有力,并且政府通过严密的管理和监控,能够更好地了解和控制资金的来源与去向,资金安全更有保障。[1] 同时,有助于政府更好履职,保障民众的健康安全,从宏观、战略上及时调控和妥善平衡各方利益关系,根据实际情况对制药产业的发展走向做出全局性安排,更有利于制药产业的平稳健康发展。第二,独立的财团法人的运作,独立进行调查、诉讼,甚至直接参与企业经营,有利于实现基金的保值增值。而且在必要时,可以自己的名义独立投保责任险,分散风险。第三,相比较保险救济模式而言,基金救济模式的赔付程序相对简略,要求不是特别苛刻,受害者获得补偿更加便利、快捷。保险救济模式基于其营利性、行业性,在潜伏性疾病保险期间的认定、药品发展危险精算等方面,规定了繁杂的程序和严苛的条件,不可避免地影响了救济的效率和效果。[2] 但是,基金救济模式最大的困难在于费用的征收和政府的主导作用。可以参照日本和我国台湾地区的经验,从立法层面给予药品不良反应损害救济制度支持,包括政府投入更多的财力、物力和精力,同时也大力支持制药企业的发展。

---

〔1〕 参见张芬:《药品不良反应损害赔偿制度研究》,华中科技大学2009年博士学位论文,第76页。

〔2〕 参见刘蒌:《药品责任立法比较研究》,载《西南民族大学学报》(人文社会科学版)2003年第11期。

（三）行政补偿模式

美国国会于1986年制定了《国家儿童疫苗伤害法》（The National Childhood Vaccine Injury Act,NCVIA），依据该法案，从1988年10月10日起，正式实施"国家疫苗伤害补偿计划"（National Vaccine Injury Compensation Program,VICP）。计划的资金来自对疫苗生产商按销售的疫苗剂量征收的费用，对疫苗不良反应损害适用了无过错责任原则，对受害者和疫苗生产企业之间进行适当的利益平衡，力争做到既充分保障受害者的权益，又能有效避免生产商对不可避免、不可预见的损害承担赔偿责任，维护其商业利益，保护其生产研发的积极性。就实际效果而言，受害者较适用侵权责任救济减少了程序性和经济上的障碍，获得补偿相对更加方便快捷。但是，为了配合计划的实现，设置了一系列对疫苗生产者的保护性规定，如受害者要追究疫苗生产者的侵权责任，必须承受更重的举证负担。[1]

美国疫苗药品不良反应损害救济制度的实践，对我国构建和完善药品不良反应损害救济制度具有正面的借鉴价值，也具有反面警示作用。借鉴方面：一是立法目标要注重各方利益的平衡。既要对受害者提供有效、及时的救济，也要设置鼓励生产商研发、生产机制。二是统一的补偿标准，不因区域、地域的差异出现"同伤不同赔，同命不同价"的现象。三是补偿范围要相应扩大。一方面，及时给予急救性治疗的补偿，也需要后续支持性治疗的补偿。另一方面，适当考虑对精神损害补偿，让受害者彻底康复，回归社会。

美国药品不良反应损害适用严格产品责任，"有损害就有赔偿"的社会正义法则和保障民众生命健康安全、维护社会和谐稳定的现实需要，对受害者给予一定的补偿和救济实属必要。但是，药品不良反应损害欠缺"违法性"要件，实际运行效果也不尽如人意。一方面，诉讼程序烦琐，费用高昂，时间漫长，"充分保障受害者权益"根本不可能。另一方面，药品不良反应损害中，产品的缺陷、因果关系都无法认定。即使解决了认定，药品不良反应损害适用严格产品责任，还需要对责任风险有一个合理地分配。药品

[1] See Theodore H. Davis, Jr., Catherine B. Bowman, "No-Fault Compensation for Unavoidable Injuries: Evaluating the National Childhood Vaccine Injury Compensation Program". 16 *U. Dayton L. Rev*, 16, 1991, pp. 277, 312.

生产商还承载在研发新药的使命，保障公众健康。美国实践中，比如针对严格产品责任制度导致一些医药企业停止或推迟研发、试验艾滋病疫苗的问题，就有美国学者尖锐地指出，如果考虑到艾滋病毒流行可能会造成的数十亿美元的开支，这种延误将大大增加赔偿责任的社会成本。[1] 药品的两面性"治愈性、毒副作用"，使其天然有别于一般产品，在药品不良反应损害中的损害，一定程度上是为了公共健康利益而作出的特殊牺牲。充分考虑和妥当平衡所涉各种利益之间的关系，患者利益、生产商利益和公共健康利益的"多赢"局面。

（四）一般税收模式

新西兰在人身伤害领域设立了意外补偿制度，采取了一般税收模式，补偿内容包括金钱类补偿和非金钱类补偿。由国有公司为新西兰居民提供普遍的、24 小时无过错的人身伤害补偿。其资金来源为对雇主、个体经营者、机动车所有人征收的税费以及一部分政府拨款，设定独立账户，实行专款专用。新西兰意外补偿制度表现社会福利性，全民参与到意外补偿制度中，成为国民补偿制度。主要在两个方面：一方面，意外补偿制度采取经验费率制，税费激励手段鼓励各缴纳税费人减少安全事故的发生，一定程度上提高了社会安全性；另一方面，每个账户的资金（无收入者账户除外）来自新西兰国民缴纳的税款，实质上是将意外伤害的损失承担社会化，让全社会一起承担现代社会的风险带来的损失。基金运行模式采用"现付现收制"，当年征收的税费专用于该年度的补偿申请，未来的补偿金支出不纳入当年的税费收取范围。另外，相关收取的税费会定期作出调整，抵销了通货膨胀对资金的影响，进一步保障意外补偿制度的正常运行。

新西兰意外补偿制度设立的目的是让公民在因意外伤害导致丧失劳动能力之时，能够获得足够的补偿，不仅人身伤害能够得到足够的治疗以得康复，还能保证其职业生涯能够得到恢复，重新回归到社会生活中。建立了多元化的人身伤害应对机制，使意外补偿制度取得了良好的实施效果。新西兰作为高福利国家，财政投入大，社会保障制度完善，也是意外补

---

〔1〕 See Gregory C. Jackson, M. D., "Pharmaceutical Product Liability May Be Hazardous to Your Health: a No-Fault Alternative to Concurrent Regulation", *Am. U. L. Rev.* 42, 1992, pp. 199, 206.

偿制度有力保障。

(五)诉讼模式

美国作为判例法国家,没有专门针对药品不良反应损害的救济法。最经典的药品不良反应损害案例是乙烯雌酚安胎剂判例(DES),该案经历了三审后,由加利福尼亚州最高法院判定5家厂商依其市场占有率对受害者承担全部损害赔偿责任,案件适用了产品严格责任原则。药品不同于一般产品,与人类的健康和生命息息相关,是人类生存发展不可或缺的重要物质,对药品的关注更多在于其预防、治疗、诊断疾病以及调节生理机能。当受害者受到药品不良反应损害时,给予受害者及时、有效的救济,体现国家对民众安全用药的保障。而美国依据侵权法判决药品不良反应损害事件,并不适用"违法性"的要件,受害者很难寻求救济。同时,诉讼程序烦琐,费用高昂,耗时长,也很难为受害者提供及时有效的救济。美国对药品不良反应损害适用侵权法救济,对药品生产商适用严格产品责任原则,加重了生产商的负担,破坏了患者、医疗行业以及公共健康三者之间的利益平衡。

二、我国药品不良反应损害救济模式的法理考量

目前,我国对药品不良反应损害的应对与救济机制尚不完善。涉及药品不良反应的法律法规非常有限,除现行立法《药品管理法》外,大多属于行政管理规范,如《药品管理法实施条例》《药品不良反应报告和监测管理办法》《疫苗流通和接种管理条例》《医疗事故处理条例》《药品和医疗器械安全突发事件应急预案(试行)》等。内容大多属于药品监管方面,行政干预仅停留在对药物不良反应信息的获取和控制上,对于损害救济问题没有涉及。"重管理、轻救济"是对我国药品不良反应损害立法的概括。[1]《民法典》《医疗事故处理条例》是对药害事件的受害者寻求救济的法律依据,但都将药品不良反应损害排除在外,药品不良反应损害的受害者寻求救济之路步履维艰。同时,由于没有明确的法律规定,司法判例的差异太大,法院或因无法可依而驳回受害者的请求,或依据公平原则,判决一定数额的补偿,并没有给予受害者实质上的救济。

从对各国对药品不良反应损害救济机制的分析,国际上通行做法包

[1] 参见艾国、黄正明:《关于制订〈药害补偿法〉的可行性探讨》,载《中国医药科学》2018年第6期。

括:一是国家通过立法设立专门的救济基金,由政府监督并运作,给予受害者救济。二是实行责任保险制度,国家、企业及个人共同分担风险。药品不反应损害救济机制的设立有几个核心:无过错责任原则;救济制度的系统化,互为补充;受害者的救济及时、有效性;救济方式的相互配合,各有侧重;救济范围明确,以人身损害或死亡为主,精神损害暂不列入;均规定了给付金额的上限。因此,药品不良反应损害救济制度的设立是一种事后救济制度,其针对对象是基于致害结果在正当使用合法药品之后而产生的救济,适用无过错责任原则。

设立药品不良反应损害救济机制,无论选择何种模式,都应和该国的经济发展状况、社会条件、法律背景相适应,并辅以配套设施保障运行。有学者在分析各种模式之后,结合我国当前的国情,认为应选择基金救济模式予以过渡,等到我国的保险业发展成熟时再实行基金—保险“二位一体”的救济模式,同时还应保留受害者的司法诉讼请求权。[1]

(一)药品不良反应损害救济的要件框架

产品责任,是指因产品缺陷导致受害人的人身、财产损害而发生的特殊侵权责任。其构成要件主要包括:一是生产或销售了不符合产品质量要求的产品;二是不合格产品造成了他人财产、人身损害;三是产品缺陷与受害人的损害事实之间存在因果关系。药品作用的两重性,一方面,药品具治愈性,即药品与满足预防、治疗、诊断人的疾病,有目的地调节人的生理功能的要求有关的特性;另一方面,药品都具有不同程度的毒副反应。同时,药品作为商品,还需要具有安全性、稳定性和均一性,以保障其安全流通。[2]

药品不良反应损害救济机制的要件框架应当由四个方面构成:一是药品不良反应的危险是不可避免,受害者严格按照药品说明书或医嘱合理使用药品。其中,抗辩的事由不包括:发展风险、药品或个体的差异。二是在药品的生产、流通、使用全流程中,没有过错方。三是药品不良反应损害,应当是严重损害。严重损害的判断标准应当以伤残、死亡或严重性疾病。

〔1〕 参见王琼、刘燕:《论我国药品不良反应损害救济模式的选择》,载《绵阳师范学院学报》2016年第1期。

〔2〕 参见吴蓬主编:《药事管理学》,人民卫生出版社2007年版,第25页。

四是药品的危险与药品不良反应损害之间存在法律上的因果关系，如果危险与损害之间没有必然联系，受害者就无法具有药品不良反应损害救济的条件。[1]

（二）药品不良反应损害救济的责任规则

责任规则是当行为人因其行为或者物件致他人损害的事实发生以后，法律应以何种根据使之负责，体现了法律的价值判断。主要体现在：(1)归责原则的实质是要强调行为人承担责任的依据与基础；(2)归责原则确定了不同的责任构成要件；(3)归责原则确定了不同的免责事由；(4)归责原则是构建侵权责任法的内容和体系的支柱。

药品不良反应损害是特殊的缺陷产品导致的损害。《民法典》第1202条规定了产品责任，缺陷是承担产品责任的必备条件。法律上的缺陷是指产品存在危及他人的人身、财产安全的不合理的危险，符合国家标准或行业标准的产品可能是缺陷产品。《产品质量法》第46条规定了“缺陷”的标准，“不合理的危险”标准或国家标准、行业标准。第41条规定了产品质量存在缺陷造成他人损害的民事责任，在第2款中列举了三种免责事由，包括：一是未将产品投入流通的；二是产品投入流通时，引起损害的缺陷尚不存在的；三是将产品投入流通时的科学技术水平尚不能发现缺陷的存在的。产品责任是特殊的民事侵权责任，药品不良反应损害中产品缺陷是属于免责事由，在实际药品不良反应损害纠纷中由于没有过错方，无法适用产品责任的规则原则。在《民法典》第1166条规定：“行为人造成他人民事权益损害，不论行为人有无过错，法律规定应当承担侵权责任的，依照其规定。”我国《民法典》构建了多元归责原则体系，归责原则之间具有层次性和逻辑性，综合运用时采用一般规定与类型化相结合的方式。在药品不良反应损害事件中，产品严格责任的归责原则在各国的救济制度中被广泛采用。1963年，美国最早在Greeman v. Yuba Power Product Inc.[2]案中确立了产品的严格责任原则，即受损害者只需提供损害发生的事实，无须证明自身在损害发生过程中主观没有过错。德国的《药品法》危险责任，也是确

[1] 参见向华：《药害救济模式的创制：要件框架、责任规则与责任主体设定的法理考量》，载《绵阳师范学院学报》2016年第4期。

[2] 参见王泽鉴：《民法学说与判例研究》（第3册），三民书局1981年版，第199页。

立德国药品不良反应损害救济机制的基石。

我国在建立药品不良反应损害救济机制,可以《民法典》为核心建立药品不良反应损害事件的法律责任体系,药品生产者承担药品严格责任的归责原则,药品经营者与医疗机构承担连带责任。药品不良反应损害适用产品无过错责任,受害者无须证明生产者、经营者或医疗机构的主观过错,只需证明使用的药品存在缺陷,造成了严重人身伤害事实,并且产品缺陷与损害之间存在因果关系。“无过错”并不是“没有过错”,而是“不问过错”,包含了“实际有过错但不问过错”和“实际没有过错而不问过错”两种情形。实行“无过错责任”还需要根据严格程度来区分,在责任主体能够提出合理的抗辩事由的情形下,可以考虑免责或减责。其中,免责事由主要是指药品未发现药品不良反应是由于科学技术发展的限制等;减责事由主要是指药品生产者发现产品缺陷后,主动告知、积极召回,尽到排除危险、采取补救措施等。在药品不良反应损害的责任追究时,可以考虑将免责范围作出适当的扩大范围,主要考虑两个方面:一是对医药行业的扶持。二是国家的药品标准制定和更新。[1] 另外,在药品缺陷认定时需要实行合理分配举证责任。对于药品不良反应损害中的产品缺陷认定,只有药品生产商和药品评价部门能够说明,受害者很难对药品缺陷与损害之间的因果关系举证,设置举证责任倒置是适宜的。

严格责任原则在药品不良反应损害事件中的应用主要表现在两个方面:一是具有预防功能;二是具有风险或损失扩散的功能。适用严格责任的归责原则的意义在于加重行为人的责任,使受害人的损害赔偿请求权更容易实现,受到损害的权利及时得到救济。主要包括:(1)适用范围;(2)责任构成要件;(3)举证责任;(4)侵权责任形态;(5)加害人过错的确认。

(三)药品不良反应损害救济的责任主体设定

各国设置药品不良反应损害救济机制的立法宗旨,无不体现效率与公平两大社会目标的有机结合。效率目标要求责任设置能够为责任主体的预防水平和行为水平提供最优的激励,又能避免企业预防过度导致药品供应和创新动力不足;而公平目标则要求以社会正义、公平的观念来处理当

---

〔1〕 参见宋瑞霖等:《完善中国药品不良事件救济机制研究》,中国法制出版社 2011 年版,第 90 页。

事人之间的纠纷,平衡各方的利益。正确处理效率与公平之间的关系,有利于调和消费者权益保护和医药产业发展之间的矛盾,任何偏执一端的做法都不利于经济、社会的发展。[1]

学界对药害救济的责任主体设定主要有两种观点。一种持“商品来源供给者论”认为,药害救济主体主要为使含有本质缺陷的药品大量并持续在市场中流通的来源供给者,其行为是造成药品致害的根源,主要包括药品生产者和药品销售者。另一种持“防危者论”认为,药害救济责任主体被赋予给所有有义务防止药品致害发生的一切与缺陷药品生产、销售有关的人,不仅包括药品生产者和药品销售者等流通业者,还包括立法者、营业执照发放者等。[2] 药品不良反应损害并不是缺陷产品所致的损害,因此,“防危论者”的观点似乎更适合药品不良反应损害救济。

《药品管理法》第30条第2款规定:“药品上市许可持有人应当按照本法规定,对药品的非临床研究、临床试验、生产经营、上市后研究、不良反应监测及报告与处理等承担责任。其他从事药品研制、生产、经营、储存、运输、使用等活动的单位和个人依法承担相应责任。”该款以法律形式确立药品上市许可持有人对药品质量安全的主体责任,相关单位和个人依法承担相应责任。药品生产者在药品生产、流通和管理环节中起到重要作用,大多数国家通过设置价格机制和保险制度将药品生产者确定为药品救济的责任主体。[3] 药品销售者负责药品行销体系的关键环节,负有对商品的订货、管理等实施严格检查,促进企业致力于给互相关联的企业之间带来相互依赖关系的安全性义务,[4]也是药害救济的责任主体。其中,医疗机构身份比较特殊,担负了绝大多数处方药提供职能,并可对非处方药的用药安全进行指导,一般也为药害责任的主体。[5] 《药品管理法》规定的其

---

〔1〕 参见刘志强:《我国药品安全相关法律责任体系研究——以市场主体责任为视角》,沈阳药科大学2018年博士学位论文,第77页。

〔2〕 参见[日]植木哲:《产品责任》,谢志宇译,载《法学译丛》1992年第6期。

〔3〕 参见[英]埃利斯代尔·克拉克:《产品责任》,黄列等译,社会科学文献出版社1992年版,第340页。

〔4〕 参见[日]藤塚晴生:《关于产品责任立法化的考察》,鲍荣振译,载《法学译丛》1992年第5期。

〔5〕 参见向华:《药害救济模式的创制:要件框架、责任规则与责任主体设定的法理考量》,载《绵阳师范学院学报》2016年第4期。

他主体,药品临床研究机构、药品运输者、仓储者、药品广告经营机构及药品检验机构等,在相关环节中也负有一定安全性义务,也应纳入责任主体范畴。但是,国家作为监管机构是否应当纳入责任主体,一直是学界讨论的焦点。比如,我国的龙胆泻肝丸事件,基于龙胆泻肝丸配方中的关木通富含有害物质马兜铃酸,1985 年版的《中国药典》中用的是木通,1990 年版《中国药典》改为关木通。[1] 国家相关部门在制定《中国药典》时并没有仔细去考证,法院面对众多的受害者的诉讼,并未涉及国家责任。日本亚急性脊椎视觉神经症系列案判决中,九个地方法院对该案分别作出了判决,都承认了国家的相关责任。[2] 因此,将国家确认为责任主体主要基于两个方面的考虑:一方面,药品本质具有危险性,因此在对药品进行注册和审批时,必须对药品安全性和有效性进行审核;另一方面,药品被《中国药典》收录,确立相关质量标准后,国家应对药品的安全保障义务并不因此而削减。

三、我国药品不良反应损害的多元化救济

目前,我国学界对药品不良反应损害救济不应适用侵权法救济,意见比较一致,但对应当建立何种具体制度,则分立为"基金救济模式"[3]和"保险救济模式"[4]两种观点。侵权责任制度是从法律途径对损害进行填补的一种单一制度,是防范风险、分散损害的民事权利保障。药品具备风险与效益的两面性,为提高药品的安全规则,将药品风险降到最低,需要利用司法体系、政策体制和市场机制共同对药品相关联方进行激励,形成一种良性、多方互动的药品安全保障体系。建立多层次的风险分散机制,可以把针对单个企业的风险分散到整个行业中,由所有企业和整个社会共担风险,从而避免单一企业在经营过程中承担过多风险。

---

〔1〕 参见徐迅雷:《龙胆泻肝丸事件:倾家荡产也要赔付》,载 http://www.people.com.cn/GB/guandian/1036/2362379.html,最后访问日期:2019 年 12 月 9 日。

〔2〕 参见[日]植木哲:《医疗法律学》,冷罗生、陶芸、江涛等译,法律出版社 2006 年版,第 243 页。

〔3〕 参见陈永法、邵蓉:《日本药品不良反应被害救济制度的启示》,载《中国药房》2005 年第 10 期。

〔4〕 参见顾海、刘洁:《我国亟待建立药品不良反应保险救济制度》,载《中国药业杂志》2006 年第 15 期。

(一)保险制度

保险是一种对于可以用货币衡量或标定价值的物质财产、经济利益或人的寿命及身体提供风险保障的经济行为。作为市场经济条件下的一种风险管理防范,保险既是一种转移风险的手段,降低损失风险,又是一种应对风险的财务安排,稳定经营,被保险人将风险转移给保险机构时,转移的只是财务损失本身,而风险本身则没有转移出去,当损失发生时,保险人可以从保险公司获取资金补偿,保险称为一种特殊的财务安排。以德国和瑞典为代表在药品不良反应损害中采取保险救济模式的国家,一方面通过立法确立药品不良反应损害案件适用无过错责任原则,给受害人提供了有力的法律保障;另一方面针对药品不良反应损害风险的偶然性及不确定性,推行保险制度,发挥商业保险的风险转移及资金融通功能。

现代的保险制度已具有风险保障、资金融通和社会管理三大功能,保险业在参与公共管理中亦发挥了明显的成效。医疗责任保险,一方面,保障了患者能得到及时、有效的救济;另一方面,也缓解了受害人与医疗机构的争议。

1. 药品不良反应损害救济中实行责任保险的可行性

药品不良反应损害救济机制中主要采取的是责任保险,承保人的赔偿款是支付给第三者,实质上是承担的被保险人对第三者的赔偿责任,是间接保障被保险人利益、直接保障受害第三方利益的一种替代保障机制,具有强大的外部经济效应。责任保险制度,能够保障第三方受害人的利益,具有很强社会管理功能的保险,各政府主管部门在很多领域都在引入责任保险机制,显示出了良好的市场前景和社会效益。药品不良反应损害救济的保险救济模式,不仅保障受害人的利益也通过分散赔偿风险而在一定程度上保护了药品生产者的积极性,使企业避免因过高赔偿而破产的风险。该模式在使患者较快得到合理赔偿的同时,还可以减轻政府在药品不良反应损害事件中所承担的责任,对我国药品不良反应损害救济有较强的参考意义。

按照救济基金来源的不同,在我国设置药品不良反应损害救济的保险救济模式,可以用强制性保险和一般商业保险等。强制性责任保险制度,国家通过立法的手段将药品强制保险作为药品准入条件,为受害人得到及时、有效的补偿提供法律依据，同时药品企业的风险得到一定的分散，有利于医药行业的发展。我国的现实国情是，社会保障制度尚处于建立过程中，保险业并不发达，责任保险制度还不完善，医药工业还大而不强，截至2019年3月，我国现有国产药品批准文号166,884个，其中，90%左右为仿制药品及其相关产品。[1] 在这种情况下决定由制药企业向保险公司投保责任险，在分散风险、救济受害者方面的作用都比较有限。

在强制责任保险制度下，保险合同当事人的合同自由受到了严格限制，主要体现在强制投保和强制承保两个方面。对药品不良反应损害事件实行强制性责任保险，在高风险的现代社会能够充分体现政府的规制职能。探究责任保险制度的发展，其产品责任保险设计，最早是针对侵权行为责任；自20世纪30年代以来，责任保险的性质，在诸多领域由"自愿保险"向"强制保险"发展。我国在责任险社会风险管理方面的作用非常重视，也在很多领域实施了强制责任保险制度。比如，(1)车强险。《道路交通安全法》规定"国家实行机动车第三者责任强制保险制度，设立道路交通事故社会救助基金"，"由保险公司在机动车第三者责任强制保险责任限额范围内予以赔偿"。(2)火灾险。《消防法》规定"国家鼓励、引导企业投保火灾公众责任保险；鼓励保险公司承保火灾公众责任保险"。

在药品不良反应损害救济机制中设置强制责任保险制度，由药品生产者、进口者对其自身的药品向有经营权的保险业公司投保责任险，当药品不良反应损害发生时，由保险公司在投保范围内对受害人进行经济赔偿的制度。责任保险制度下，对于平衡和保护受害者、药品生产者的利益有着重大意义，确保受害者诉求得到及时、有效的救济，药品生产者也能专心于药品的研发和生产。但是，在我国建立作为公共产品的全民医疗保障体系还是一个比较长期的过程，在医疗行业整体实力不强，基本医疗保险尚不能普及的情况下，建立责任保险还存在一定难度，筹措资金的途径有限。

2. 药品不良反应损害救济中商业保险的可行性

商业保险作为一种分散风险、共担损失的补偿制度，具有经济"助推

---

〔1〕 参见许安标：《〈药品管理法〉修改的精神要义、创新与发展》，载《行政法学研究》2020年第1期。

器”和社会“稳定器”作用。因而,我国现阶段政府一直在探索药品不良反应损害救济中发挥引导职能,建立风险共担模式。我国已经在疫苗不良反应损害救济中推行了补偿机制。《疫苗流通和预防接种管理条例》第46条第1款规定:“因预防接种异常反应造成受种者死亡、严重残疾或者器官组织损伤的,应当给予一次性补偿。”该款规定了接种疫苗的补偿责任。第2款规定:“因接种第一类疫苗引起预防接种异常反应需要对受种者予以补偿的,补偿费用由省、自治区、直辖市人民政府财政部门在预防接种工作经费中安排。因接种第二类疫苗引起预防接种异常反应需要对受种者予以补偿的,补偿费用由相关的疫苗生产企业承担。国家鼓励建立通过商业保险等形式对预防接种异常反应受种者予以补偿的机制。”该款规定了疫苗接种异常损害由以补偿的方式予以救济,只是两种疫苗的补偿主体不同。第3款规定:“预防接种异常反应具体补偿办法由省、自治区、直辖市人民政府规定。”根据《疫苗流通和预防接种管理条例》第46条的规定,各省、自治区和直辖市人民政府都作出了相应的补偿机制。

2019年8月15日,贵州省首例第一类疫苗预防接种异常反应基础保险补偿成功。自2019年6月,贵州省卫生健康委印发《贵州省第一类疫苗预防接种异常反应补偿基础保险实施方案》,通过预防接种异常反应保险服务的招标采购,实行预防接种异常反应补偿的商业保险机制。预防接种异常反应补偿,将“财政补偿”转为“保险补偿”。凡在贵州省接种过一类疫苗的受种者如果发生异常反应,经鉴定为预防接种异常反应或不能排除预防接种异常反应病例的,均可按照基础保险的保障水平获得相应的保险补偿,最高补偿年限可达25年,最高赔偿额度可达62万元。其中,第一类疫苗是由政府免费为儿童接种的疫苗,包括:卡介苗、无细胞百白破联合疫苗、白破二联疫苗、麻风疫苗、麻腮风疫苗、乙肝疫苗、甲肝减毒活疫苗、脊灰灭活和减毒活疫苗、A群脑膜炎球菌多糖疫苗、A群C群脑膜炎球菌多糖疫苗、乙脑减毒活疫苗,共11种。通过商业保险,将为贵州省160万名预防接种儿童,提供2018年1月1日至2020年12月31日,三个年度的第一类疫苗预防接种异常反应补偿基础保险服务。若接种儿童发生疑似接种异常反应,家属可向接种单位反映,上报卫生健康部门。相关部门将组成调查诊断专家组,并作出调查诊断结论,以此作为保险补偿依据。

2019年8月15日,贵州省首例第一类疫苗预防接种异常反应基础保险补偿成功。受种者接种口服Ⅰ型Ⅲ型脊髓灰质炎减毒活疫苗、吸附无细胞百白破联合疫苗、重组乙型肝炎疫苗(酿酒酵母)后出现疑似预防接种异常反应,经贵州省六盘水市预防接种异常反应调查诊断专家组调查诊断为偶合症。中国人民财产保险股份有限公司贵州省分公司是贵州省第一类疫苗预防接种异常反应补偿服务的提供商,接到诊断报告后,立即启动补偿程序,3个工作日内走完全部流程并将5万元补偿支付给受种者监护人,为预防接种异常反应的受种者提供了有效、便利的保险补偿服务。

在药品不良反应损害救济中实行商业保险救助机制,是社会保障与救济制度的结合,也是药品不良反应损害救济的一种过渡模式,弥补社会保险的不足。采用以商业保险的方式为主,企业可以选择交纳风险抵押金或购买商业保险。通过引入第三方保险公司,转移医药企业的部分风险。由于药品不良反应损害的特征,应该在经济发展水平允许的条件下将药品不良反应损害救济更多地纳入社会保障的体制范围之内,以保障受害人及时、有效地获得救济。目前,我国社会保障制度仅仅局限于一些基本的工伤保险、养老保险、社会福利等,还未涵盖药品不良反应损害的救济,第一类疫苗不良反应损害由国家补偿,第二类疫苗不良反应损害由疫苗生产企业补偿。有学者提出"建立巨灾保险机制",由企业和个人购买巨灾保险,政府提供一定补贴,多家保险公司共同承保,并通过国内外再保险市场分散风险。基于对商业保险或强制责任保险和救助基金相融合的模式创新,提出对严重药品不良反应损害由保险公司实行先垫付赔偿,是实现现阶段药品不良反应损害救济机制的最佳方案。后续,随着药害事件救济制度建立和药品安全责任险相关政策的出台,可以将药害事件保险救济制度过渡到以商业保险和社会保险相衔接的全面赔偿模式。[1]

因此,就我国国情和法律基础而言,药品不良反应损害救济制度的建设还有很长一段路要走,需要立法和行政行为共同来推进。

(二)基金制度

大多数学者认为在现有的标准体系和中国医药产业现状下,社会救助

---

〔1〕 参见王卫国:《我国的保险法律制度》,载 http://www.gov.cn/ldhd/2012-10/26/content_2251845.htm,最后访问日期:2019年5月4日。

基金形式对药品不良反应损害进行救济是法律救济之外的最佳救济方式。[1] 不仅保护、平衡了受害者、医药行业的权益,也促进了医药行业的创新与发展,同时也能及时、有效地救济受害者,极大地稳定了社会秩序。以政府主导的社会救助基金,是法律救济之外的比较妥当的救济方式,全社会共同参与,按照“大数法则”原则,患者或医务人员作为该补偿制度的相关人和直接受益人。药品不良反应损害救济机制所需要解决一定概率的医疗损害事件,政府在社会保障体制中应当起到主导作用,充分发挥其社会调动能力,为基金的建立提供政策支持,保障基金的正常、快速地运行,降低药品不良反应损害事件中各方无过错当事人的经济损失和风险。我国的医药工业还大而不强,医药行业在世界上整体处于第三方阵,促进医药行业发展、提升药品质量,保障公众用药安全,推进健康中国建设,具有重要意义。同时,基金的公益性、广泛性和非盈利性等特点更符合公平原则,实现实质的公平正义。同时,社会救助基金模式通过安全、合理的方式对其进行保值增值,专款专用、有序管理、透明运行,具有公益性、公开性、非盈利性、来源广泛等特点。

建立药品不良反应损害救济基金也有利于药品不良反应损害实施救济的风险转移,降低药品不良反应各方无过错当事人的经济损失和风险。而且,基金的公益性、广泛性和非盈利性等特点更符合公平原则。主要体现在以下两个方面:一方面,在一般情况下,药品不良反应损害救济基金可以用于药品不良反应监测、医学研究事业的发展,促进医学事业发展,提高医生的治疗水平,提高药品使用的安全性。另一方面,发生药品不良反应事件时,基金可用于对受害者救济,适当的补偿与赔偿在一定程度上可以给受害人以安慰或解决经济上的困难,充分体现了重视生命、重视健康的人权基本原则。

1. 药品不良反应损害社会救助基金的管理机构

在考察日本、我国台湾地区的基金救济模式运行,法治的保障是救济机制运行的基石,政府参与其中,监督机制的运行。日本药害救济基金的主管机构 PMDA 是独立行政法人,分担药害救济的公共职能,关键性的救

---

〔1〕 参见宋瑞霖等:《完善中国药品不良事件救济机制研究》,中国法制出版社 2011 年版,第 95 页。

济案件审议、救济给付决定仍必须由厚生劳动省作出。[1] 我国台湾地区药害救济基金的主管机构是财团法人药害救济基金会(Taiwan Drug Relief Foundation,TDRF)是独立财团法人,仅负责救济金给付、征收、催缴等经济活动,卫生主管机关另行组织成立药害救济审议专家小组,承担救济案件是否给付、具体给付的标准等审议工作。[2]

药品不良反应损害救济机制采用基金模式常采用财团法人的形式设立,是公益性组织,不以营利为目的。因此,为促进社会救助基金的持续发展,基金运作必须有法律依据,成立基金的专门机构进行管理,并确认管理公共资金的法律地位,其职责也应由法律予以规定。社会救助基金的主管机构主要负责救济基金的征收、催缴和管理,以及救济金的申请收受与实际给付。至于损害的级别、药品不良反应与损害之间的因果关系的认定,需要由具备医学、药学、药物经济学等专业知识背景的人员组成专业委员会审议。[3]

药品不良反应损害救济制度的建设涉及众多部门,机构和职能,包括:社会发展、社会保障、民政救济、卫生、药品监督、基金管理和保险机构等。因此,亟待根据不同的药品不良反应损害救济模式,协调相关部门的管理职能,组织和指导我国的药品不良反应损害救济制度的建设。社会救助基金具有公共利益属性,与药品不良反应损害救济的目标相吻合,在确立社会救助基金的主管机关时,应综合考虑多种因素来确定基金的主管机关,考虑社会救助基金运作的专业性。我国于 2004 年 6 月 1 日实施了《基金会管理条例》,基金会实行双重管理体制。其中,业务主管机关的监督管理职能,在于审查、监督指导基金会遵守法律法规,依据其章程开展活动;负责基金会年度检查的初审;协助登记管理机构及有关部门查处基金会的违法行为;会同有关机关指导基金会的清算事宜。社会救济基金的业务主管机关的具体职责应包括:依法确定救助基金管理机构;依法监督检查救助

[1] 参见陈伟:《日本独立行政法人制度研究》,西南政法大学 2013 年硕士学位论文,第 15 页。

[2] 参见张志行:《财团法人制度研究》,中国社会科学院 2014 年硕士学位论文,第 21 页。

[3] 参见张枫、徐晓媛:《日本与我国台湾地区药品不良反应损害救济基金制度的比较及对我国的启示》,载《中国药房》2017 年第 22 期。

基金的筹集、垫付、追偿情况,并定期予以公告;建立、检查救助基金的年度报告制度;依法设立救助基金的内部管理制度和内部监控制度,并对机构及其工作人员的违法行为进行处理、处罚等。

2. 药品不良反应损害社会救助基金的来源

社会救助基金运行中,资金来源广,需要政府进行严密监控,以便更好地管理、了解和控制救济金的来源和去向。建立药品不良反应损害救济基金制度关键在于资金来源的稳定。从资金关系来看,基金,是指专门用于某种特定的目的并进行独立核算的资金。从组织性质上讲,基金,是指管理和运作专门用于某种特定目的并进行独立核算的资金和机构组织。社会救助基金是具有公益性质的组织,可以财团法人的方式设立,能以自己的名义独立进行调查、诉讼,甚至能参与企业投资,运营灵活,亦有利于救济资金的保值增值。[1] 日本 PMDA 的经费来源为国家预算,但又采取不同于一般行政机关的企业会议制度。[2] 我国台湾地区的 TDRF 成立的根本财产,是出于一定目的使用的多数财产之集合。[3]

根据我国《民法典》的比例原则,药品不良反应损害救济基金的征收对象主要有:药品生产企业(包括进口药品经营企业)、医疗机构、政府投入及社会捐助。因此,药品不良反应损害救济基金的资金来源,包括药品生产企业缴纳金、政府的补助金和社会捐助。可见,建立药品不良反应损害救济基金的模式进行了最大的社会动员,既非企业的全权负责,也非政府的大包大揽,同时也不是完全依靠社会的捐助,而是动员"社会大众"的力量。

政府的参与是建立药品不良反应损害救济基金制度的基石,药品不良反应损害救济制度所需要解决一定概率的医疗损害事件,赔偿的金额巨大且持久。医疗改革是中国社会保障体制建立健全的重要组成部分,倡导政府部门在公益性改革中的主导作用。就中国税收财政政策而言,中国一直拒绝出现"小政府"的倾向,一直试图依托经济的强劲增长,加强政府尤其中央政府的财政税收,维持一个强有力的"大政府"的发展模式,从医疗体

---

〔1〕 参见王琼、刘燕:《论我国药品不良反应损害救济模式的选择》,载《绵阳师范学院学报》2016 年第 1 期。

〔2〕 参见陈伟:《日本独立行政法人制度研究》,西南政法大学 2013 年硕士学位论文,第 15 页。

〔3〕 参见张志行:《财团法人制度研究》,中国社会科学院 2014 年硕士学位论文,第 21 页。

制改革万亿资金的投入就可以看出一种趋势，随着中国经济的不断发展，政府的支出能力会不断加强，使在中国由政府牵头建立药品不良反应损害基金成为可能。因此，在药品不良反应损害救济中设置的社会救助基金模式，政府拨款可列为中央财政专项拨款，由基金的主管机关按照专款专用原则划给管理机构使用。

社会救助基金模式就中国的医药企业而言，更加适合中国医药企业发展的“过渡性”。从世界范围来看，尽管中国最近几年加强企业发展的规模效应，但从总体讲，在全球化不断发展中，中国的医药企业将长期处于一种向现代化、国际化医药企业发展的“过渡阶段”，这一阶段要保证企业发展的连续性，不能在建立救济基金上进行过度的“消耗”，显然政府主导建立药品不良反应损害救济基金对于中国企业来说，是一种良好地保护。有学者建议，企业缴纳金可以依据纳税额度建立筹资体系，初步确立不同规模企业的缴纳金制度，在此基础上还应综合考虑企业规模、企业风险情况等，对缴纳额度予以调整。这个筹资体系要确保同一规模下高风险企业承担的额度应高于低风险企业，同时应通过其他途径对创新型企业进行扶持。同时，根据缴纳性质可分为自愿交纳和强制缴纳，国家规定缴纳额度范围内的属于强制缴纳部分，依法采取征收方式等强制措施。可出台一定的优惠政策，鼓励企业自愿缴纳。[1]

社会捐助的道德性，使资金来源容易出现不确定性。但从发展来看，中国的慈善事业不仅正处于大发展的时期，而且正在向规范化方向发展，是一个伴随社会经济发展而不断发展完善的过程。近几年在中国发生的突发事件中，慈善机构发挥着重大作用，如壹基金、天使基金。

3. 药品不良反应损害社会救助基金之给付的范围

给付的范围主要包括：一是给付项目；二是给付标准。

我国药品不良反应损害社会救助基金的给付范围应当结合我国民事赔偿制度，同时要符合我国的经济制度现状。根据我国国情及国外实践，给付范围可以仅限于药品不良反应损害导致的财产损失，包括：患者为此而付出的医疗费，治疗期间的护理费，因误工减少的收入等费用；造成患者

---

〔1〕 参见宋瑞霖等：《完善中国药品不良事件救济机制研究》，中国法制出版社2011年版，第97页。

残疾的，应当支付残疾者生活自助用具费、生活补助费以及由残疾者抚养的人所必要的生活费等费用；造成患者死亡的，还应当支付丧葬费以及由死者生前所抚养的人所必要的生活费等费用。对于非财产上的精神损害赔偿，最高人民法院《关于确定民事侵权精神损害赔偿责任若干问题的解释》规定提起精神损害赔偿须有非法侵权行为的存在，而且还需要造成严重后果，药品不良反应损害并非为"非法侵权行为""过错方"，因此暂不能将"精神损害赔偿"纳入社会救助基金的给付范围。

根据严重药品不良反应的含义及参考各国救济制度的有关规定，我国的药品不良反应损害救济给付的条件应该是：(1)必须是合法的药品，且其他相关的救济给付制度不适用；(2)使用方式正当，无医疗过失或明显缺陷，且不是急救时所用；(3)药品生产企业、销售企业或医疗服务机构，医师都无法律责任或责任不明确者；(4)损害严重性达到一定程度者。

另外，还需考虑救济制度的可操作性，如有可能可规定不给予救济的条件，以此对救济疾病的范围、药品范围及救济条件进行限制。不属于救济给付的范畴的，主要包括：(1)药品不良反应损害未达到死亡、障碍或严重疾病的程度；(2)常见且可预期的药品不良反应损害；(3)已经获得其他途径的救济，比如通过诉讼获得赔偿或补偿；(4)有证据证明存在明确的责任主体，比如医师的过失；(5)第一类疫苗接种造成的不良反应损害；[1] (6)因急救使用超量药品或采取其他符合用药规范的药品治疗造成的不良反应损害；(7)试验用药物造成的不良反应损害；[2] (8)其他药品不良反应损害救济认定机构审议不适用药品不良反应救济基金的。

为保证药品不良反应损害救济制度的实施，国家应设置相应的组织管理机构和对药品不良反应损害的鉴定部门。由于救济是针对发生药品不良反应对人体造成了一定严重损失程度的患者，因此必须有一个公共机构对药品不良反应损害及其严重程度进行鉴定。比如，我国台湾地区在财政

---

〔1〕《疫苗流通和预防接种管理条例》第40条明确了"接种异常反应"为"无过错的药品不良反应"的情形，在第46条规定："因预防接种异常反应造成受种者死亡、严重残疾或者器官组织损伤的，应当给予一次性补偿"，确立了一类疫苗损害进行国家行政补偿。

〔2〕药物试验处于药品上市之前，不属于法律意义上的药品，不应纳入药品不良反应损害救济。

部下设了药害救济审议委员会，日本设有药品事务与食品卫生委员会，这些机构根据患者或其家属提供的申请资料对药品不良事件进行审议，以鉴定是否属于药品不良反应。同时，还必须设立专门的组织管理机构进行管理和运行，比如，我国台湾地区设立了“财团法人药害救济基金会”，日本由“药品和医疗器械综合管理机构”管理相关事务。因此，我国应建立一个类似医疗事故鉴定委员会的“药品不良反应损害救济鉴定委员会”，由药学、医学、法学专家及社会人士等组成，主要对药品不良反应性质、机体损害程度、补偿额度等予以确认。由于鉴定委员会对药品不良反应损害确认的决定意见，直接由社会救助基金会采纳并给予受害者救济，学界认为鉴定委员会的设置可以依托行业协会的资源，并且鉴定委员会与药品不良反应损害社会救助基金有着法律上的委托服务关系。

（三）诉讼救济

美国对药品不良反应损害给予侵权法救济，对药品生产商适用严格产品责任原则，加重了生产商的负担，破坏了各方主体之间的平衡。[1] 诉讼救济模式存在诸多弊端，耗时长、程序烦琐、费用高昂、举证难等，难以及时填补受害者受到的损失。但是，在我国现行法律体系中，通过诉讼实现药品不良反应损害救济是主要方式，对于诉讼本身存在救济实效还需要进一步发展。同时，在现行侵权责任的法律救济机制下，还需要考虑其他维护权利的方法，应发挥民事仲裁和调解的作用。在实践中，诉讼中调解，包括法院内设的诉前调解机构，以及诉讼调解之外的政府或者第三方中立机构的调解作用。

（四）救济程序

图 10－1 为社会救济基金运作的流程。社会救助基金的求偿程序相对保险赔付程序较简略，基金运行更加顺畅，便于受害者快捷获得救济。[2] 药品不良反应损害的请求权人应当向药品不良反应损害的社会救助基金会提出给付请求，由其转送给药品不良反应损害的鉴定委员会审查，由鉴定委员会决定是否给付，并确定给付金额。其中，药品不良反应损

〔1〕 参见齐晓霞：《药害事故防范与救济制度研究》，复旦大学 2011 年博士学位论文，第 75 页。

〔2〕 参见刘淩：《药品责任立法比较研究》，载《西南民族大学学报》（人文社会科学版）2003 年第 11 期。

害导致受害人死亡的,请求权认为受害人的法定继承人;导致受害人残疾或者严重疾病的,由受害人或其法定代理人提出救济请求。鉴定委员会审议后不符合救济条件的,社会救助基金会的管理机构驳回请求权人的申请。申请人对于审议决定不服的,可以依法申请行政复议、提起行政诉讼。药品不良反应损害的社会救助基金会根据鉴定委员会的决定,向受害人进行给付。

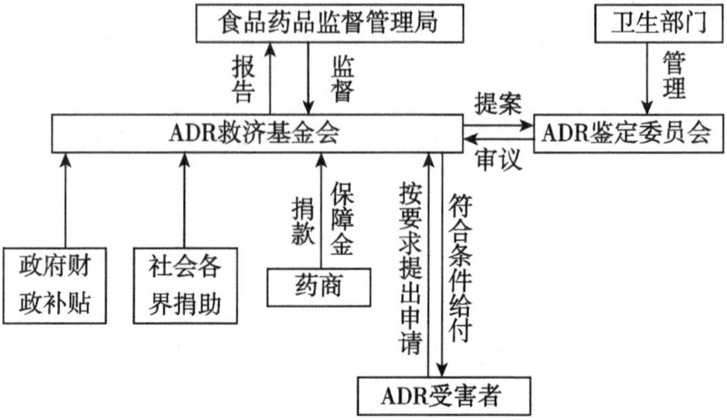

图 10-1 社会救济基金运作的流程

为了保证受害人获得及时、有效的救济,对于审议时限的设定,有学者认为1年之内,[1]也有学者认为药品不良反应损害的社会救助基金会应自受理之日起3个月内作出审议决定,必要时可延长1个月。[2] 但是,鉴定委员会作为药品不良反应损害的社会救助基金会运作的关键机构,不是由基金会的专职人员组成,大多数属于兼职的专家组成,时间和精力有限,审议时限设置为1年可行性更高些。药品不良反应损害救济的受害人应当自其知道受到损害时起3年内提出补偿请求,超过3年提出请求的,无权向药品不良反应损害的社会救助基金会提出救济请求。

---

〔1〕 参见宋瑞霖等:《完善中国药品不良事件救济机制研究》,中国法制出版社2011年版,第98页。

〔2〕 参见齐晓霞:《药害事故防范与救济》,复旦大学2011年博士学位论文,第134页。

药品不良反应损害救济常常设置最高限额，我国在设置社会救助基金中最高救济金额时需要结合我国人身损害赔偿制度的相关规定，制定依据包括药品风险等级、损害程度、社会的经济发展程度等。主要是：(1)以药品风险等级作为划定社会救助基金等级的参考。根据国家药品食品监督管理局制定的药品风险管理制度，构建更加科学合理的药品风险等级体系，并在此基础上根据药品不良反应损害的严重程度进行具体救助等级的划定。(2)损害补偿限度可参考有关人身损害的赔偿标准。比如，住院治疗的费用，救助标准主要参考医疗费，其他如护理费、误工费、交通费、住宿费等应作一般参考。[1]

为了给予受害者及时、有效的救济，有学者建议设立社会救助基金的先行救助制度，受害者可以通过基金救助、诉讼等多种途径寻求救济。先行救助制度主要是综合衡量损害的严重性、受害人的经济状况等因素，对受害人先行救助。受害人向社会救助基金会提出申请，经鉴定委员会审查予以确定。经先行救助后，受害人依然可以向社会救助基金会申请救济。[2]

(五)保障措施

药品不良反应损害救济制度的建立是一个系统工程，实施中需要一系列的配套措施加以保障，首先，需要具备完善的操作性强的法律规章制度，明确各方职责，做到有法可依，有法必依。其次，要建立严格的监督管理制度，对药品不良反应损害救济的鉴定、保险和救济基金的征收、管理与运作以及救济制度的实施等进行监督管理。最后，在推行制度的同时，要普及全民的用药教育，提高全民药品不良反应知识，避免消费者盲目求偿，为药品不良反应损害救济制度顺利实施提供保证。可以先选择个别较发达的地区或者市或选择个别种类的药品和疾病进行试点工作，逐渐完善药品不良反应损害救济制度。

在药品不良反应损害救济机制的建立中，无论选择哪种模式，都需要国家的公权力救济，国家有保护公众用药安全的义务，有制度建设、加强监

---

〔1〕 参见宋瑞霖等：《完善中国药品不良事件救济机制研究》，中国法制出版社2011年版，第100页。

〔2〕 参见宋瑞霖等：《完善中国药品不良事件救济机制研究》，中国法制出版社2011年版，第99页。

管等预防责任,也包括落实赔偿责任的事后处置。同时,当药品不良反应损害中的受害者依据现行法律和制度,无法获得救济时,国家应当承担补偿责任。

参考文献

一、中文文献

(一)著作

1. 王泽鉴:《民法学说与判例研究》(第3册),三民书局1981年版。

2. 王名扬:《法国行政法》,中国政法大学出版社1988年版。

3. 国家技术监督局政策法规司编:《国外产品质量与产品责任法规选编》,中国计量出版社1992年版。

4. 城仲模:《行政法之一般法律原则(一)》,三民书局1994年版。

5. 黄丁全:《医事法》,元照出版有限公司1995年版。

6. 孙国华主编:《中华法学大辞典》(法理学卷),中国检察出版社1997年版。

7. 彭和平、竹立家编译:《国外公共行政理论精选》,中共中央党校出版社1997年版。

8. 朱怀祖:《药物责任与消费者保护》,五南图书出版股份有限公司1997年版。

9. 国家行政学院国际交流合作部:《西方国家行政改革述评》,国家行政学院出版社1998年版。

10. 姜明安主编:《行政法与行政诉讼法》,北京大学出版社、高等教育出版社1999年版。

11. 刘俊海:《公司的社会责任》,法律出版社

1999 年版。

12. 王泽鉴:《侵权行为法》(第 1 册),中国政法大学出版社 2001 年版。

13. 郑功成:《社会保障学——理念、制度、实践与思辨》,商务印书馆 2003 年版。

14. 麻宝斌:《公共利益与政府职能》,人民出版社 2003 年版。

15. 黄茂荣:《债法总论》(第 2 册),中国政法大学出版社 2003 年版。

16. 谢金洲:《药品不良反应与监测》,中国医药科技出版社 2004 年版。

17. 张新宝:《侵权责任法》,中国人民大学出版社 2006 年版。

18. 曹立亚、郭林主编:《美国药品安全监管历程与监测体系》,中国医药科技出版社 2006 年版。

19. 邱聪智:《从侵权行为归责原理之变动论危险责任之构成》,中国人民大学出版社 2006 年版。

20. 吴蓬主编:《药事管理学》,人民卫生出版社 2007 年版。

21. 杨立新主编:《中华人民共和国侵权责任法草稿建议稿及说明》,法律出版社 2007 年版。

22. 李俊:《美国产品责任法案例评选》,对外经贸大学出版社 2007 年版。

23. 张学文、李淑霞主编:《药事管理学》,山东人民出版社 2008 年版。

24. 卜长莉:《社会资本与社会和谐》,社会科学文献出版社 2008 年版。

25. 马怀德主编:《完善国家赔偿立法基本问题研究》,北京大学出版社 2008 年版。

26. 杨世民主编:《药事管理学》,中国医药科技出版社 2008 年版。

27. 董保城、湛中乐:《国家责任法——兼论大陆地区行政补偿与行政赔偿》,元照出版有限公司 2008 年版。

28. 杨立新:《医疗损害责任研究》,法律出版社 2009 年版。

29. 段晓红:《产品责任适用范围研究》,中国社会科学出版社 2009 年版。

30. 刘飞:《德国公法权利救济制度》,北京大学出版社 2009 年版。

31.《中国药学大辞典》编写组:《中国药学大辞典》,人民卫生出版社 2010 年版。

32. 王胜明主编:《中华人民共和国侵权责任法释义》,法律出版社

2010年版。

33. 董春华:《中美产品缺陷法律制度比较研究》,法律出版社2010年版。

34. 宋瑞霖等:《完善中国药品不良事件救济机制研究》,中国法制出版社2011年版。

35. 焦艳玲:《药品不良反应法律救济制度研究》,知识产权出版社2011年版。

36. 杨立新:《侵权法论》(下),人民法院出版社2013年版。

37. 王利明:《侵权责任法研究》(下),中国人民大学出版社2016年版。

38. 杨立新:《侵权损害赔偿》(第6版),法律出版社2016年版。

39. 马克思、恩格斯:《马克思恩格斯选集》(第3卷),人民出版社1972年版。

40. [美]约翰·罗尔斯:《正义论》,何怀宏、何包纲、廖申白等译,中国社会科学出版社1988年版。

41. [美]布坎南:《自由、市场和国家》,吴良建、桑伍、曾获译,中国经济学院出版社1988年版。

42. [英]埃利斯代尔·克拉克:《产品责任》,黄列等译,社会科学文献出版社1992年版。

43. [英]哈耶克:《自由秩序原理》(上册),邓正来译,三联书店1997年版。

44. [美]罗伯特·普特南:《使民主运转起来:现代意大利的公民传统》,王列、赖海榕译,江西人民出版社2001年版。

45. [德]乌尔里希·贝克:《自由与资本主义》,路国林译,浙江人民出版社2001年版。

46. [美]弗雷德里克森:《公共行政的精神》,张成福等译,中国人民大学出版社2003年版。

47. [美]登哈特:《新公共服务》,丁煌译,中国人民大学出版社2004年版。

48. [德]马克西米利安·福克斯:《侵权行为法》,齐晓琨译,法律出版社2006年版。

49. [美]林南:《社会资本:关于社会结构与行为的理论》,张磊译,上海人民出版社 2005 年版。

50. [美]美国法律研究院:《侵权法重述第三版:产品责任》,肖永平、龚乐凡、汪雪飞等译,肖永平审校,法律出版社 2006 年版。

51. [日]植木哲:《医疗法律学》,冷罗生、陶芸、江涛等译,法律出版社 2006 年版。

52. [美]肯尼斯·S. 亚伯拉罕、阿尔伯特·C. 泰特选编:《侵权法重述——纲要》,许传玺、石宏等译,许传玺审校,法律出版社 2006 年版。

53. [美]詹姆斯·科尔曼:《社会理论的基础》,邓方译,社会科学文献出版社 2008 年版。

54. [日]圆谷峻:《判例形成的日本新侵权行为法》,赵莉译,法律出版社 2008 年版。

55. [英]安东尼·吉登斯(Giddens, A.):《超越左与右——激进政治的未来》,李惠斌、杨雪冬译,社会科学文献出版社 2009 年版。

56. [德]舍费尔、奥特:《民法的经济分析》,江清云、杜涛译,法律出版社 2009 年版。

57. [英]卡罗尔·哈洛:《国家责任:以侵权法为中心展开》,涂永前、马佳昌译,北京大学出版社 2009 年版。

58. [日]田山辉明:《日本侵权行为法》,顾祝轩、丁相顺译,北京大学出版社 2011 年版。

59. [美]戴维·G. 欧文:《产品责任法》,董春华译,中国政法大学出版社 2012 年版。

60. [日]宇克贺也:《国家补偿法》,肖军译,中国政法大学出版社 2014 年版。

61. [日]芦部信喜:《宪法》(第 6 版),高桥和之补订,林来梵、凌维慈、龙绚丽等译,清华大学出版社 2018 年版。

(二)论文

1. 梁彗星:《论产品制造者、销售者的严格责任》,载《法学研究》1990 年第 5 期。

2. [日]植木哲:《产品责任》,谢志宇译,载《法学译丛》1992 年第 6 期。

3. [日]藤塚晴生:《关于产品责任立法化的考察》,鲍荣振译,载《法学译丛》1992 年第 5 期。

4. 崔卓兰、施彦:《国家补偿理论与法律制度》,载《社会科学战线》1996年第4期。

5. 卜元石:《论技术标准在产品责任中的法律意义》,载《法学杂志》1999年第1期。

6. 蔡佩君:《药害救济法浅析》,载《台湾本土法学杂志》2000年第14期。

7. [英]肯尼斯·纽顿:《社会资本与现代欧洲民主》,转引自李惠斌、杨雪冬主编:《社会资本与社会发展》,社会科学文献出版社2000年版。

8. 周新军、容缨:《论我国产品责任归责原则》,载《政法论坛》2002年第3期。

9. [德]沃尔夫冈·多伊布勒、朱岩:《德国损害赔偿法的改革》,载《中德法学论坛》2002年第5期。

10. [德]乌尔里希·贝克:《从工业社会到风险社会》,王武龙编译,载《马克思主义与现实》2003年第3期。

11. 刘溇:《药品责任立法比较研究》,载《西南民族大学学报》(人文社会科学版)2003年第11期。

12 李行:《罗布罗非心血管事件始末》,载《中国处方药》2004年第11期。

13. 杜文民:《药物警戒的重要性——药品的安全监测》,载《药品评价》2004年第1期。

14. 王忠壮、胡晋红:《中药不良反应及其发生因素》,载《药学服务与研究》2004年第4期。

15. 陈永法、邵蓉:《日本药品不良反应被害救济制度的启示》,载《中国药房》2005年第10期。

16. 叶正明:《国外药品不良反应损害救济制度书评及其对我们的启示》,载《时代法学》2005年第1期。

17. 杨悦、李野:《药品不良反应涉及的法律责任研究》,载《中国药房》2005年第17期。

18. 董怡:《从罗布罗非撤市看药品不良反应及其监测》,载《药物警戒》2005年第3期。

19. 杜智娜、邵振国:《龙胆泻肝丸案:受害者首获赔偿》,载《法律与生活》2005年第15期。

20. 宋琳琳、李元媛等:《诱发药品不良反应的相关因素》,载《中国药物与临床》2005 年第 5 期。

21. 杨雪冬:《风险社会理论述评》,载《国家行政学院学报》2005 年第 1 期。

22. 李龙:《国外药品不良反应救济制度简述》,载《国际医院卫生导报》2005 年第 11 期。

23. 田春华、曹立亚:《瑞典药品不良反应监测系统》,载《药物警戒》2005 年第 5 期。

24. 唐慧鑫、孙骏:《浅析瑞典药品损害赔偿机制及其药品保险制度》,载《药物警戒》2006 年第 6 期。

25. 王竹泉、咏梅、马广林:《利益相关者与企业价值增值创造和分享》,载《中国会计研究与教育》2006 年第 1 期。

26. 杨军:《"欣弗"拷问部门权力和利益》,载《南风窗》2006 年第 16 期。

27. 张建平:《法律上如何证明药品不良反应的因果关系》,载《药物警戒》2006 年第 3 期。

28. 宋华琳:《论行政规则对司法的规范效应——以技术标准为中心的初步观察》,载《中国法学》2006 年第 6 期。

29. 刘海鸥:《德国 2002 年侵权行为法改革》,载《法律文化研究》2006 年第 1 期。

30. 徐敢、刘昕:《浅析我国台湾地区药害救济法及制度借鉴》,载《药事管理》2006 年第 8 期。

31. 周超凡、徐植灵、霖育华:《应当重视中药注射液上市后再评价》,载《中国药物警戒》2006 年第 3 期。

32. 宋华琳:《药品不良反应与政府监管制度改革——从安徽欣弗事件引发的思考》,载《法学》2006 年第 9 期。

33. 顾海、刘洁:《我国亟待建立药品不良反应保险救济制度》,载《中国药业杂志》2006 年第 15 期。

34. 于培明、黄泰康:《试析药害事件的法律责任》,载《中国药业》2007 年第 8 期。

35. 张建平、杨晓林:《齐二药、鱼腥草与欣弗:药品安全事件的法律思考》,载《药学服务与研究》2007 年第 7 期。

36. 李琰:《药物产品责任的伦理研究》,载《医学与哲学》(人文社会医学版)2007 年第 2 期。

37. 孙骏、唐慧鑫、马爱霞:《日本药品不良反应损害救济制度的建立与实践》,载《药物警戒》2007 年第 4 期。

38. 叶正明、彭志忠:《论药品侵权责任中的若干法律问题》,载《中南林业科技大学学报》(社会科学版)2008 年第 3 期。

39. 宋华琳:《探求药监变革之道》,载《中国处方药》2008 年第 3 期。

40. 周江洪:《药品标准与民事责任》,载《中国药品监管论坛》2008 年第 7 期。

41. 何兵、昌君:《美国药品安全突发事件的预防与应对机制》,载《中国政法大学学报》2008 年第 3 期。

42. 宋华琳:《论政府规制与侵权法的交错》,载《比较法研究》2008 年第 2 期。

43. 姚莹、陈飞虎:《我国药品不良反应责任保险的构建》,载《中国药房杂志》2008 年第 1 期。

44. 何达、储藏、陈盛新:《美国对药品不良反应引发药害事件的赔偿及其启示》,载《中国药事》2009 年第 10 期。

45. 叶正明:《简析德国〈药品法〉》,载《湖南行政学院学报》(双月刊)2009 年第 6 期。

46. 范愉:《群体性侵害事件的多元化解决——三鹿奶粉事件与日本 C 型肝炎诉讼案的比较研究》,载《法学家》2009 年第 1 期。

47. 刘焕芹、陈玉文:《由“齐二药”事件引发的法律问题思考》,载《中国药学会药事管理专业委员会 2009 年年会暨国家药物政策与〈药品管理法〉修订研究论坛的论文集》。

48. 孙中宝:《药品监管执法中存在的问题及应对措施》,载《中国药业》2010 年第 2 期。

49. 单伟光、蔡敏女:《再论药品不良反应救济的保险模式》,载《中国卫生事业管理》2010 年第 3 期。

50. 刘荣、吕立安:《瑞典的医疗卫生保险服务探析》,载《云南行政学院学报》2011 年第 1 期。

51. 曾艳、王育琴:《2011 年台湾药害救济与药品安全国际研讨会简况》,载《药品不良反应杂志》2011 年第 4 期。

52. 张莉:《法国立法赔偿制度评析》,载《行政法制比较研究》2012 年第 4 期。

53. 徐静姝:《“治病”药品如何“保险”——浅析我国药品不良反应保险救济制度》,载《经济》2012 年第 5 期。

54. 贺红强、翟方明:《论药品不良反应损害救济模式及中国的进路》,载《重庆医学》2012 年第 23 期。

55. [日]水木晴美:《论日本药品致害的责任问题》,载《沈阳师范大学学报》(社会科学版)2012 年第 5 期。

56. 贺红强:《瑞典医疗保障制度对我国的启示和借鉴》,载《中国卫生法制》2013 年第 1 期。

57. 蒋龚:《公共利益理论研究综述》,载《法制与社会》2013 年第 1 期。

58. 邵蓉、郑澜、胡晨希、陈永法:《药品上市许可人制度下的药品安全责任分配体系》,载《中国医药工业杂志》2013 年第 44 期。

59. 朱向珺、李瑛:《德国药品不良反应救济制度的分析》,载《中国医药指南》2014 年第 31 期。

60. 刘洪华:《我国疫苗伤害救济的路径选择和制度构想》,载《法学评论》2015 年第 1 期。

61. 韩胜昔、叶露:《我国药品安全监管现状分析》,载《医学与社会》2015 年第 9 期。

62. 陶凯元:《法治中国背景下国家责任论纲》,载《中国法学》2016 年第 6 期。

63. 俞双燕、尚菲菲、黄凯:《药品分类管理现状及对策研究》,载《中国药事》2016 年第 1 期。

64. 王琼、刘燕:《论我国药品不良反应损害救济模式的选择》,载《绵阳师范学院学报》2016 年第 1 期。

65. 向华:《药害救济模式的创制:要件框架、责任规则与责任主体设定的法理考量》,载《绵阳师范学院学报》2016 年第 4 期。

66. 万美君:《社会保障发展历程及理论研究》,载《辽宁公安司法管理干部学院学报》2017 年第 3 期。

67. 张颖、朱虹、韩月:《我国药品注册审批管理制度变迁》,载《医药论坛》2017 年第 6 期。

68. 陈云、任磊等:《MAH 制度下日本药品不良反应损害救济基金制度研究》,载《中国药事》2017 年第 12 期。

69. 张枫、徐晓媛:《日本与我国台湾地区药品不良反应损害救济基金制度的比较及对我国的启示》,载《中国药房》2017 年第 22 期。

70. 许灵铭:《我国疫苗安全监管法律制度简析与建议》,载《法制博览》2017 年第 15 期。

71. 黄磊:《2016 年食品药品监管领域法治事件盘点》,载《食品工业科技》2017 年第 38 期。

72. 邹宜諠、陈云、柳鹏程等:《德国和日本药品上市许可持有人制度下的药品损害事件风险管理研究》,载《中国药事》2018 年第 3 期。

73. 贾康、欧纯智:《由疫苗安全到公共安全:忧思与治理》,载《全球化》2018 年第 9 期。

74. 麻广霖、张伟:《改革开放 40 年中国药品标准工作回顾与展望》,载《中国药品标准》2018 年第 6 期。

75. 陈龙业:《医疗损害责任承担法律适用规则的完善和发展——对〈最高人民法院关于审理医疗损害责任纠纷案件适用法律若干问题的解释〉第 18 条、第 20 条、第 23 条的解读》,载《法律适用》2018 年第 3 期。

76. 张长安、都晓春:《我国药品上市许可持有人制度发展研究》,载《政策解读》2018 年第 7 期。

77. 杨立新:《〈最高人民法院关于审理医疗损害责任纠纷案件适用法律若干问题的解释〉条文释评》,载《法律适用》2018 年第 1 期。

78. 艾国、黄正明:《关于制订〈药害补偿法〉的可行性探讨》,载《中国医药科学》2018 年第 6 期。

79. 刘沛:《贯彻“四个最严”严守药品安全——新修订〈中华人民共和国药品管理法〉宣贯》,载《中国药业》2019 年第 24 期。

80. 翟铁伟:《药品上市许可持有人制度下的供应商质量审计探讨》,载《中国药业》2019 年第 28 期。

81. 张陶、王锋:《公共管理学范式证成的内在逻辑论析》,载《行政论坛》2019 年第 5 期。

82. 罗雅文:《医疗损害鉴定的立法沿革与展望》,载《医学与法学》2019

年第5期。

83. 朱嘉、翁志洁等:《探讨新修订的〈药品管理法〉对药品监管工作的挑战和应对策略》,载《中国药事》2019年第12期。

84. 童星:《公共管理学科的共享价值、疆域边界与发展趋势》,载《学海》2019年第1期。

85. 许安标:《〈药品管理法〉修改的精神要义、创新与发展》,载《行政法学研究》2020年第1期。

86. 赵宇新、麻广霖:《建立国家药品标准复审制度的思考与建议》,载《中国实验方剂》2020年第1期。

87. 艾尔肯:《论我国医疗损害责任制度的修改与完善——以〈民法典·侵权责任编草案(三审稿)〉的规定为视角》,载《河北法学》2020年第1期。

(三)报纸

1. 王寿臣:《同仁堂就垄断性肝丸事件索赔问题表态》,载《经济参考报》2003年4月1日。

2. 宋华琳:《风险社会的因应之道——突发公共卫生事件应急机制的法律省思》,载《法制日报》2003年5月15日。

3. 熊建明:《药物不良反应的后果不应由患者独担》,载《南方周末》2004年3月11日。

4. 韩雪、蒋国华:《黑龙江假药案调查结束 齐二药将被罚款1682万》,载《黑龙江日报》2006年6月30日。

5. 杨立新:《产品跟踪观察缺陷与警示说明缺陷的认定》,载《人民法院报》2006年8月15日。

6. 刘京玲:《药品不良反应保险叫好不叫座》,载《中国医药报》2009年5月14日。

7. 杨悦:《转变监管理念 保护促进公众健康》,载《中国医药报》2018年10月13日。

(四)学位论文

1. 陈伟:《日本独立行政法人制度研究》,西南政法大学2013年硕士学位论文。

2. 张志行:《财团法人制度研究》,中国社会科学院2014年硕士学位论文。

3. 罗奇芳:《新西兰意外补偿制度研究》,厦门大学 2015 年硕士学位论文。

4. 何亮仪:《论药品责任、药害救济与药品回收制度》,"国立"成功大学 2005 年硕士学位论文。

5. 李青:《我国药品上市后监测工作及国家药物政策的基础研究》,华中科技大学 2004 年博士学位论文。

6. 殷志诚:《药品市场监管的行政法问题研究》,中国政法大学 2006 年博士学位论文。

7. 于培明:《药品安全性问题研究》,沈阳药科大学 2007 年博士学位论文。

8. 张芬:《药品不良反应损害补偿制度研究》,华中科技大学 2009 年博士学位论文。

9. 陈光建:《药品安全管制问题研究》,中南大学 2010 年博士学位论文。

10. 王淑娟:《中国药品安全规制研究》,辽宁大学 2010 年博士学位论文。

11. 毕玉侠:《我国药品不良反应评价研究》,沈阳药科大学 2010 年博士学位论文。

12. 齐晓霞:《药害事故防范与救济制度研究》,复旦大学 2011 年博士学位论文。

13. 黄登笑:《药品不良反应补偿体系研究》,上海交通大学 2011 年博士学位论文。

14. 董铎:《生产企业药品不良反应报告和监测制度研究》,沈阳药科大学 2012 年博士学位论文。

15. 姜凤武:《医疗损害责任制度比较研究》,大连海事大学 2012 年博士学位论文。

16. 张英:《一元处理机制下医疗损害责任制度研究》,吉林大学 2012 年博士学位论文。

17. 张昊:《制药企业药品上市后风险管理政府规制研究》,沈阳药科大学 2014 年博士学位论文。

18. 刘志强:《我国药品安全相关法律责任体系研究——以市场主体责

任为视角》,沈阳药科大学 2018 年博士学位论文。

19. 姚敏:《消费者集体救济的方法和路径研究》,对外经贸大学 2019 年博士学位论文。

(五)网络文献

1. 朱玉、张建平:《龙胆泻肝丸——清火良药还是“致病”根源?》,载 http://www.people.cn/BIG5/news/8410/20030223/928834.html。

2. 李洪奇:《医疗机构在临床药品安全事件中的法律责任问题》,载 http://china.findlaw.cn/info/guojiafa/gjpc/gjpclw/344827.html。

3.《齐二药受害人索赔案宣判原告获赔 300 多万》,载 http://law.southcn.com/fzxw/content/2008-06/27/content_4450839.htm。

4.《食品药品监督局通报欣弗药品不良事件调查结果》,载 http://www.gov.cn/gzdt/2006-08/15/content_362492.htm。

5.《全球唯一未获赔偿的天津拜斯亭受害人索赔 50 万》,载 http://news.sina.com.cn/s/2003-07-09/17101310598.shtml。

6. 王佳琳、汪城:《龙胆泻肝丸案举证悖论:患者难证明病因跟此有关》,载 http://news.sina.com.cn/c/2005-01-19/09114879147s.shtml。

7. 雷达:《瑞典:把医疗安全网覆盖到每一位公民》,载 https://world.people.com.cn/GB/14549/6909517.html.2012-08-14。

8. 陈志华:《强制医疗法律关系研究》,载 http://china.findlaw.cn/yiliao/yiliaozhishi/yhflgx/zonghezhishi/9717.html。

9. 马守敏:《齐二药 2000 万索赔 谁来买单》,载 http://news.sohu.com/20070804/n251410636.shtml。

10. 药监局:《截至 8 月 3 日注射欣弗不良反应者 38 例》,载 http://qy1.sfda.gov.cn/datasearch/face3/dir.html。

11. 韩洁、张晓松:《“欣弗”事件凸显政府监管“失灵”》,载 http://news.sina.com.cn/c/h/2006-08-15/220010733620.shtml。

12. 沈玮、刘雁:《“欣弗”事件再调查:谁会是下一个克林霉素?》,载 https://business.sohu.com/20060811/n244754102.shtml。

13.《国家食品药品监督管理总局局长邵明立提出:食品药品监督管理应树立科学监管理念》,载 http://qy1.sfda.gov.cn/datasearch/face3/dir.html。

14. 王卫国:《我国的保险法律制度》,载 http://www.gov.cn/ldhd/

2012－10/26/content_2251845. htm。

15. 新华网:《习近平:“4 个最严”监管食品药品安全 把好每道防线》,载 http://www. xinhuanet. com/topicnews/201604/0118. htm。

16. CFDA:《中华人民共和国药品管理法》(2015 年修订),载 http://samr. cfda. gov. cn/WS01/CL0784/124980. html。

17. CFDA:《国家药品不良反应监测年度报告(2016 年)》,载 http://www. cdr-adr. org. cn/tzgg_home/201705/t20170502_39702. html。

18. CFDA:《国家药品不良反应监测年度报告(2017 年)》,载 http://www. cdr-adr. org. cn/center_news/201804/t20180419_42310. html。

19. CFDA:《国家药品不良反应监测年度报告(2018 年)》,载 http://www. cdr-adr. org. cn/tzgg_home/201910/t20191016_39620. html。

20. 中国医药报:《公安部:基层食品药品案件行刑衔接仍存问题》,载 http://epaper. cnpharm. com/zgyyb/html/2017－08/31/node_21. htm。

21. CFDA:《国家食品药品监督管理总局关于长春长生生物科技有限责任公司违法违规生产冻干人用狂犬病疫苗的通告》(2018 年第 60 号),载 http://www. nmpa. gov. cn/WS04/CL2050/329592. html。

二、外文文献

1. Maurice Hinchey,“The Fight to Safeguard American Drug Safety in the Twenty First Century”,*Hofstra Law Review Winter*,2006.

2. Barbara J. Evans,David A. Flockhart,“The Unfi ni Shed Busi Ness of U. S. Drug Safety Regulati on”,*Food and Drug Law Journal*,2006.

3. Shayne Cox Gad,“*Drug Safety Evaluation*”(Second Edition),Hoboken:John Wiley & Sons,Inc.,2009.

4. Margaret Brazier,“*Emma Cave. Medicine. Patients and the Law*”(Fourth Edition),London:Butterworths,2007.

5. Frank C. Woodside. Ⅲ,“*Drug Product Liability*”(Volume 1),New York:Matthew Bender & Company. Inc,2000.

6. Vincent R. Johnson,“*American Tort Law*”,Carolina:Academic Press,1999.

7. Andrew Herxheimer,Emilio Sanz,“Social. Cultural and Ethical Aspects of Drug Use-Changes Over 40 Years:A Personal Look Back”,*European Jour-*

nal of Clinical Pharmacology,2008(64).

8. Barbara J. Evans, David A. Flockhart, "The Unfinished Business of U. S. Drug Safety Regulation", *Food and Drug Law Jounal*,2006(61).

9. Bate A. ,Lindquist M. ,Edwards I. R. et al. ,"A Bayesian neural network method for adverse drug reaction signal generation", *European Journal of Clinical Pharmacology*,1998(54).

10. Best R. , "A Comparison of Civil Liability for Defective Productsin the United Kingdom and Germany", *German Law Journal*,2002(3).

11. Jane Stapleton,"Liability for Drugs in the U. S. and EU:Rhetoric and Reality", *The Review of Litigation*,2007(26).

12. David G. Owen, "Toward a Proper Test for Design Defectiveness: 'Microbalancing' Costs and Benefits", *Texas Law Review*,1997(75).

13. Sean M. Basquill, "Prescription Drug Liability and Post-marketing Surveillance:A Modest Proposal", *Temple Journal Science. Technology &Environment Law*,2006(25).

14. Catherine T. Struve, "The FDA and the Tort System: Postmarketing Surveillance. Compensation, and the Role of Litigation", *Yale Journal of Health Policy,Law and Ethics*,2005(5).

15. James B. Currier,"Too Sick,Too Soon? The Causation Burden under The National Vaccine Injury Compensation Program Following De Bazan v. Secretary of Health & Human Services", *Federal Circuit Bar Journal*,2009(19).

16. Rob Henson,"Inoculated Against Recovery:A comparative analysis of vaccine injury compensation in the United States and Great Britain", *Tulsa Journal of Comparative and Internation*,2016.

图书在版编目(CIP)数据

我国药品不良反应损害救济制度的构建 / 王瑛著
. -- 北京：法律出版社，2020
(中央民族大学法学文库)
ISBN 978-7-5197-4719-0

Ⅰ. ①我… Ⅱ. ①王… Ⅲ. ①药物副作用－法律援助－司法制度－研究－中国 Ⅳ. ①D926.44

中国版本图书馆 CIP 数据核字(2020)第117176号

我国药品不良反应损害救济制度的构建
WOGUO YAOPIN BULIANG FANYING SUNHAI JIUJI ZHIDU DE GOUJIAN

王 瑛 著

策划编辑 周丽君
责任编辑 周丽君
装帧设计 李 瞻

出版 法律出版社
总发行 中国法律图书有限公司
经销 新华书店
印刷 北京虎彩文化传播有限公司
责任校对 王晓萍 王语童
责任印制 张建伟

编辑统筹 独立项目策划部
开本 A5
印张 9.625
字数 297千
版本 2020年9月第1版
印次 2020年9月第1次印刷

法律出版社/北京市丰台区莲花池西里7号(100073)
网址/www.lawpress.com.cn
投稿邮箱/info@lawpress.com.cn
举报维权邮箱/jbwq@lawpress.com.cn
销售热线/400-660-8393
咨询电话/010-63939796

中国法律图书有限公司/北京市丰台区莲花池西里7号(100073)
全国各地中法图分、子公司销售电话：
统一销售客服/400-660-8393/6393
第一法律书店/010-83938432/8433
重庆分公司/023-67453036
深圳分公司/0755-83072995
西安分公司/029-85330678
上海分公司/021-62071639/1636

书号:ISBN 978-7-5197-4719-0
定价:45.00元
(如有缺页或倒装,中国法律图书有限公司负责退换)